図解
Merger and Acquisition
M&A のすべて

坂本恒夫・文堂弘之
［編著］

税務経理協会

はじめに

「M&A」が日常語となった。「M&A」という言葉は，つい3，4年前までは経済や経営関係の専門用語にすぎなかった。しかし，ライブドアや村上ファンドによるM&Aがお昼のワイドショーの話題にされるまでになって，今や家庭の主婦にまで浸透している。とはいえ，多くの日本人にとってM&Aは未知の世界である。このことは，世間一般の人と企業経営者の間に大差はない。これまで日本企業の多くは積極的にM&Aを活用してこなかった。そのため，大企業の経営者でさえ本格的なM&Aの経験に乏しく，"若葉マーク"ドライバーとあまり変わらないのである。

従来の日本で行われてきたM&Aといえば，"救済合併"や"対等合併"という表現に見られるように，やや後ろ向きな印象のものが多かった。あるいは，それとはまったく異質だが，"乗っ取り"や"買い占め"といった反社会的で後ろ暗いイメージを連想させるものも散発した。しかし，どちらも本来あるべき本格的なM&Aではない。M&Aは，当事者企業が互いの価値向上のために，相手企業の組織（および支配権）の一部または全部を，自社に取り入れることである。「互いの価値向上のため」という通り，本来M&Aは，長期的な成長戦略に基づいた未来志向の手法であり，双方の納得の上で成り立つべきものである。このとき，取り込まれた企業や組織は，M&A以前よりも高い存在価値を発揮しうるのである。

日本のM&Aは，1999年に1,000件を超えてから急激に増加し，2005年には2,700件を超えた（レコフ調べ）。この背景には，規制緩和やビジネスのIT化，グローバル経済の進展などに伴う競争の激化がある。これからの企業は，市場が成熟する中で，国内のライバルのみならず世界の巨大企業を相手にしなければならない。しかも，業界3位以内に入らなければ生き残れない時代といわれる。

この新たな大競争時代に生きる企業にとって，自社にない経営資源を素早く

取り込み，組織や事業構造を大幅に変革することができる M&A は必修課題である。むしろ，これまで十分に活用してこなかった分，M&A をどれだけ効果的に使いこなせるかが，今後の企業の成長スピードを決定づけるといっても過言ではないだろう。こうしたことを見越して，大胆な M&A に打って出る積極果敢な日本企業も既に現れている。実行した M&A の成否は別にして，これらの企業は，新たな時代に必須となる M&A という"運転技術"を，他に先んじて体得しようとしているといえる。

しかし，多くの日本企業は模様眺めで二の足を踏んでおり，本格的な M&A を経験したことがない経営者やビジネスマンがほとんどである。このような人たちに，M&A とは何かを理解してもらうのが本書のねらいである。

他書にない本書の特長は，次の4つである。

① 明瞭かつ的確な「図表」を見開きごとに設けている。
② M&A の「事例」を豊富に盛り込んでいる。
③ 随所に「新会社法」などの M&A に関連する制度を解説している。
④ 最後の章に，「M&A 時代の企業人」に向けた示唆を提示している。

本書は，M&A のすべてを知りたい人が最初に手にとってもらいたい入門書である。本書が，読者のこれからのビジネスライフの価値向上に貢献できれば存外の幸せである。

最後になったが，本書の刊行に当たっては，㈱税務経理協会の大坪嘉春社長，書籍企画部の峯村英治氏に大変お世話になりました。心よりお礼を申し上げたい。

2006年9月吉日

坂本　恒夫

文堂　弘之

執筆者一覧(執筆順)

坂本 恒夫　　(さかもと　つねお)　　第1章1, 2, 3, 第6章6
　　明治大学 経営学部 教授

趙　丹　　　(ちょう　だん)　　　　第1章4, 第3章2, 4, 5, コラム③
　　朝鮮大学 経営学部 助手

文堂 弘之　　(ぶんどう　ひろゆき)　第1章5, 6, 7, 第2章3, 4, 5, 9,
　　　　　　　　　　　　　　　　　　コラム①
　　常磐大学 人間科学部 助教授

杉浦 慶一　　(すぎうら　けいいち)　第1章8, 9, 第3章3
　　東洋大学大学院 経営学研究科 博士後期課程

稲葉 知恵子　(いなば　ちえこ)　　　第2章1, 7, コラム②
　　明治大学 経営学部 専任助手

飛田 努　　　(とびた　つとむ)　　　第2章2, 6, 8, 第6章4
　　九州東海大学 応用情報学部 専任講師

森谷 智子　　(もりや　ともこ)　　　第3章1, 8
　　明治大学 経営学部 講師

鳥居 陽介　　(とりい　ようすけ)　　第3章6, 7, コラム④
　　明治大学大学院 経営学研究科 博士後期課程

酒井 雷太　　（さかい　らいた）　　第3章9，第6章1，2
　　㈲MIDC 代表取締役

澤田 茂雄　　（さわだ　しげお）　　第4章1，4
　　創価女子短期大学 現代ビジネス学科 講師

相澤 崇裕　　（あいざわ　たかひろ）　第4章2，3，5，コラム⑤
　　㈱ベルロックメディア 社長室

古山 徹　　　（ふるやま　とおる）　　第4章6
　　日経メディアマーケティング㈱ カスタマサポート部

中西 正行　　（なかにし　まさゆき）　第4章7，第6章3
　　藍澤証券 投資顧問室

野中 政宏　　（のなか　まさひろ）　　第4章8
　　霞が関社会保険労務士法人 代表社員

石井 宏宗　　（いしい　ひろむね）　　第4章9
　　㈱シグマコンサルティング＆カンパニー 代表取締役

林 幸治　　　（はやし　こうじ）　　　第5章1，2，3，4，5，コラム⑥
　　諏訪東京理科大学 経営情報学部 専任助手

伊藤 忠治　　（いとう　ただはる）　　第6章5
　　諏訪東京理科大学 経営情報学部 助教授

CONTENTS

はじめに

Chapter 1 今なぜ M&A なのか ——————————————— 1

- ① M&A とは何か ……………………………………………… 2
- ② 日本の M&A の歴史 ……………………………………… 6
- ③ 近年の M&A の動向と事業再構築 ……………………… 10
- ④ 企業規模拡大のための M&A …………………………… 14
- ⑤ サプライチェーン統合のための M&A ………………… 18
- ⑥ 事業強化のための M&A ………………………………… 22
- ⑦ 新事業進出のための M&A ……………………………… 26
- ⑧ 企業再生のための M&A ………………………………… 30
- ⑨ 経営者独立のための M&A（MBO） …………………… 34
- コラム① ストラテジック・バイヤーとフィナンシャル・バイヤー …… 38

Chapter 2 M&A の手法 ————————————————— 39

- ① 合　　併 …………………………………………………… 40
- ② 経 営 統 合 ………………………………………………… 44
- ③ 【株式取得①】市場内買付 ………………………………… 48
- ④ 【株式取得②】市場外買付（公開買付・相対取引） …… 52
- ⑤ 【株式取得③】新株引受（第三者割当増資） …………… 56
- ⑥ 完全子会社（株式交換・株式移転） …………………… 60
- ⑦ 事業譲受 …………………………………………………… 64

v

- **8** 会社分割 …………………………………………………………… 68
- **9** M&A 手法の分類 ………………………………………………… 72
- コラム② 合併対価の柔軟化 ……………………………………… 76

Chapter 3　敵対的買収と防衛策 ——————————— 77

- **1** 敵対的買収とは何か ……………………………………………… 78
- **2** 【防衛策①】毒薬条項（ポイズン・ピル）……………………… 82
- **3** 【防衛策②】非公開化（ゴーイング・プライベート）………… 86
- **4** 【防衛策③】安定株主工作とホワイトナイト ………………… 90
- **5** 【防衛策④】配当政策の変更 …………………………………… 94
- **6** 【防衛策⑤】焦土作戦 …………………………………………… 98
- **7** 【防衛策⑥】その他の防衛策 ……………………………………102
- **8** 買収防衛の基本ルール ……………………………………………106
- **9** 買収防衛策に対する海外投資家の見方 …………………………110
- コラム③ 最近の敵対的買収事例①
  （ライブドアのニッポン放送買収）……………………114
- コラム④ 最近の敵対的買収事例②（夢真 HD の日本技術開発買収）… 116

Chapter 4　M&A の実施プロセス ——————————— 117

- **1** M&A の実際手順 …………………………………………………118
- **2** 相手企業の選定 ……………………………………………………120
- **3** 相手企業との交渉 …………………………………………………124
- **4** 基本合意書の作成 …………………………………………………128
- **5** デューディリジェンス ……………………………………………132
- **6** 契約締結上の注意点①（企業評価面）…………………………136
- **7** 契締結上の注意点②（法務・契約書面）………………………140

- **8** M&A 後の統合問題①（雇用面） ……………………… 144
- **9** M&A 後の統合問題②（組織・システム面） ………… 148
- コラム⑤　駆け引きで決する買収交渉 …………………… 152

Chapter 5　中小企業の M&A ──────────── 153

- **1** 中小企業の M&A の件数 …………………………… 154
- **2** 中小企業の M&A の目的 …………………………… 158
- **3** 中小企業の M&A の実態とその手法 ……………… 162
- **4** 中小企業の M&A の企業評価 ……………………… 166
- **5** 中小企業の M&A の今後 …………………………… 170
- コラム⑥　中小企業の M&A の仲介手数料は高い？ …… 174

Chapter 6　M&A 時代とこれからの企業人 ───── 175

- **1** M&A 時代の投資家 ………………………………… 176
- **2** M&A 時代の経営者 ………………………………… 180
- **3** M&A 時代の従業員 ………………………………… 184
- **4** M&A 時代の系列・グループ企業 ………………… 188
- **5** M&A 時代の金融機関 ……………………………… 192
- **6** M&A 時代の大学生 ………………………………… 196

巻末資料 ……………………………………………………… 201
索　　引 ……………………………………………………… 205

今なぜM&Aなのか

1　M&Aとは何か

2　日本のM&Aの歴史

3　近年のM&Aの動向と事業再構築

4　規模拡大のためのM&A

5　サプライチェーン統合のためのM&A

6　事業強化のためのM&A

7　新事業進出のためのM&A

8　企業再生のためのM&A

9　経営者独立のためのM&A（MBO）

コラム①　ストラテジック・バイヤーと
　　　　　　フィナンシャル・バイヤー

M&Aとは何か
―事業利益追求から投資行為としての合併・買収へ―

1 合併と買収

　M&Aとは，いうまでもなく，Merger（合併）とAcquisition（買収）という言葉の頭文字をとった経済・経営用語である。

　このM&Aは，企業活動が始まった中世の時代から見られた経済・経営現象であった。ある事業家が同業の企業の後継者がいない時に面倒をみるという合併もあれば，経済力の強い事業家が商圏を拡大するために展開した買収も存在した。M&Aとはこのようにどこでも，そしていつでも日常的に見られた経済・経営行為であったわけである。

　M&Aが大きくクローズアップされてくるのは1900年前後のアメリカでの大型合併である。現在，米国巨大産業とされるUSX（旧USスチール），スタンダード・オイル，GE，ウェスチングハウス，デュポン，アメリカン・キャン，イーストマン・コダックなどの会社がM&Aによって誕生した。

　そして何よりも大事なことは，これらの大型合併で，合併に介在した銀行が大きな仲介手数料を得たということである。USスチールを統合させたJ. P. モルガンは，当時の金額で6,000万ドルを手にしたといわれている。

　M&Aは，こうして大型化することと銀行が介在することによって，部分的な問題から一般的かつ社会的な経済・経営問題となったのである。

2 事業利益の追求としてのM&A

　ところでM&Aとは，何なのか。

　M&Aは，企業の行う行為であるかぎりにおいて，利益追求行為であることは言うまでもない。利益追求行為は，時には規模を拡大して利益量を稼ぐものもあるが，また効率化を展開しコストを削減して利益を確保するものでもある。水平的合併と呼ばれる同業種間合併は，同一市場で競争力を強化するための経

図表 1-1　なぜ企業は合併するのか

① 同一市場で競争力を強化する―水平的合併
　　　　　　　　　　　　　　　―経営的視点
② 仕入・販売コストの削減，外部コストの内部化―垂直的合併
　　　　　　　　　　　　　　　　　　　　　―経営的視点
③ 財務・金融収益の拡大―コングロマリット合併
　　　　　　　　　　　―経営的，株主・投資家的視点
④ 生産・販売・財務コストの削減，外部コストの内部化
　　　　　　　―立体的合併
　　　　　　　―経営者的，株主・投資家的視点

⑤ 株主価値を向上させる―企業再構築合併
　　　　　　　　　　　―株主・投資家的視点

営規模の拡大である。また垂直的合併と呼ばれた関連業種間合併は，仕入コスト，販売コストの節減と外部コストの利益化をはかるものでもある。したがって，M&A とは，企業と企業が結合して規模を拡大したり，効率化を追求することによって利益を追求する行為ということができる。

しかし現代の M&A は，企業結合の利益追求行為と呼ぶだけでは十分に説明できない。なぜなら今日の M&A は，企業の事業家・経営者が利益追求行為として企業結合を行うだけではないからである。事業家・経営者はまったく企業結合を考えていなくても，あるファンドや他の企業が株式市場にアピールして買収されたり売却されることがあるからである。つまり事業家・経営者の利益追求行為ではなくても，株主・投資家の投資行為として M&A が展開されるということである。

3　投資利益追求としての M&A

現代の投資行為としての M&A は，2つのことが背景に存在して成立している。1つは「所有と経営の分離」である。企業の事業家が所有と経営を併せ

持っていては投資行為としてのM&Aは展開されない。所有者が企業外部にいるわけではないから，企業の売り買いを投資行為として行うことは不可能だからである。したがって，M&Aが投資行為として部分的にせよ展開されてくるのは「所有と経営の分離」がほぼ完全に定着してくる1960年代のことである。コングロマリット合併と呼ばれる異業種間合併は，余剰資金の形成をバックに投資家が金融収益の拡大を狙って展開したものであることから，そのことが理解できる。

　投資行為としてのM&Aの一般化の背景のもう1つは，機関投資家の台頭である。欧米においては，年金，保険，投資信託というような個人の資金でありながら機関によって集合的・統一的に運用される巨額投資資金が，株式市場で大きなウエイトを占めてきている。当初は，サイレント・パートナーと呼ばれたように，きわめてその投資行動は控え目であったが，1985年頃から次第に積極的になり，投資リターンを強く求めるようになってきている。機関投資家は，投資ファンドや銀行などのM&A仲介機関を使い積極的に企業の合併・買収を展開し，株主の投資価値を高めようとする。またこうした機関投資家の投資リターンへの強い欲求を背景にファンドや仲介機関，そして経営者が株式市場に対し，株主価値の向上をアピールするわけである。

　こうして今日のM&Aは，投資利益追求のための経済・経営行為として位置付けられ広く一般化・普遍化しているわけである。

４　時間を買うという経済的・経営的メリット

　M&Aの経済的・経営的メリットは，いうまでもなく「時間を買う」ということである。人・モノ・情報を最初から用意するというのでは，スピードを競う現代の企業社会において競争相手に太刀打ちできない。この点，M&Aによって他の企業を買収するならば，たちどころに人・モノ・情報を手に入れることができる。水平的合併，垂直的合併，そしてコングロマリット合併のいずれにおいても，この「時間を買う」というメリットが合併を行う大きな経済・経営的動機になったということである。

図表 1-2　合併の概念
　　　　　―米国連邦公正取引委員会（F・T・C）の規定―

```
        ┌─ 水平的合併
        │   例：ワシントン市内の2つの牛乳会社間の合併
        ├─ 垂直的合併
        │   例：アルミニウム地金メーカーとアルミニウムメーカー間の合併
合併 ───┤                    ┌─ A  地理的市場拡大型
        │                    │      （チェイン型水平合併）
        │                    │      例：ワシントン市のパン屋とシカゴ市の
        │                    │          パン屋の合併
        └─ コングロマリット合併 ┼─ B  生産物拡大型
                             │      例：洗剤メーカーと漂白剤メーカー間の合併
                             └─ C  その他
                                    例：造船会社とアイスクリームメーカー間の
                                        合併
```

　例えば，王子製紙が当初，北越製紙を買収しようとしたのは，自前で設備投資をするのでは時間がかかり過ぎるという経営判断であったといわれている。結果としてこのTOBは，三菱商事と日本製紙の買収阻止によって失敗したが，もし成功していればきわめて短期間に人・設備・情報を手に入れることができたに違いない。王子製紙は，北越製紙の敵対的買収を断念した後，直ちに大型の設備投資計画を発表したが，経営上のスピードとしてはかなりの遅れを示すこととなったといえよう。

　このようにM&Aは，同業の市場を拡大することや，関連業種の事業を併合することによって収益を拡大すると同時に，異業種の合併などによって他の企業の経営資源を手に入れ経営のスピードを高めることで，企業目的を早期に達成する手段でもあるといえる。

　したがって，M&Aの行為を正しく理解するためには，市場の規模，経営上のコスト，投資の価値，経営目的の達成スピードなど，総合的な観点から吟味する必要がある。

日本のM&Aの歴史

1　M&A前史

日本でのM&Aは，昭和40年代の大型合併時代までを，前史と呼ぶことができる。

第2次大戦以前の明治，大正，昭和初期の時代は，日本は欧米の列強に経済力の面でも追い付くために，数多くの産業を移入した。急激で多様な産業移入は常に過剰な競争を生み出し，景気の変動の中で破綻と集中を繰り返してきたといえる。この破綻と集中の中で，常に中心的な役割を担ったのが財閥であった。財閥は明治維新政府に支えられるという基盤の強さから，自らの事業を安定的に運営するとともに，有利な国策事業を払い下げられ，急速に日本の代表的コンツェルンに成長したが，同時に経営的に厳しくなった新事業や弱小資本を買収して，強固な財閥支配体制を築き上げた。したがって，大戦前の日本のM&Aは，財閥の支配体制強化のための合併・買収として特徴付けられる。大戦中は，戦争遂行一色になり，あらゆる事業が統合・一本化された。国策のためのM&Aである。大戦後は，逆に，財閥が解体され事業は分割された。事業の再編・統合は昭和40年代まで待たねばならなかったわけである。

M&A前史のもう1つの特徴は，M&Aの極端な性悪説である。これは合併・買収が強い者やずるく巧みな人間によって，地道な努力をしてきたものを乗っ取る，あるいはかすめ取るという見方に由来している。事実，昭和27年には，三菱地所の前身である陽和不動産がある投機師に買い占められるという事件がおきているし，また乗っ取り屋と呼ばれる人物による白木屋の株買占め事件もM&Aを悪いものだというイメージを作ってしまったということができる。

2　国際化に向けたM&A

1960年代後半の主要企業によるM&Aは，50年代の過当競争・重複投資を

図表 1-3　時代背景にみる利益率とその算式

○高度成長・事業拡大重視
　：売上高利益率（＝税引前利益／売上高）
○バブル崩壊・投資効率重視
　：ROE（株主資本利益率＝純利益／株主資本）
　：ROA（総資本利益率＝税引前利益／総資産）
○グローバルスタンダード，金融自由化，株主重視
　：キャッシュ・フロー
　　（＝純利益＋運転資金増減－設備投資＋減価償却）
　：EVA（経済付加価値：Economic Value Added）
　　（＝税引後営業利益－資本コスト）

排除して，国内の競争基盤を強化して，国際的に飛躍していこうとする日本企業の経営戦略として展開された。過剰生産・過剰設備の矛盾を排除するために展開された M&A の代表的事例は，60 年代の三菱三重工（三菱造船，新三菱重工，三菱重工）の合併による三菱重工業，自動車業界における 2 位と 3 位の日産とプリンスの合併，さらに富士製鉄および八幡製鉄の合併による新日鉄の誕生であった。

また 1970 前半になると異なった既存産業分野を機能的に再編成するためのシステム的資本提携が展開された。例えば機械部門を担当してきた造船会社と電機メーカーが営業上のつながりを超えて株式を相互に持ち合ったり，役員を交換したのである。三菱重工―三菱電機，川崎重工―富士電機，日本造船―日立製作所，石川島播磨―東芝などの連携であった。

以上のように，M&A が顕著に現象化した 60・70 年代の統合は，戦後急激に回復・成長した日本企業の過当競争・重複投資を整理し，経済・経営の国際化に対応するための基盤強化，機能強化として展開された。

3　バブル崩壊と企業の再構築

1980 年代は潤沢な資金で日本企業が海外の企業や資産を買収するケースが

多く見られたが，件数および金額で急激な増加が現象化したのは，1990年代の後半であった。これはバブルの崩壊で日本の優良企業の株価が相対的に低下し，海外の機関投資家を中心として比較的安価に日本企業を買うことができる環境が整ったということができる。

　したがって，80年代は日本企業が海外企業を買収するイン―アウトのM&Aが多かったが，90年代後半からのM&Aは海外資本による日本企業の買収であるアウト―イン型が目立った。このアウト―イン型の買収では企業再構築を目的とするものが多く，買収後は不良資産を売却し優良資産を強化することによって企業価値を向上させるものが主流となった。いわゆる「選択と集中」である。

　企業レベルで選択と集中を見ると，企業における事業部門の売却ということになる。売却された事業は経営者によって買収されるがその資金は，銀行融資や投資会社・投資ファンドによって提供される。事業部門の売却は，売却した後自社の株主に株式を交付する会社分割制度によって促進されているが，これを行った事例を示すと，2003年のハザマ，東急建設，熊谷組の不振事業の切り離しがあげられる。

4　敵対的買収が友好的買収を促す

　2000年前後からのM&Aの特徴は非友好的買収が一般化したことである。投資会社や投資ファンドから見て採算が取れる買収は，相手企業の同意なしに株式の購入が進められる。買収後は経営者が送り込まれ，投資価値の向上のための経営改革が進められる。

　しかし，日本において，敵対的買収が成功することは稀である。敵対的買収の強引なやり方は努力して積み上げてきた経営成果を買収者がかすめ取るというようなイメージがこの敵対的買収には存在しているからである。したがって，まず敵対的買収が顕在化すると，世間の反応は被買収者に対して同情的である。資本の規模にものをいわせて無理やり買収するとは何事かという批判が湧き上がってくるのである。

図表1-4　企業買収の諸方式

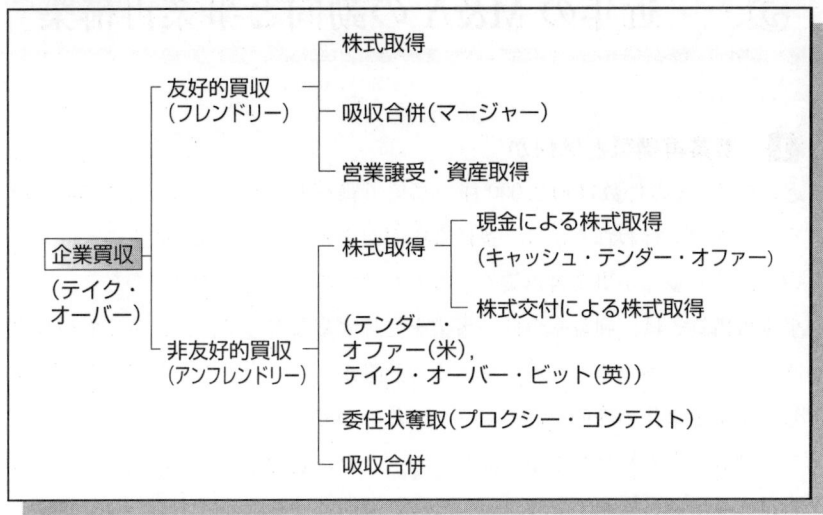

　ところが，他方，被買収者に対しても，これまで企業価値，株主価値を高めるために最善の経営努力がなされていたかが問われるのである。敵対的買収をしかけてくる企業や買収ファンドは，大抵の場合，買収の理由を，被買収企業の企業価値，株主価値の低さにおいている。自分達が経営権を握れば，企業価値，株主価値を高められると株式市場にアピールするのである。

　したがって，被買収企業の大株主や経営者は，対抗措置としての価値向上策を打ち出さなくてはならなくなる。対抗措置の有力な手段は，自分達の立場を尊重してくれて，なおかつ買収企業との合併で得られる価値向上と同程度の提案を展開することになる。それは結果的にいえば，友好的買収を実現することであり，結局，敵対的買収がこれを実現したことになるのである。

　日本の経営風土は，敵対的買収は成功しにくいが，しかし敵対的買収が起爆剤となって，企業価値，株主価値を高める友好的買収を促すことになるのである。王子製紙の北越製紙に対する敵対的買収は，日本製紙と北越製紙の友好的買収を誕生させ，またAOKIのフタタに対する敵対的買収は，コナカとフタタの友好的買収を促したのである。

近年のM&Aの動向と事業再構築

1　事業再構築とは何か

　近年のM&Aの件数は約2,000件の高位で推移している。こうしたM&Aがどうした理由で行われるかは，多様な側面があり一概に定義付けることはできないが，その多くが事業再構築のためのものであるということができる。

　事業再構築とは，利益率の低い事業を売却するなどして，企業全体の利益率を高めたり，合併すると利益率を高める効果がある他会社の事業を併合するなどして，企業全体の評価を高めようとするものである。

　これは過剰資本やコストを削除したり，または資源を高収益部門に集中することによって利益率を上昇するという特化戦略によるものである。日産がゴーン改革において「比較的売れ行きの良いアメリカ市場に投資を集中し，日本のように販売が低迷しているところでは縮小していく」という「選択と集中」がこれにあたる。また，シティーバンクが1996年に行った「投資銀行業務の切捨てと消費者金融業務への経営資源の集中」は，利益率の高い部門への経営資源の特化という事業再構築である。

2　近年の買収目的の特徴と事業再構築

　最近のM&Aにおいては，買収の相手先の同意を得ずに株式公開買付などの形で標的企業の株主から株式を買い集める敵対的買収が多くなっているが，これは株主価値の向上などを株主に呼びかけることで，短期間での買収実現につながる利点がある。後日に買収条件が標的企業の経営陣に受け入れられ友好的買収に変わるケースもある。

　経営者に事業再構築などの株主価値を意識した経営を迫る反面，外部調達した資金などで買収価格をつり上げた結果，金利負担に苦しむ企業もある。このように買収合戦が過熱すると，買収コストが高くなるという弊害も生じる。

図表 1-5　各種合併の意義と限界

水平的合併
① 市場での寡占，独占を目指し，企業競争力を強化，利益の量的拡大
② 経営規模は拡大
③ いつの時代にも見られるが，成長率・利益率は低下，量的成長の限界

垂直的合併
① 仕入コスト，販売コストの削減と外部コストの内部化
② 関連業種への総合化
③ いつの時代にも見られるが，成長率・利益率低下

コングロマリット合併
① 無関連的経営規模の拡大，財務収益の拡大
② 異業種への経営拡大
③ いつの時代にも見られるが，内部成長の欠如・財務収益の低下

立体的合併
① 市場の寡占化，仕入・販売・財務コストの削減と外部コストの内部化
② 異業種，関連業種の経営拡大・総合化
③ 内部成長の欠如，成長率・利益率低下
④ 過剰資本の削除，コストの削減による

企業再構築合併
① 利益率の向上
② 株主価値，株価の成長
③ 成長・拡大の限界

　敵対的買収提案が目立つのは市場統合の進むヨーロッパである。国境を越えた企業間競争が激しくなっており，生き残りをかけたM&Aが多い。例えば，鉄鋼業界ではミタルが総額約3兆6,000億円の大型買収をアルセロールに提案したり，ポルトガルの企業が通信大手企業，ポルトガル・テレコムに約1兆5,000億円の買収提案をしている。また，アメリカでは医療機器大手ボストン・サイエンティフィックが同業のガイダントを約3兆1,800億円で買収することになっている。日本でもドン・キホーテがオリジン東秀を買収しようとしたり，村上ファンドによる買収提案が注目されている。

3　これまでのM&Aと事業再構築

　これまでの合併は，水平的合併，垂直的合併，コングロマリット合併，立体

的合併そして企業再構築合併の順で展開されてきた。

　水平的合併は，利益の量的拡大を求めて，市場を拡大して競争力を高めようとするものであった。しかし，合併実現後は，成長率や利益率が低下し，企業評価を下げてしまうことになる。

　垂直的合併は，合併によって仕入れコストや販売コストを削減し利益を増加させるために関連業種へ経営多角化を進めていくものだが，しかしこれも合併実現後は成長率・利益率を低下させてしまうものである。

　コングロマリット合併は，経営の関連性という枠を超えて量的に外部成長を目指すと同時に相対的に低い株価の企業を買収することによって株価成長を利用して金融収益を拡大しようとするものだが，異業種への経営多角化は日常的な経営改革という内部成長の欠如をもたらし，結果的に株価成長に限界が現れて金融収益の限界をもたらす。

　立体的合併と呼ばれる大型合併は，生産・販売・財務の一体化による全方位的経営多角化による全面的拡大の収益追求だが，合併実現後やはり内部成長の欠如と成長率・利益率の低下をもたらす限界を克服できず破綻した。

　そして近年は，拡大・成長型の合併が後景に退き，削減・減量型の企業再構築合併が展開されている。これは過剰資本を削除しコストを削減して利益率を上げて株価の成長を実現し，株主価値を上げていこうとするものであり，これこそが機関投資家の支持を得て経営統合や敵対的買収を一般化させているのである。しかし企業再構築合併は，一方的に過剰資本やコストの削減として現実化するのではなく，他方では再構築を果たした後拡大型の水平・垂直・立体合併に転ずる可能性も存在している。今日見られる鉄鋼業界でのミタルによるアルセロールの総額約3兆6,000億円の大型買収はこうした動きを反映していると見なければならない。

4　改革から成長に向けた M&A

　投資価値の向上という観点から近年のM&Aを見てみると，経営改革を一段落させた企業が成長の方向に舵を切り替え，M&Aも改革から成長目的のもの

図表1-6 合併の史的展開

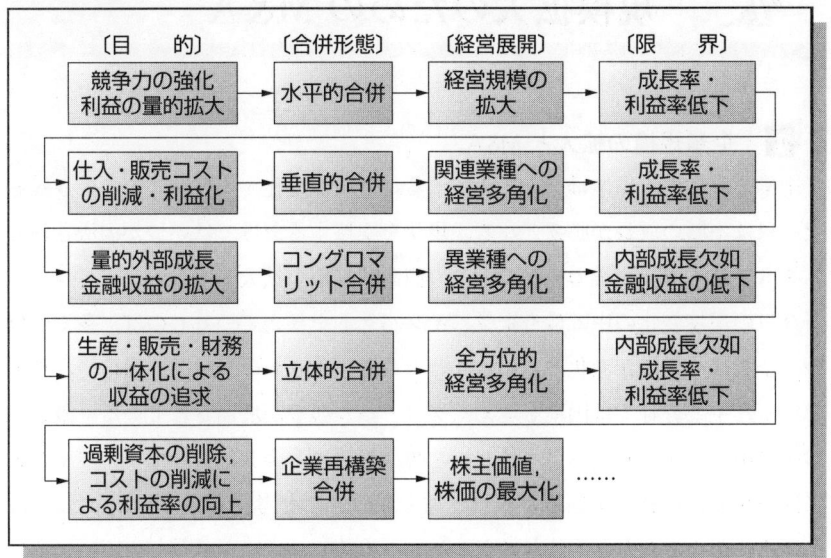

に変化してきているように読み取れる。

　ここ数年企業は，コストを削減して利益を確保することや，在庫の一掃によって営業キャッシュを増大させることに腐心してきたといえる。しかし営業キャッシュの増大と安定的な更新投資に自信を深めた経営者は，最近，手にしたフリーキャッシュを，積極的な成長の投資資金として活用しようとしている。例えば，子会社の持株比率を高めて経営戦略遂行の徹底を図るとか，あるいは業界で下位かつ他の地域での市場シェアが高い企業を買収するなどである。例えば，前者では，三菱東京UFJ銀行の同証券子会社の100％株式保有であり，後者ではAOKIの九州に基盤を持つフタタ買収がそれに当たると思われる。

　したがって，機関投資家や買収ファンドも，M&Aの評価を効率性や収益性のみにおくのではなく，将来性や成長性にもウエイトをおきつつある。設備投資においても戦略投資には高い評価を与えているし，海外の事業展開においてもBRICsを中心に市場開拓などの規模拡大については企業価値の押し上げ要因と見ているのである。

規模拡大のための M&A

1　企業規模の拡大と M&A

　企業を取り巻く環境は刻々と変化する。企業が変化する環境の中で生き残るためには不断の成長が必要となる。現状を維持するだけではいつか淘汰されてしまうであろう。企業の成長の1つの側面は規模の拡大である。

　今日の環境変化の中で最も企業にインパクトを与えているものは，多くの分野で企業間の競争が激化していることである。とりわけ，金融，通信，自動車といった主要分野では国境を越えたグローバル競争が展開されている。激しい競争の中でライバル企業に対抗し打ち勝つために，企業経営者はライバル企業に匹敵するかそれを上回る規模へと拡大すべきだと考えるかもしれない。M&Aはそのための有力な手段と考えられている。

2　水平的 M&A による効率性の向上

　企業が M&A により規模を拡大しようとするのは，規模の経済が作用し効率性が確保されると考えられるためである。規模の経済とは，規模の拡大によって，より高い効率を持つ生産設備や生産方法，労働力や管理方式などの利用が可能となり，産出量1単位あたりのコストが削減されることをいう。同一市場内の企業同士により行われる水平的 M&A は，多くの場合，規模の経済を享受することが想定されている。

　M&A による効率性の確保の顕著な例は，1990年代末からの邦銀の再編過程で見られた。多額の不良債権の処理と情報システムへの大規模投資が要求された都市銀行各社は水平的な経営統合へと進み，三大メガバンクへと統合された（図表1-7を参照）。これらは情報システムの統合や重複店舗の閉鎖，さらに人員削減などによるコスト削減効果を狙ったものであった。例えば，2005年に誕生した三菱 UFJ フィナンシャル・グループは統合の際，両グループ合わせ

図表1-7　水平的M&Aの事例：都市銀行の再編

三和銀行 東海銀行 東京銀行 三菱銀行 三菱信託銀行 日本信託銀行 東京信託銀行 東洋信託銀行	UFJホールディングス（2001年4月）	UFJ銀行（2002年1月） 東京三菱銀行（1996年4月） 三菱信託銀行（2001年10月） UFJ信託銀行（2002年1月）	三菱東京フィナンシャルグループ（2001年4月）	三菱東京UFJ銀行（2006年1月） 三菱UFJ信託銀行（2005年10月）	三菱UFJフィナンシャル・グループ（2005年1月）
みずほアセット信託銀行 第一勧業銀行 富士銀行 日本興業銀行		みずほ信託銀行（2000年10月） みずほアセット信託銀行と合併（2003年3月） みずほ銀行（2002年4月） みずほコーポレート銀行（2002年4月）	みずほホールディングス（2000年9月）	みずほフィナンシャル・グループ（2003年1月）	
さくら銀行 住友銀行 関西銀行 関西さわやか銀行 みなと銀行 ジャパンネット銀行		三井住友銀行（2001年4月） 関西アーバン銀行（2004年2月）	三井住友フィナンシャルグループ（2002年12月）		

（注）上記の他，各金融グループは傘下に証券会社をはじめ多数の企業を有している。

て約7万8,000人（2003年度末）の従業員のうち5,000人から6,000人を2008年度末までに削減する方針を明らかにした。これにより約500億円の人件費削減が見込まれ，公的資金の返済に向け経費削減を徹底するとした。

　水平的M&Aの顕著な例は，グローバル競争の激化している製薬業界でも見られる。2005年だけを見ても，アステラス製薬（山之内製薬，藤沢薬品工業），第一三共（第一製薬，三共製薬），大日本住友製薬（大日本製薬，住友製薬），あすか製薬（帝国臓器製薬，グレラン製薬）の発足などがあった。製薬業界ではグローバルな競争が激化しており，外資の攻勢に対抗し巨額化する研究開発費を確保することが国内製薬会社にとって重要課題となっている。こうした状況が製薬会社を水平的M&Aへと駆り立てており，業界の再編を促した。

3　シェア拡大・競争回避と独占禁止法

　水平的M&Aはしばしばマーケットシェア拡大による競争回避の手段として

用いられてきた。歴史的には19世紀末から20世紀初頭にかけて米国では大きな合併運動（第1次合併ブーム）が起こったが，同時期に行われた合併のほとんどが競争回避，市場シェアの確保のための水平的M&Aであった。各事業分野における市場の全国規模への拡大と企業間競争激化に対応した合併であり，とりわけ，石油，タバコ，製鉄産業において顕著であった。例えば1901年に成立したUSスチールはカーネギー，フェデラル・スチール，ナショナル・スチールなど8社を統合して生まれたものであった。USスチールは当時の米国の鉄鋼生産高の65％のシェアを占めたとされる。

　しかしながら，特定の市場で少数の企業が市場を支配するほどの規模にいたると，製品の価格をつり上げたり，新規参入を排除することも可能となるかもしれない。独占の弊害である。米国の第1次合併ブームにおいても，少数企業による市場支配力の過度の集中は大衆の反発を招いた。反独占運動が展開され，その結果として1890年にシャーマン法，1914年にクレイトン法といった反トラスト（独占禁止）法が成立された。これにより水平的M&Aの動きは大幅に阻止されることとなり，合併運動は下火となった。

　現在でも，独占禁止法上の理由からM&Aが問題となる場合がある。1998年に米国の航空宇宙産業において，大手企業であるロッキード・マーチンとノースロップ・グラマンの間で予定されていた合併は，司法省の反対決定に直面し取り止めとなった。

4　規模拡大のためのM&Aの留意点

　M&Aを行うとなれば，2社以上の企業が結合するため，当然のことながら企業規模が拡大する。例えば，総資産1,000億円のA社が総資産200億円のB社を合併した場合，A社の総資産は1,200億円となり，資産規模で20％の成長を達成したことになる。20％の成長を内部成長のみで達成することはそれほど容易なことではない。総資産だけでなく，売上高や従業員数，両社とも黒字企業の場合には利益や純資産についても同じことがいえる。さらに，同一市場内の企業であればマーケットシェアの拡大が瞬時に達成される。

図表1-8　時代により異なるM&Aに対する評価基準

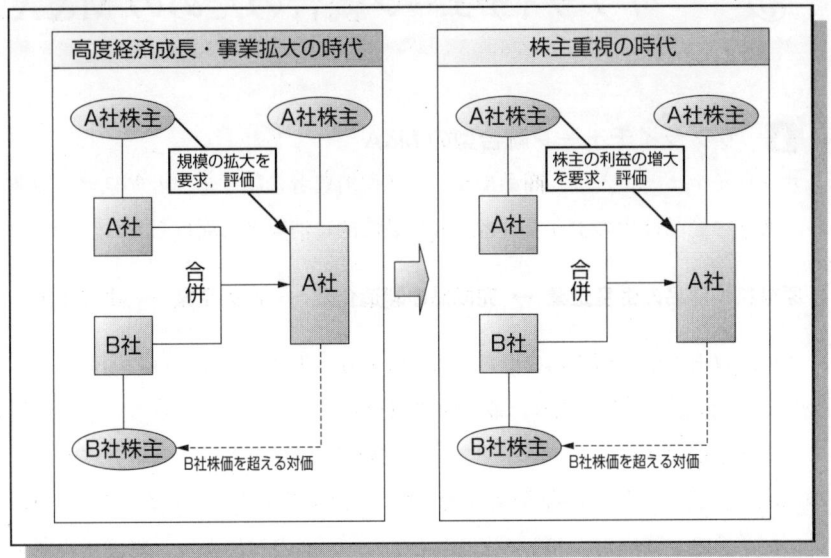

　しかしながら，M&Aに対する評価基準が時代により変化している点に留意する必要がある（図表1-8を参照）。過去の高度経済成長・拡大経営の時代においては，M&Aにより売上増大やマーケットシェアの拡大といった規模の拡大が達成されると評価された。しかし，現在は株主重視の時代となり，単なる規模の拡大だけでは評価されない。M&Aの結果が企業の利益，ひいては株主の利益に結びつくかどうかということが評価の基準となっている。

　また，規模の経済を想定してM&Aを行ったとしても，それが経営者の幻想に過ぎず，実際にはそれほど効果が発揮されない場合も多い。これは経営者の過度な楽観やM&A後の統合問題の困難性と関連している。また，M&Aによる規模拡大の効果が一定の時期を過ぎると消え去ってしまう点に留意すべきである。不断に企業間競争が行われ，技術や経営方式などにおいて絶え間ない革新がなされる状況下では，規模拡大の効果は低下せざるを得ない。

　最後に，水平的M&Aによる過度の市場支配力の集中は独占の弊害を生み，独占禁止法の規制の対象となっていることに留意する必要がある。

サプライチェーン統合のための M&A

1 サプライチェーン統合型の M&A

サプライチェーンとは，商品やサービスが消費者に届くまでのプロセスである。通常の商品は次のような業者を経て最終的に消費者に届けられる。

原材料・部品の生産企業 → 完成品の製造企業 → 卸売企業 → 小売企業

このプロセスは川の流れに似ている。つまり，上流から下流へと商品という"水"が形を変えながら流れ，最終的に消費者という"海"に至る一連の過程と見ることができる。サプライチェーン統合型の M&A とは，このプロセス上の上流と下流の関係にある企業同士が行う M&A である。このタイプの M&A は，同業種の企業同士の M&A（水平統合型 M&A）との対比から，垂直統合型 M&A あるいは垂直的 M&A ともいわれる。

2 サプライチェーン統合型 M&A の目的①
―垂直統合の全体最適効果―

サプライチェーン統合型 M&A が行われる理由の１つは，垂直統合による全体最適効果である。これは，M&A によってそれまでの「部分最適」の状態が「全体最適」の状態へ変わることで得られる業務展開上のシナジー効果である。本来，川上企業と川下企業は，同じ最終消費者に対する商品提供の一端を担うという点で，本来，協働的な関係にあるといえる。ところが，別企業のままでの単なる取引先という関係では，企業の枠を超えた情報の交換や調整が行われにくいため，あくまで企業単位での部分最適しか実現しない。

しかし，川上企業と川下企業が M&A によって垂直統合すれば，企業の枠が取り外されて上流の業務担当部門と下流の業務担当部門の関係へと変わり，そこでの情報交換や調整が可能となる。その結果，それまでそれぞれの企業で生

図表1-9　M&Aによるサプライチェーンの統合

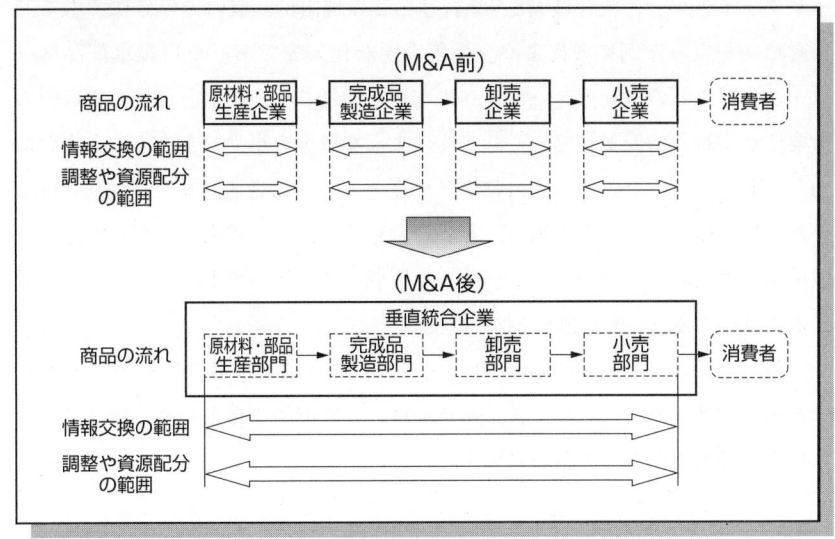

じていた余分な在庫を削減できたり，顧客の声を素早く製品開発に反映できたり，工程を超えた問題の共有と解決を図ることができる。あるいは，ヒト・モノ・カネなどの経営資源を上流と下流の全工程を見渡した上で，必要に応じて最適に配分し直すこともできる。このように，M&Aによってその商品のサプライチェーンの上流と下流にわたる全体最適が可能となる。したがって，この効果は統合する範囲が広いほど高まる。例えば，1社が原料生産から製品製造，卸および小売まですべて手がけて調達・製造・販売の一貫体制を確立すれば，1つの商品に関わる業務展開上のすべての情報交換や調整が1社の管理下において実施されるため，最大限の全体最適を実現しうる（図表1-9を参照）。

このようなメリットを主な狙いとしたM&Aの代表例として，トヨタ自動車工業とトヨタ自動車販売の合併があげられる。両社は戦後1950年に分離したが1982年に合併した。その狙いは①意思決定の迅速化，②人材の有効活用，③カネなどの経営資源の効率的活用であり，その成果も得られたといわれる。

3　サプライチェーン統合型 M&A の目的②—取引先の確保—

　サプライチェーン統合型 M&A を行う第 2 の理由は，取引先の確保である。自動車メーカーを例に考えよう。長年重要な仕入先であった自動車部品メーカーが自社以外の自動車メーカーへの取引を増加させた結果，自社との取引の重要度が相対的に低下して，これまでのような恩恵を享受できなくなる場合がある。あるいは，ライバルの自動車メーカーにその部品メーカーが買収される恐れも生じる。このような場合，その自動車メーカーは将来にわたる安定的な取引確保のために，その部品メーカーを買収して自社の傘下に収めることを考えるようになる（図表 1-10 の上図を参照）。

　実際に，1970 年代初頭に資本自由化が行われた頃，日本の自動車メーカーは系列部品メーカーに対して株式を買い増して支配的な株主となり他社による系列化や外国資本からの買収に備えた。

4　サプライチェーン統合型 M&A の目的③
　　　　　　　　—川下成長事業への業種転換—

　サプライチェーン統合型 M&A を行う 3 つ目の理由は，川下成長事業への業種転換である。企業は成長すると，川下の業務を担う部門を自社内に設置することがよくある。さらに，その川下部門を別会社化し，支配権は維持しつつも他社との取引を自由に行わせて子会社の成長を促す場合もある。その川下業務が成長する業種であれば，その子会社は親会社以上の成長を遂げる可能性がある。このとき，親会社はこの子会社を自社に吸収して自身の本業を従来の業種から川下の成長業種に移し変えることができる。とくに親会社の本業が衰退業種である場合，この方式は比較的容易に業種転換を実現する手法として魅力的となりうる（図表 1-10 の下図を参照）。

　実際に，1980 年代初頭において日本の繊維業界ではこの方式が多く用いられた。すなわち，当時の東洋紡績や東邦レーヨン，鐘紡が川下業態であるテキスタイル事業や化粧品事業の子会社を吸収合併して，斜陽化した本業の繊維事業からの業種転換を図った。

図表 1-10 垂直統合型 M&A による取引先の確保と親会社の業種転換

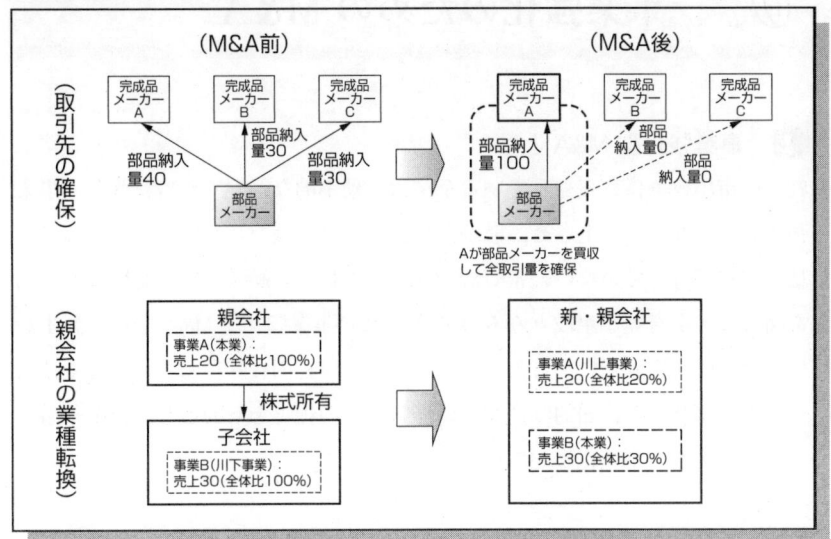

5　サプライチェーン統合型 M&A のデメリット

サプライチェーン統合型 M&A には，次のような 2 つのデメリットがある。

1 つは，新たな経営ノウハウの蓄積にかかるコストの増大である。M&A によって上流や下流の企業を統合することは，その業務に参入するということである。これは，関連業務といえども異なる業態の組織を経営することを意味し，その業態独特の経営ノウハウを獲得・蓄積する時間とコストがかかる。つまり，新業態に進出したことで新たなリスクを抱えたことになる。

もう 1 つは，外部組織の内部化に伴う規律付けコストの増大である。上流や下流の企業を統合することは，それまで取引先だった企業を内部の組織に変えるということでもある。一般に，独立の企業が大企業の一部門に内部化されると，その組織的な規律が緩みやすい。なぜなら，独立企業ならば不手際を起こせば評判の低下や契約破棄などにつながり，これによって一定の規律が働くが，企業の一部門ではそうなりにくいからである。そのため，内部化した後はその部門を規律づけるための追加的な監視コストが必要になる。

事業強化のための M&A

1 事業強化型 M&A とは

　厳しい市場競争にさらされている企業は，効率的な経営のために既存の事業を強化して収益性を向上させ，競争力を高めなければならない。そのために，自社が現在保有していない経営資源を M&A によって獲得して，他社との差別化を図ることが有効な手段となりうる。これが事業強化型 M&A である。すなわち，今後の事業成長に不可欠だが現時点では自社内に存在しない人材や技術，ノウハウ，ブランド，知的財産などの経営資源の獲得を目的とした企業や事業の買収・合併が事業強化型 M&A といえる。

2 事業強化型 M&A のメリット

　本来，M&A によって既存事業を強化して収益性を高める方法には主に2つがある。1つは，同業他社の M&A を行って自社事業の規模を拡大し，それによって費用の低減を図る方法である（4 規模拡大のための M&A 参照）。しかし，すべての同業他社を買収することは困難なため，同一の製品やサービスを扱う他社との価格引き下げ競争を回避しにくい。

　もう1つは，事業を補完するような関連する経営資源を獲得することによって，それまでは実現できなかった価値を付加して収益の増大を追求する方法である。こちらが事業強化型 M&A である。この方法は，付加価値の実現によって自社の製品やサービスの質を高めて競合他社との差別化を狙ったものである。したがって，価格引き下げ競争を回避しやすく，収益の増大も期待しやすい。

　事業強化型 M&A は，このような付加価値を実現するための経営資源を短期間に獲得することができる手法である。これによって企業は既存事業の製品やサービスの質を高めることができる。

　ところで，事業強化型 M&A によって獲得しようとする経営資源はさまざま

図表1-11 近年見られる事業強化型M&Aのタイプ

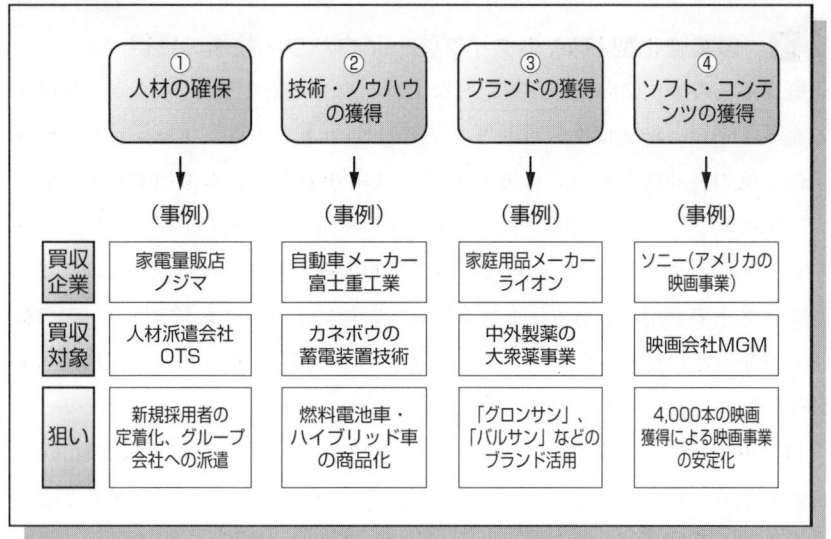

だが，近年見られる特徴的なものは，①人材，②ノウハウ・技術，③ブランド，④ソフト・コンテンツである。以下でこれらに該当する事例を取り上げる。

3　事業強化型M&Aのタイプ①―人材の確保―

　高度で知的な職務能力が個々の労働者に求められる現代において，優秀な人材の確保は業種を問わずどの企業にとっても重要な課題である。優秀な人材確保のためのM&Aの事例として家電量販店のノジマによる人材派遣会社OTSの子会社化がある（2005年）。家電量販店には電気製品の知識や販売ノウハウをもつ人材が必要だが，短期離職者が少なくないため新入社員の採用・育成の負担が大きい。また激しい同業間競争のため，新規店舗の開店と不振店舗の閉鎖が頻繁に行われており，それに伴う機動的な人材の配置が求められる。ノジマはこれらに対応するため，新規採用者をまずは派遣社員としてOTSに採用した後に正社員に登用する。また，通信機器の販売やインターネットショップの運営などを行うグループ会社への派遣による雇用の長期化を狙うだけでなく，

他社派遣も強化してIT分野の人材派遣業への進出も見据えている。

4 事業強化型M&Aのタイプ②―ノウハウ・技術の獲得―

既存事業の強化に向けて、補完的なノウハウや技術をM&Aによって獲得する企業も多い。例えば携帯電話キャリアのNTTドコモは、クレジットカード国内2位の三井住友カードに最大33.4％まで出資して資本参加すると発表した（2005年）。ドコモは2004年に電子マネー機能搭載の携帯電話「おサイフケータイ」を発売したが、現状では5万円が上限であり、使用範囲もコンビニエンスストアが中心である。ドコモは資本参加によってクレジットカードの機能も携帯電話に搭載して"クレジット携帯"を実現し、既存のカード加盟店も使用範囲に加えることを狙った。

自動車メーカーの富士重工業は、カネボウから次世代の蓄電装置技術（知的財産権約20件や開発設備、技術者）を買収した（2005年）。「キャパシタ」と呼ばれるこの蓄電技術は、従来型の電池と異なり短時間で充電が可能なうえ量産もしやすい。また、この技術を搭載した燃料電池車やハイブリッド車はすでに他社が導入しているため、需要の拡大も見込まれている。次世代車の商品化に後れを取っている富士重工業は、この技術の獲得により追い上げを狙っている。

5 事業強化型M&Aのタイプ③―ブランドの獲得―

ブランドの確立には時間がかかるが、M&Aによって既存のブランドを取得することで時間をかけずに同様の効果が得られる。

2004年のライオンによる中外製薬の大衆薬事業買収はブランド獲得を狙ったM&Aの好事例である。大衆薬市場が縮小し製薬各社が苦戦する中で、ライオンの第2の柱である大衆薬事業は好調である。中外製薬の大衆薬ブランドにはドリンク剤の「グロンサン」や「グロモント」、殺虫剤の「バルサン」、胃腸薬の「中外胃腸薬」などがあり、ライオンは自社開発製品にこれらのブランド名を使用し、さらに家庭用品の販売網を活用して事業を強化する計画である。

図表 1-12 インデックスのコンテンツ獲得のための主な買収・資本参加

年　月	対象企業	主な買収目的	金　額
2003.7	学習研究社	教育・学習コンテンツ事業および e-コマース事業の展開	6.1 億円
2003.10	ウィーブ	テレビアニメなどのコンテンツの配信，販売，プロデュース	2.4 億円
2003.11	データスタジアム	スポーツ・コンテンツの配信	―
2004.2	マッド・ハウス	アニメーション・コンテンツ制作ノウハウの獲得	6 億円
2004.3	NEC インターチャネル	教育コンテンツ・ゲームコンテンツのモバイル事業展開	27.8 億円
2004.10	フランスプロフットボールチーム「GRENOBLE FOOT 38」	チームの日本でのスポンサー営業，放送，インターネット放送および携帯公式サイト企画，運用	132 万ユーロ
2005.4	タカラ	キャラクターや映像資産のコンテンツ配信	70.4 億円
2005.9	日活	映像資源の VOD 事業への活用	74.2 億円

（出所）インデックスのホームページ「IR ニュース」より作成。

6　事業強化型 M&A のタイプ④―ソフト・コンテンツの獲得―

　ソフトやコンテンツ関連企業の M&A も近年の事業強化型 M&A の種類の1つである。この典型例が2004年のソニーによるアメリカの映画会社 MGM（メトロ・ゴールドウィン・メイヤー）の買収である。4,000 本の映像ソフトを有する MGM の買収によって，ソニーはハリウッドの映画ソフトの4割を獲得し，安定しないアメリカでの映画事業の強化を目指している。

　携帯電話配信会社によるコンテンツ獲得のための買収も頻繁に行われており，とくに大手のインデックスによる買収が目立つ（図表1-12を参照）。例えば，教育・学習関連のコンテンツを有する学習研究社，多くのキャラクターを有するタカラ，映像資源の豊富な日活を資本参加・買収し，配信事業の強化をすすめている。

7 新事業進出のためのM&A

1 新事業への進出と多角化型M&A

　成長を目指す企業は，既存の事業を強化するとともに，新たな事業に進出して自社の事業領域を広げることが必要となってくる。その際，新たな部門を設けて（あるいは子会社を設立して）自社内で何もない状態からその事業を育成すると，本格的な事業化までに多大な時間を要する。そこで，既にその事業を行っている企業を合併・買収して，時間をかけずに事業領域を拡大するという手法が有力な選択肢となる。これが，多角化型M&Aである。

　多角化型M&Aの特徴は，前節の事業強化型M&Aと比較すると分かりやすい。その違いは，M&A後の顧客層の変化である。事業強化型M&Aは，既存の事業におけるこれまでの顧客層に対して新たなサービスなどの付加価値を提供することを最終的な目的としている。したがって，M&A後も主たる顧客層はそれまでと変わらない。これに対して，多角化型M&Aは既存事業とは異なる新たな顧客層に商品やサービスを提供することを主な目的としている。したがって，M&A後には新たな顧客層を相手にした事業が加わることになる。

2 多角化型M&Aのメリット

　多角化型M&Aのメリットは，上述のように，自社内育成の場合よりもはるかに少ない時間しか要さずに，新事業を本格展開できることである。事業の性質によっては，進出の時期によってその後の事業展開の有利・不利に大きな影響を及ぼす可能性がある。とくに市場の拡大期にある事業や業界標準規格を争う事業では，進出の時期がその後の展開の重要な要因の1つとなる。

　このメリットは単なる時間の節約にとどまらない。自社内育成の場合では，新事業を組織化し，さらにその運営を機能させるためには資金以外の種々なコストをかける必要がある。しかもそのコストの回収は本格的な事業化後である。

図表 1-13　多角化型 M&A のメリット

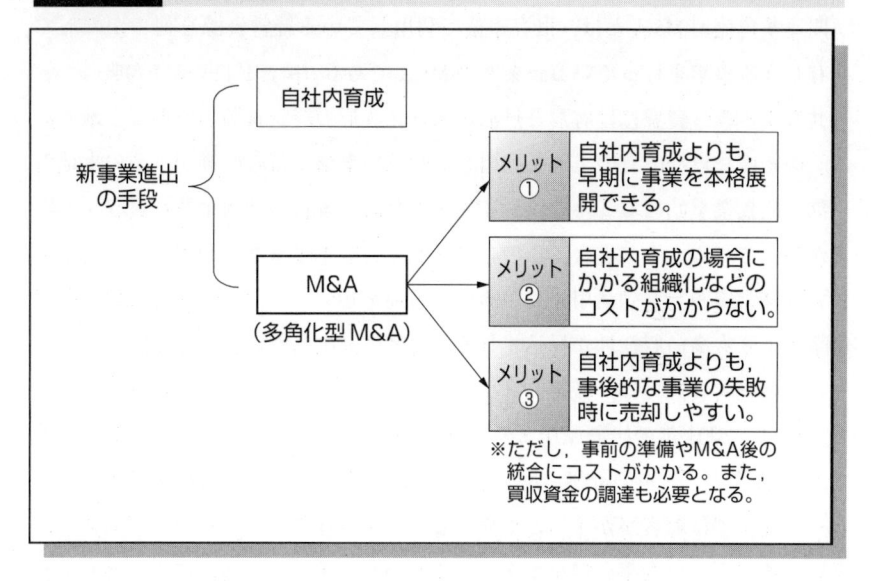

```
                    ┌─ 自社内育成
                    │                          ┌─ メリット① ─ 自社内育成よりも，早期に事業を本格展開できる。
新事業進出の手段 ─┤                          │
                    │                          ├─ メリット② ─ 自社内育成の場合にかかる組織化などのコストがかからない。
                    └─ M&A ──────────┤
                       （多角化型 M&A）       └─ メリット③ ─ 自社内育成よりも，事後的な事業の失敗時に売却しやすい。

※ただし，事前の準備や M&A 後の統合にコストがかかる。また，買収資金の調達も必要となる。
```

ところが，新事業の成功確率は 100% ではないため中途挫折の危険も高く，その際これらのコストは回収不能となりやすい。これに対して，M&A で取得した新事業は既に組織化されている。そのため，組織化のコストは原則としてかからない。さらに取得後に当初期待した成果を得られず撤退する場合でも，企業体としての実績があるため売却しやすい。

ただし，M&A による新事業の進出においては，事前の準備と事後の統合・管理にコストが発生するため，その回収の可否を慎重に検討する必要がある。

3　多角化型 M&A の種類

多角化型 M&A には，関連多角化型と無関連多角化型の 2 つがある。この 2 つの型の違いは，既存事業と新事業（買収で取得した企業が行っている事業）の間で経営資源を共有するかどうかの違いである。次にこれらのタイプの M&A の特徴について最近の事例をあげながら述べる。

① 関連多角化型 M&A

関連多角化型 M&A とは，既存事業で利用している経営資源を何らかの形で共有しうる事業を行っている企業との M&A である（図表 1-14 の左を参照）。

共有する経営資源には有形と無形がある。有形の経営資源の典型は土地である。例えば，自社所有の土地を利用して駐車場事業を営む企業が，その土地の一部で飲食業を始めることを決定し，そのために既存の飲食企業を買収する場合が想定される。この場合，この企業は既存の駐車場事業で利用していた土地という経営資源を有効活用するために，土地を必要とし，なおかつ現在の駐車場事業よりも高い収益性が見込まれる飲食業に進出したことになる。

無形の経営資源とは，技術，ノウハウ，ブランドなどである。典型的な事例としては，2004 年の居酒屋チェーン展開のワタミフードサービスによる老人ホーム運営のアールの介護（現ワタミの介護）の買収がある。外食事業と老人ホーム運営では顧客層がまったく異なるが，事業運営のノウハウには共通点が多い。その 1 つは食事の提供である。すなわち，チェーン展開による外食事業では，食材の仕入れおよび加工に関わる施設（自社農場やセントラルキッチンなど）やノウハウをそのまま老人ホームに利用することができる。もう 1 つは人材教育である。どちらも労働集約産業の側面が強く，人材の質がサービスの質に直結しやすい事業である。ワタミは居酒屋店での接客などの人材教育ノウハウをすでに蓄積しており，これを老人ホーム運営に応用することができる。

このように，活用余地のある既存の経営資源を有効利用して新事業に進出するために関連多角化型 M&A が行われる。

② 無関連多角化型 M&A（コングロマリット型 M&A）

無関連多角化型 M&A とは，既存事業で活用している経営資源をほとんど共有しない事業を行う企業との M&A である。この場合，関連性のない新事業への進出となるため事業間のシナジー効果は期待できないが，多角化によって収益の変動を低減させることができる（図表 1-14 の右を参照）。

このタイプの典型事例は，ゲームソフト会社のコナミによる健康フィットネス事業への参入である。コナミは，2001 年 2 月にフィットネスクラブ最大手

図表1-14 関連多角化型 M&A と無関連多角化型 M&A の違い

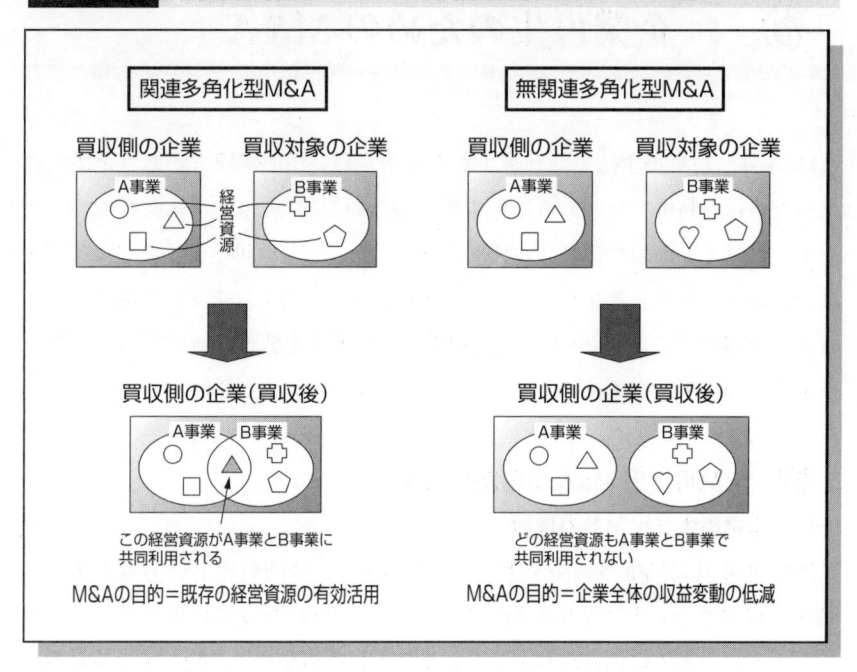

```
         関連多角化型M&A                    無関連多角化型M&A

    買収側の企業   買収対象の企業        買収側の企業   買収対象の企業
     ┌A事業─┐    ┌B事業─┐          ┌A事業─┐    ┌B事業─┐
     │ ○   │経営│ ✚   │          │ ○   │    │ ✚   │
     │ △   │資源│ ⬠   │          │ △   │    │ ♡   │
     │ □   │    │      │          │ □   │    │ ⬠   │
     └─────┘    └─────┘          └─────┘    └─────┘

           ▼                              ▼

       買収側の企業（買収後）              買収側の企業（買収後）
     ┌A事業── B事業─┐              ┌A事業──  B事業─┐
     │ ○   △  ✚   │              │ ○   △   ✚  ♡ │
     │ □        ⬠   │              │ □        ⬠   │
     └──────────────┘              └──────────────┘

   この経営資源がA事業とB事業に         どの経営資源もA事業とB事業で
   共同利用される                       共同利用されない

   M&Aの目的＝既存の経営資源の有効活用   M&Aの目的＝企業全体の収益変動の低減
```

のピープルをマイカルから買収した。これ以降，日産と東京生命保険から，2002年ではダイエー，住友金属工業，NTT西日本，青山倶楽部から，2003年では日本生命保険，阪急電鉄からスポーツクラブ子会社やその営業権などを立て続けに買収した。この結果，わずか5年でコナミの健康フィットネス事業の売上はグループ全体の約30％を占める第2の主要事業となっている（2005年度）。

4　多角化型 M&A による総合化

　多角化型 M&A を積極的に活用する企業で注目されるのは，関連する業種や業態をすべて揃える「総合化」を志向する動きである。例えば，ソフトバンクは総合通信企業を，楽天は総合ネット企業を，オリックスは総合金融企業を目指して幅広く関連ビジネスの企業を M&A で傘下に収めている。このように，目指すべき企業グループを早期に確立するために M&A は有効な手法といえる。

8 企業再生のための M&A

　M&A は，民事再生法や会社更生法の申請を行い法的整理下にある企業の再生のためにも利用されている。企業再生のための M&A は，事業会社やバイアウト・ファンド等の投資会社が種々のスキームにより，再生が必要な企業や事業部門のスポンサーとなり，経営支援を行うものである。企業が法的整理に入ると，「倒産」という悪いイメージが生じ，取引先や顧客が離れてしまう恐れがあるため，事業を維持するために M&A は有効な手段となる。

1　企業再生型 M&A の増加の背景
①　企業再生ファンドの増加
　2000 年 4 月に民事再生法が施行された頃より，法的整理下にある企業を支援する投資ファンドが登場し始めた。そして，2002 年以降には，フェニックス・キャピタル等に代表されるように業績不振や債務超過に陥っている企業や法的整理下にある企業への投資を積極的に実施する再生ファンドが数多く設立され，再生ファンド市場が創成された。再生ファンド市場の創成は，日本政府が，2001 年 10 月の経済対策閣僚会議において決定した「改革先行プログラム」の中で，企業再生ファンドの設立を促進する事項を盛り込み，政府系金融機関の日本政策投資銀行を通じて民間ファンドに出資を行う方針を示したことが大きな要因となっている。
②　産業活力再生特別措置法の制定
　1999 年 10 月に施行（2003 年 4 月に改正）された産業活力再生特別措置法も M&A の活用を促進させる契機となった。資本の減少に関する特例や営業の譲渡の場合の債権者の異議の催告等の特例など民法，商法上の特例措置により M&A に関する手続の簡素化が可能となった。

図表 1-15 産業活力再生特別措置法における経営資源再活用計画の想定スキーム

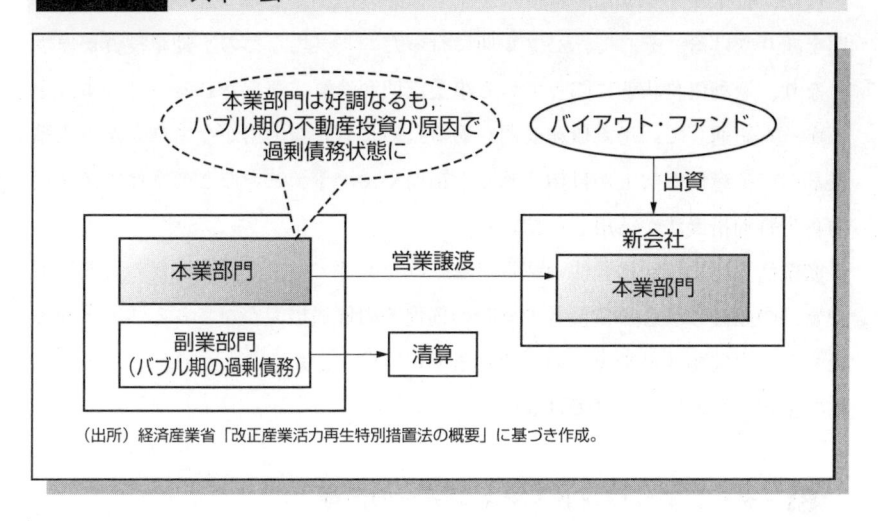

```
     本業部門は好調なるも,
     バブル期の不動産投資が原因で        バイアウト・ファンド
       過剰債務状態に
                                        │出資
                                        ▼
                                     ┌─新会社──┐
     ┌──────┐    営業譲渡         │ 本業部門 │
     │ 本業部門 │ ─────────────→   └─────┘
     └──────┘
     ┌──────┐
     │ 副業部門 │ ────→ 清算
     │(バブル期の過剰債務)│
     └──────┘
```

(出所) 経済産業省「改正産業活力再生特別措置法の概要」に基づき作成。

2　企業再生型 M&A のスキーム

　法的整理に至った企業の再生のための一般的な M&A のスキームには，営業譲渡方式と第三者割当増資方式の2種類がある。営業譲渡方式は，スポンサーに就任する事業会社やバイアウト・ファンドの出資により設立された新会社が営業譲渡を受けるスキームである。新会社を設立せずに休眠会社が利用されるケースも存在する。このスキームにおいては，将来キャッシュ・フローを十分に生み出すことが可能な優良な事業部門のみが譲渡され，過剰債務状態となっている不採算事業部門は営業譲渡により得た資金で債務の返済を行った後に清算される。第三者割当増資方式は，100%の減資を実施した後に，事業会社やバイアウト・ファンドが増資を引き受け，株式の過半数を取得するスキームである。企業再生に M&A が活用されるようになった当初は第三者割当増資方式の採用が主流であったが最近は営業譲渡方式が多く採用されている。

　2003年に急増した民事再生法適用企業の再生のための M&A では，産業活力再生特別措置法の認定を受けた案件も多い。この場合は，営業譲渡方式が想定

されており，バイアウト・ファンド等のスポンサーの出資により設立された新会社が，将来キャッシュ・フローを十分に生み出すことのできる有望な事業部門を譲り受ける。そして，バブル期に行ったゴルフ場などの不動産投資が原因となり，過剰債務状態に陥っている事業部門が清算に移行される。このようなスキームを通して，過剰債務部門があるために有効な活用がなされなかった事業部門の生産性の向上が目指される。福助やマツヤデンキなどの案件で産業活力再生特別措置法が活用されている。

産業活力再生特別措置法の認定がなされた案件では，登録免許税の軽減措置や営業の譲渡の場合の債権者の意義の催促等の優遇措置がなされることとなる。ただし，事前相談段階を含めて認定までに時間がかかることから，すべての案件で活用されているわけではない。

3 ターンアラウンド・マネジャーの活躍

企業再生型 M&A の中で特にバイアウト・ファンド等の投資会社の出資を伴うバイアウト案件では，トップ・マネジメント（top management）が外部招聘により着任する事例も多い。再生案件において外部招聘により着任したトップ・マネジメントは一般的にターンアラウンド・マネジャー（turnaround manager）と呼ばれている。ターンアラウンド・マネジャーの選任は，再生の成功の鍵となる重要な要素である。

2001 年から 2003 年にかけて，多くの法的整理（民事再生，会社更生）に伴うバイアウト案件が成立したが，ほとんどの案件で旧経営陣は退任し，トップ・マネジメントが外部から招聘されており，MBI（management buy-ins）形態を取っている。

バイアウト・ファンドの運営会社のメンバーが常勤の取締役として派遣され，経営に深く関与する IBO（institutional buy-outs, investor-led buy-outs）の性質を有した案件も登場している。例えば，ユニゾン・キャピタルが民事再生法適用を申請した東ハトの優良事業部門のみを買収した事例では，ユニゾン・キャピタルのパートナーである木曽健一氏が暫定的に代表取締役社長兼最高経営責任

図表 1-16 企業再生型バイアウト案件におけるターンアラウンド・マネジャー

対象企業	スポンサー	ターンアラウンド・マネジャー	
		着任方式	概　要
ミナミ	オリックス	外部招聘	当初，オリックスの常務取締役執行役員の牟田興一郎氏が暫定的に社長を務めていたが，ダイエー系列の百貨店プランタン銀座の社長を歴任した福室満哉氏が社長に招聘された。
東ハト	ユニゾン・キャピタル	外部招聘	当初，ファンド運営会社（ユニゾン・キャピタル）のパートナーである木曽健一氏が社長に就任した。その後，ボストン・コンサルティング・グループのプロジェクトマネジャー，アディダスジャパンのチーフセールス＆マーケティングオフィサーを歴任した辺見芳弘氏が社長に招聘された。
福助	MKSパートナーズ	外部招聘	伊勢丹のマーチャンダイジング統括部でバイヤーを務め，バッグ専門店のキタムラで取締役営業本部長を務めた藤巻幸夫氏が社長に就任した。現在は，伊勢丹出身で藤巻氏と共に招聘されていた吉野哲氏が社長に昇格している。
マツヤデンキ	新生銀行関連ファンド	外部招聘	住友商事の取締役消費流通事業本部長を歴任し，ドラッグストア「トモズ」の展開をする住商ドラッグストアーズの代表取締役社長を努めていた切石哲氏が社長兼最高経営責任者（CEO）に就任した。

(出所) 杉浦慶一 (2005)「日本におけるターンアラウンド型バイアウトの特徴―ターンアラウンド・マネジャーの招聘を中心として―」『ターンアラウンドマネージャー』Vol.1, No.4, 銀行研修社, 92-93ページ。

者（CEO）に就任し経営に従事した。

　このようなターンアラウンド・マネジャーの活躍により，再生に成功した事例も多く登場している。例えば，フェニックス電機やマックスバリュ東海のように上場を果たした事例やミナミや東ハトのように新たな事業パートナーの傘下に入る事例が出てきている。

⑨ 経営者独立のための M&A（MBO）

　MBO（management buy-outs）とは，一般に，経営陣が金融投資家と共同で対象企業の株式を取得し，経営権を掌握する取引を指す。近年は，MBO案件にエクイティを提供するバイアウト・ファンド（buy-out funds）が急増しており，案件も飛躍的に増加している。

■1　MBOの優位性

　MBOの最大の優位性は，従来からの経営体制が維持できる点にある。MBOにより経営陣が留任し，親会社との資本関係を断ち切ることで，親会社の傘下に置かれていた時では不可能だった自由な意思決定が可能となる。

　経営陣に対するインセンティブ・システム（incentive system）の導入がしやすいこともMBOの優位点である。事業会社によるM&Aでは，親会社との整合性により十分インセンティブ・システムを導入できない場合があるが，MBO企業では企業価値の向上のための最適なインセンティブ・システムを選択することが可能である。株式の保有以外の具体的なインセンティブ・システムには，ストック・オプション（stock option）の付与やエクイティ・ラチェット（equity ratchet）などがあげられる。後者は，業績に応じて経営陣の持株比率が上がったり下がったりするシステムである。

■2　MBOのスキーム

　MBOを遂行するスキームには，大別して，株式譲渡型，営業譲渡型，第三者割当増資型の3種類がある。

①　株式譲渡型

　株式譲渡型は，経営陣とバイアウト・ファンド等の投資会社により設立された受皿会社（買収目的会社）が，親会社や創業者オーナーから対象会社株式を

図表 1-17　主要 MBO 案件一覧

タイプ	特　徴	具体的事例
ダイベストメント型	企業グループが実施する事業再構築を背景とし，子会社や事業部門が独立するタイプ	アイクレオ，ザイマックス，コスモ・バイオ，バンテック，アクタス，アルコニックス，アサヒセキュリティ，リズム
事業承継型	創業者が引退に伴い保有株式を後任の経営陣やバイアウト・ファンド等の投資会社に売却するタイプ	日本高純度化学，ダイ精研，信和，アールの介護，GABA，日本オイルポンプ
事業再生型	法的整理や私的整理下にある企業，法的整理には至っていないものの財務体質が悪化している企業を再生するために実施されるタイプ	かわでん，富士車輌，リーマン
ゴーイング・プライベート型	公開企業の経営陣がバイアウト・ファンド等の投資会社の支援を得て，公開買付を実施し，買収後の上場廃止（店頭登録取消）を伴うタイプ	トーカロ，キリウ，シーシーアイ，小倉興産，ロキテクノ，キトー，シンワ，東芝タンガロイ，学研クレジット，ワールド

（出所）筆者作成。

取得するタイプである。株式の取得後に受皿会社と対象会社は合併する。

② 営業譲渡型

営業譲渡型は，経営陣とバイアウト・ファンド等の投資会社により設立された受皿会社（買収目的会社）が，企業の事業部門を譲り受けるタイプである。大企業の一事業部門の独立を支援するタイプや法的整理に至った企業の本業を再生する際に採用されるスキームである。

③ 第三者割当増資型

第三者割当増資型は，経営陣とバイアウト・ファンド等の投資会社が合計50％超の株式を取得できる範囲の第三者割当増資を引き受ける方式である。主として，企業再生案件で採用されるスキームである。

3 MBOのタイプ

① ダイベストメント型

ダイベストメント型 (divestment) は，企業グループが実施する事業再構築を背景とし，子会社や事業部門が独立するタイプである。具体的事例としては，日産自動車から日産アルティア（現アルティア橋本），バンテック，ゼロ，イードなどの子会社が独立したケースやダイエーからダーウィン，ラス・コーポレーション，アサヒセキュリティが独立したケースがあげられる。

② 事業承継型

事業承継 (business succession) 型は，創業者が引退に伴い保有株式を後任の経営陣やバイアウト・ファンド等の投資会社に売却するタイプである。創業者一族は保有株式を売却することで創業者利得を達成する。具体的事例としては，みずほキャピタルパートナーズの投資案件である日本高純度化学，エスビーアイ・キャピタルの信和，エヌ・アイ・エフSMBCベンチャーズのGABAなどが該当する。

③ 企業再生型

企業再生 (corporate recovery) 型は，法的整理や私的整理下にある企業，法的整理には至っていないものの財務体質が悪化している企業を再生するために実施されるタイプである。法的整理に伴うバイアウト案件では，旧経営陣が退任し，新たなに外部から招聘されたトップ・マネジメントが着任するMBI(management buy-ins) の形態となることが多い。2003年には東ハト，福助，マツヤデンキなど数多くの法的整理案件が成立している。

④ ゴーイング・プライベート型

ゴーイング・プライベート (going private) 型は，公開企業の経営陣がバイアウト・ファンド等の投資会社の支援を得て，公開買付を実施し，買収後の上場廃止（店頭登録取消）を伴うタイプである。日本では，2000年～2005年までに18件のゴーイング・プライベートを伴うバイアウト案件が成立している。トーカロのように再上場する案件も登場している。また，ワールドの事例のように数千億円規模の案件も成立しており，案件の大規模化が顕著になっている。

図表1-18　主要エグジット案件一覧

エグジット年月	バイアウト企業	バイアウト・ファンド	エグジット方法（売却先）
2002年12月	日本高純度化学	みずほキャピタルパートナーズ	株式公開
2004年4月	アムリード	ジャフコ	第二次バイアウト（ラフィアキャピタル）
2004年4月	スポーツプレックス・ジャパン	東京海上キャピタル	M&Aによる株式売却（東京電力）
2004年7月	キリウ	ユニゾン・キャピタル	M&Aによる株式売却（住友商事）
2004年7月	シーシーアイ	野村プリンシパル・ファイナンス	株式の買戻し（シーシーアイ）
2004年11月	弥生	アドバンテッジパートナーズ	M&Aによる株式売却（ライブドア）
2004年12月	ダーウィン	MKSコンサルティング	M&Aによる株式売却（インボイス）
2005年3月	アサヒセキュリティ	The Carlyle Group	M&Aによる株式売却（豊田自動織機）

（出所）杉浦慶一（2005）「日本のバイアウト市場におけるエグジット案件の傾向」『月刊資本市場』No.241, 資本市場研究会, 24・25ページ。

4　エグジット方法の選択

　バイアウト・ファンド等の投資会社の出資を伴うMBO案件では，投資会社は想定期間内に投資を回収しエグジット（exit）を達成しなければならない。主なエグジット方法としては，株式公開，M&Aによる株式売却，第二次バイアウト（secondary buy-outs），株式の買戻し（share repurchase）などがあげられ，近年多くのエグジット事例が登場している。

コラム①　ストラテジック・バイヤーとフィナンシャル・バイヤー

　この章の4〜9で述べた6つのM&Aのタイプは、買収する者の性格によって大きく2つに分けられる。それは、ストラテジック・バイヤーとフィナンシャル・バイヤーである。

　ストラテジック・バイヤーとは、自社も事業を営む企業であり、自社にとって何らかの経営上のシナジー効果（相乗効果）の獲得を目的として買収を行う。本章のタイプでいえば、規模拡大、サプライチェーン統合、事業強化、新事業進出を目的とした買収である。ストラテジック・バイヤーは自社の経営戦略に従って自社の価値を向上させるために買収を行う。したがって、買収による投資リターンは自社の利益の増加であり、基本的に買収した企業の売却を想定していない。

　これに対して、フィナンシャル・バイヤーは（財務的な）投資目的の買収者であり、一般的な産業的事業を行っていない買収会社や買収ファンドなどがこれに該当する。本章のタイプでいえば、企業再生目的の再生ファンドやMBOの際に経営陣とともに出資を行うファンドや投資専門会社である。フィナンシャル・バイヤーにとっての投資リターンは単純であり、買収にかかった金額と後でそれを売却して得た金額の差額である。売却の方法は主に他企業への転売と市場への分売である。したがって、なるべく株価の低い企業を買収し、買収後に経営者を刷新して経営方法を変えて収益性を向上させたり資本構成を変更したりして企業価値を向上させ、できるだけ高値で売却しようとする。しかし、買い手がつかない場合は買収した会社を解体してその資産をすべて現金化することも可能である。いわゆる「ハゲタカ・ファンド」と揶揄される買収ファンドの手法はこの会社資産の全部売却による差額の獲得が想定されている。

　この2つに共通していることは、どちらも株主（出資者）の利益を重視しなければならないという点である。すなわち、ストラテジック・バイヤーは買収によって自社の価値を向上させることで自社の株主の利益に貢献しようとする。一方、フィナンシャル・バイヤーにもその会社やファンドの出資者が存在するのであり、それらの資本提供者が期待するリターンを実現するために、よりよいターゲット企業を探索して買収と売却を続けなければならないのである。

Chapter 2
M&A の手法

1　合　　　併

2　経 営 統 合

3　【株式取得①】市場内買付

4　【株式取得②】市場外買付(公開買付・相対取引)

5　【株式取得③】新株引受(第三者割当増資)

6　完全子会社化（株式交換・株式移転）

7　事 業 譲 受

8　会 社 分 割

9　M&A 手法の分類

コラム②　合併対価の柔軟化

1 合　　併

1 合併の概要

　合併とは「2以上の会社が合体して1つの会社になること」をいう。組織再編の手法には，自社に他社の資産や事業を集めていく統合型の手法と，自社から他社へ資産や事業を切り放していく分離型の手法とがあるが，合併は統合型の組織再編である。統合型の組織再編には，合併の他に株式買収，完全子会社化，事業譲受（従来の商法における営業譲受）がある。

　合併の特徴は，自社と他社とが「全体として」1つの会社になることである。換言すると，組織再編の手法として合併を活用すれば，清算手続を経ずに消滅会社の財産や社員に対する権利義務等を包括的に移転できる。組織再編の目的は「事業の選択と集中」にあるので，合併により被合併会社の権利義務等を引き継ぎ，資本利用の効率化・市場支配力の増強を図ることは有効である。また，合併は自社の株式を対価として支払うため，現金で買収資金を用意する必要がない。

　合併のデメリットは，包括的な権利義務等の承継ゆえに，不必要な事業や簿外債務および被合併会社の望ましくない株主までも引き継ぐ恐れがあることである。また，手続が煩雑で時間を要することも問題であった。

　しかし，新会社法においては一定要件のもとで迅速に組織再編が行われるための制度が整備された。新会社法において要件が緩和されたのは「簡易組織再編」である。これは合併対価が合併会社の純資産額の20%を超えない場合に取締役会決議だけで合併を行える規定である。新会社法において新しく導入された「略式組織再編」は合併会社が被合併会社の議決権を90%以上保有している場合取締役会決議だけで合併を行える。また，これまでは「登記の日」からとされていた合併効力の発生が，「合併契約で定めた一定の日」からとなった。

図表 2-1　合併の種類

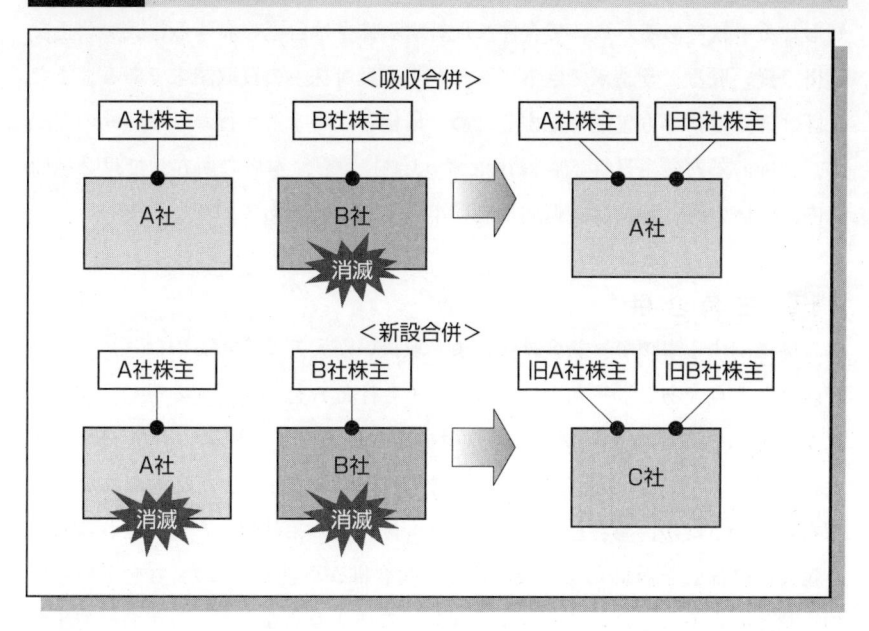

＜吸収合併＞

A社株主 — A社
B社株主 — B社（消滅）
→ A社株主・旧B社株主 — A社

＜新設合併＞

A社株主 — A社（消滅）
B社株主 — B社（消滅）
→ 旧A社株主・旧B社株主 — C社

2　合併の種類

　合併には「吸収合併」と「新設合併」がある。「吸収合併」は合併当事会社である会社の一方が解散して他方が存続する合併の形態である。「新設合併」は合併当事会社のすべてが消滅し，新たに会社を設立する合併の形態である。「新設合併」を行うと会社の取得した許認可等がすべて消滅するため，実務上「新設合併」はほとんど行われない。

3　合併の手続

　合併の手続は，①合併契約の締結，②合併決議，③合併をする旨の通知・公告，④反対株主の買取請求，⑤債権者保護手続，⑥登記からなる。
　①の合併契約の締結とは，合併当事会社における取締役会等の代表機関で，合併条件や定款の内容を定めた合併契約を承認後，締結する手続である。②の合併決議は，①で合併当事会社の代表機関が締結した合併契約を株主総会の特

別決議で承認する手続である。③の通知・公告とは，合併を行うことを株主に知らせる手続である。ここで合併に反対する株主は自己の有する株式を公正な価格で買い取るよう請求できる。これが④の反対株主の買取請求である。また，合併は簿外債務等も包括承継するため，債権者保護手続が行われる。⑥の登記は，合併の効力発生日（合併契約書に定めた日）から，本店の所在地では2週間以内，支店の所在地では3週間以内に申請する手続である。

4　三角合併

　合併に関する事項で，新会社法により取扱いが大きく変わるのは三角合併が可能となる点である。三角合併とは，A子会社とB社が合併する際に，A子会社がA親会社の株式を対価として交付する合併を指す。従来の合併ではA子会社とB社が合併するならば，A子会社の株式が対価として交付されなければならなかったが，新会社法において「合併対価の柔軟化」が導入されるため，A親会社の株式を対価として交付する三角合併が可能となった。「合併の対価の柔軟化」が導入されることにより親会社の株式のみならず，兄弟会社や子会社の株式を交付することも可能となる。（76ページのコラム②を参照）。

　従来の商法では，外国企業と日本企業との直接的な合併は外国企業が商法上の会社でないため認められていなかった。そこで，外国会社が日本企業を買収する場合，外国企業（A親会社）が日本に子会社を設立して（A子会社），日本企業（B社）と合併する方法が考えられてきた。しかし，合併を行うためだけに設立されたA子会社の株式の価値は低く，外国企業が日本企業と組織再編を行うことは困難であった。三角合併が導入されることによりA親会社の株式を交付することが可能となるため，外国企業による日本企業の買収が危惧されている。

　三角合併は，外国企業が日本企業を買収する際に活用する手法として注目されているが，日本における組織再編でもその利用価値は高い。例えば，完全子会社と同業の事業会社が合併する場合，通常の合併では，完全子会社の株式が交付されるため，100％親子会社関係の状態が崩れる。しかし，三角合併を行

図表 2-2　三角合併

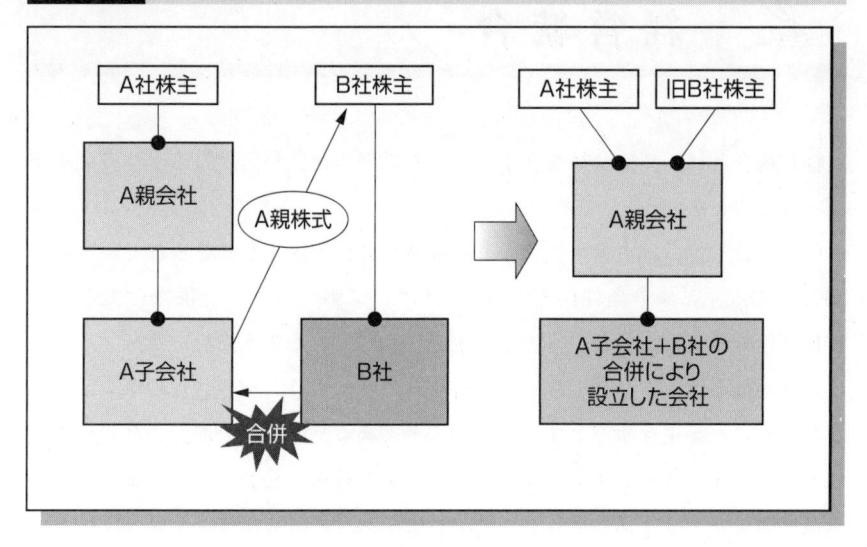

えば100％親子会社関係を崩すことなく，完全子会社と同業の事業会社の合併を行うことができる。

5　合併差損

　合併に関する事項で，新会社法の導入により取扱いが大きく変わったもう1つのポイントは合併差損の生じる組織再編が可能となることである。合併差損とは，消滅会社（B社）から引き継ぐ純財産の額が存続会社（A社）において増加する資本の額に満たない場合のその不足額をいう。従来の商法では資本充実の原則より，債務超過の企業を合併することは認められていなかった。そのため，実務においては資産の側にのれんを認識すること等により資産超過として合併処理を行ってきた。しかし，新会社法では承継資産を時価以下の範囲内で評価替えしたり，のれんを計上したりすることによりマイナスを解消することなく，合併差損が生じる場合には合併差損を計上する組織再編が認められることとなった。これは平成18年度から適用される企業結合会計基準と整合性を保ち適切な情報開示を可能とするために改正された点である。

2　経営統合

　経営統合とは，持株会社を利用して2つ以上の企業が結合して1つのグループとなることをいう。

　戦後，日本では独占禁止法により純粋持株会社の設立が禁じられていたが，1997年の改正により条件付きで解禁された。これにより，合併だけでなく，持株会社の傘下に入るという方法で企業結合ができるようになった。

　持株会社とは，他会社の株式を所有することにより，その会社の事業活動を支配することを主な事業とする会社のことである。中でも，他の会社の株式を保有し支配することを本業とする会社を「純粋持株会社」という。また，日本企業の多くがそうであるように，親会社と子会社の双方が事業を営んでいる場合，親会社のことを「事業持株会社」ということがある。

　ここでは，持株会社とは純粋持株会社として述べていく。

1　持株会社の意義

　持株会社設立の直接的な効果の1つとして，経営と事業を明確に分離することができるという点があげられる。グループ全体の戦略の立案・実行を持株会社が担い，それぞれの事業に関する戦略の立案・実行は子会社が行う。各子会社は独立した法人でもあるので，それぞれが独立採算で経営を行わなければならない。このことは，子会社経営の独立性を維持しつつも，責任範囲も明確になることを示している。すなわち，親会社はグループ全体のマネジメントを行い，子会社はそれぞれの事業のマネジメントにそれぞれが特化することができるようになる。

　また，不採算事業を売却する場合には，持株会社が株式を他社に譲渡すればよく，事業の選択と集中をスムーズに行うことができる点もメリットである。

図表2-3 主な経営統合の事例

年	月	持株会社名	旧 社 名
2000	9	みずほホールディングス（現：みずほフィナンシャルグループ）	第一勧業銀行，富士銀行，日本興業銀行
2001	3	日本ユニパックホールディングス（現：日本製紙グループ）	日本製紙，大昭和製紙
2001	4	三菱東京フィナンシャルグループ（現：三菱UFJフィナンシャルグループ）	東京三菱銀行，三菱信託銀行
2001	4	UFJホールディングス	三和銀行，東海銀行，東洋信託銀行
2002	9	JFEホールディングス	NKK，川崎製鉄
2002	10	日本航空システム（現：日本航空）	日本航空，日本エアシステム
2003	4	双日ホールディングス	ニチメン，日商岩井
2003	8	コニカミノルタホールディングス	コニカ，ミノルタ
2004	10	セガサミーホールディングス	サミー，セガ
2005	9	バンダイナムコホールディングス	バンダイ，ナムコ
2005	9	第一三共	第一製薬，三共製薬
2005	10	三菱UFJフィナンシャナルグループ	三菱東京フィナンシャルグループ，UFJホールディングス

2 企業結合の手段としての経営統合と持株会社

1997年に持株会社が解禁されて以来，多くの企業が持株会社を設立してきた。とくに，2000年3月期からの連結財務諸表を中心とするディスクロージャー制度への移行を契機として，グループ全体としての企業評価が行われるようになってからは，持株会社を設立し，経営統合によって企業価値を高めようとする動きが盛んになった。

そのパターンは，①グループ再編の手段としての持株会社の設立，②企業結合の手段としての持株会社の設立に分けられる。

①はある企業が会社分割によって持株会社と事業子会社に分割する形態や，新たに持株会社を設立して親子ともにその傘下に入るという形で行われている。

例えば，2005年のイトーヨーカ堂とその子会社であるセブンイレブン・ジャパン，デニーズ・ジャパンがセブン＆アイホールディングスとして持株会社の傘下に統合された事例がそれに当たる。

②は，企業同士が1つのグループとして結合するもので，図表2-3にあるように，持株会社の解禁以来，銀行や鉄鋼，近年では玩具メーカーやゲームソフトメーカーの経営統合の手段として用いられている。

経営統合が選択される理由としては，以下のようなものがあげられる。

（A）　合併に比べ，元の会社組織を大きく変える必要がない。

合併と異なり，経営統合では持株会社が株主となるだけで，元の会社はそれぞれ法人として存続する。したがって，それまでの会社組織を変えることなく，事業を継続することが可能である。

（B）　事業の補完関係を構築しやすい。

M&Aでは，結合する企業同士の長所をさらに強化したり，それぞれの企業の弱みを補完しあうことを目的として行われる場合がある。経営統合ではそれぞれの長所を維持しながら1つのグループになることができ，合併よりも容易に補完関係を構築することが可能になる。

3　経営統合の実際

JFEホールディングス（以下，JFE）は，川崎製鉄と日本鋼管（NKK）が2002年9月に経営統合する際に設立された持株会社である。当時の鉄鋼業界では世界的な事業再編が行われており，両社はより一層のコスト削減，操業の効率化を図る必要に迫られた。そうした状況に対応する方策として，両社は持株会社を設立し，その傘下に両社を収める経営統合を選択した。その後，2003年4月には事業ごとに再編し直し，各子会社がそれぞれの事業に特化して事業活動を行う体制に改められた（図表2-4を参照）。

また，セガとサミーは2004年10月に共同で持株会社であるセガサミーホールディングスを設立し，両社は完全子会社として持株会社の傘下に入った。これはゲーム機器に強いセガと遊技機に強いサミーという異なる事業分野に強み

図表 2-4　経営統合

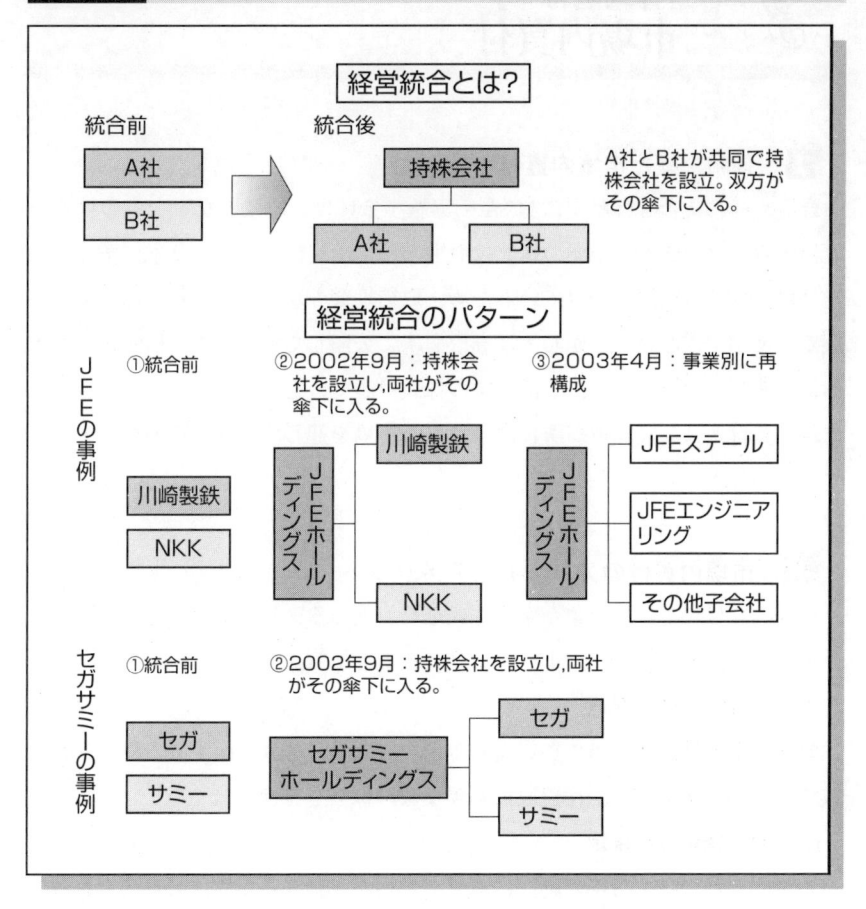

経営統合とは？

統合前：A社、B社

統合後：持株会社の傘下にA社、B社

A社とB社が共同で持株会社を設立。双方がその傘下に入る。

経営統合のパターン

JFEの事例：
- ①統合前：川崎製鉄、NKK
- ②2002年9月：持株会社を設立し、両社がその傘下に入る。 JFEホールディングス─川崎製鉄／NKK
- ③2003年4月：事業別に再構成 JFEホールディングス─JFEスチール／JFEエンジニアリング／その他子会社

セガサミーの事例：
- ①統合前：セガ、サミー
- ②2002年9月：持株会社を設立し、両社がその傘下に入る。 セガサミーホールディングス─セガ／サミー

を発揮する企業同士の経営統合であり，事業上の相互補完を狙って行われた。そして，経営の効率化，シナジー効果を発揮することによって，それぞれの強みを生かしながらも継続的で安定性のある経営基盤を築くことが課題とされている。なお，2007年にはJFEと同様に事業別に子会社を再編する予定であり，経営資源の有効活用を図ろうとしている。

　以上のように，経営統合では持株会社を設立し，その傘下にそれぞれの企業が入り，その後に事業再編を行うことが一般的になっている。

3 【株式取得①】市場内買付

1 公開企業と市場内買付

合併や経営統合を行わずにM&Aを実施するには、対象となる企業の株式を取得する必要がある。企業の株式は原則として譲渡自由だが、日本の多くの企業は株式に譲渡制限をつけているため、取締役会の承認がなければ株式を買い取ることができない。しかし、証券取引所に公開している企業の株式には基本的に譲渡制限はないので、公開企業の株式は誰でも自由に買うことができる。市場内買付とは、証券取引所に開設された市場を通じて公開企業の株式を取得することである（図表2-5を参照）。

2 市場内買付のメリットとデメリット

市場内買付によって対象企業の株式を買い進めるメリットは、手続が容易なことである。しかし、次のようなデメリットもある。

① 株数の確保の問題

対象企業の株式を市場で買い進める場合、市場に売りに出される株しか買い取ることができないので、買収に必要な数の株数を確保しにくい。

② 買収価格の不確定

市場内買付では、市場の動向によって価格が変動するため、最終的な買収金額が最後まで確定せず、厳密な計画を立てにくい。

③ 事前の察知の問題

市場内買付では個々の売買取引の当事者などは公表されないが、大量の株式取得によって価格が高騰して相手企業に買収を察知されやすい。さらに、5%を超えて買い進めると大量保有報告書を提出しなければならないため、結果的に買付の詳細は開示される（後述）。

図表 2-5　市場内買付のしくみ

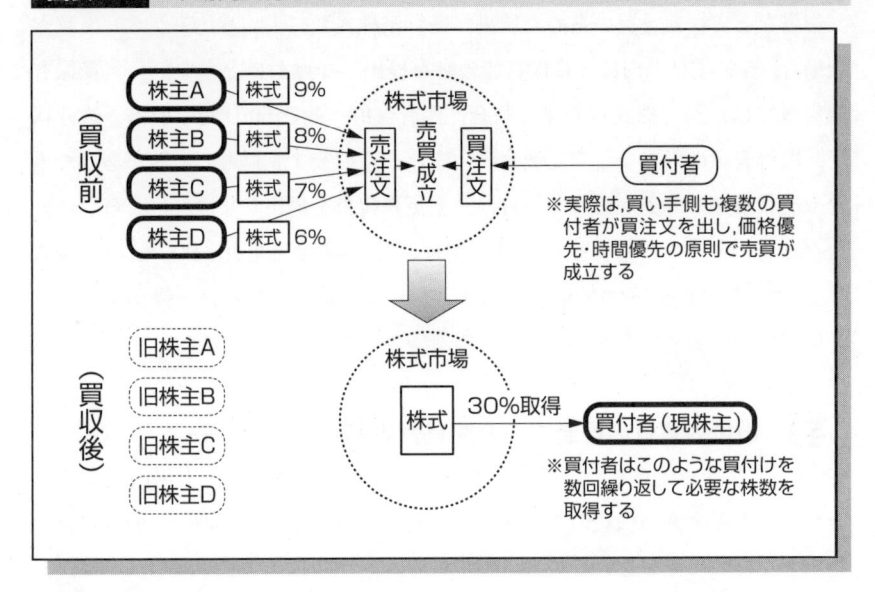

（買収前）
- 株主A　株式 9%
- 株主B　株式 8%
- 株主C　株式 7%
- 株主D　株式 6%

株式市場：売注文 → 売買成立 ← 買注文 ← 買付者

※実際は，買い手側も複数の買付者が買注文を出し，価格優先・時間優先の原則で売買が成立する

（買収後）
- 旧株主A
- 旧株主B
- 旧株主C
- 旧株主D

株式市場：株式 30%取得 → 買付者（現株主）

※買付者はこのような買付けを数回繰り返して必要な株数を取得する

3 市場内買付の事例—ライブドアのニッポン放送株取得—

2005年初頭に起きたニッポン放送の買収争奪戦で，フジテレビとライブドアは好対照の買収手法を採った。公開買付を開始したフジテレビに対して，ライブドアは市場内買付を進めた。ライブドアの市場を通じた株式取得の経緯は次のとおりである（大量保有報告書より。子会社所有分含む）。

期間	買付実施日数	議決権所有比率の結果
1/6 まで	（不明）	0.5%
1/7～2/7	19日	5.4%
2/8	1日	35.2%
2/9～2/28	11日	40.2%
3/1～3/25	15日	50.1%

このように，当初1%未満を所有していたライブドアは，約3か月間に市場からニッポン放送株式を買い進め，議決権の過半数を取得した。1日で約35%を取得した2月8日の取得は，主にToST-NeT（後述）を通じた買付である。

4　市場内買付の規制①―大量保有報告書―

　市場などで株式を買い進めた結果，発行済株式数に占める比率が5％を超えた場合，5営業日以内に大量保有報告書を提出しなければならない。大量保有報告書には，保有株式数や保有割合，保有目的，最近60日間の取得・処分状況，取得資金の内訳などを記載する。また，その後1％以上の増減があった場合や記載事項の変更があった場合は，変更報告書を提出しなければならない。ただし特例として，機関投資家は3か月ごと（金融商品取引法施行後は2週間ごと。ただし企業支配目的の場合は5営業日以内）に大量保有報告書を提出することとなっている。

5　市場内買付の規制②―公開買付規制との関わり―

　2006年6月に成立した金融商品取引法では，一定期間内に市場内外を組み合わせてある企業の株式の1/3を超えて所有することになる場合，公開買付を利用しなければならないと規制されている。しかし以前の証券取引法では，公開買付のほかに市場を通じた取得も認められており，ただ相対取引での1/3超の取得のみが禁止されていた（公開買付と相対取引については次節を参照）。

　ただし，取引所市場には立会取引と立会外取引がある。立会取引では売買注文を価格優先・時間優先の原則の下で競争させるいわゆる競売買（オークション方式）によって取引が成立する。一方，立会外取引（時間外取引）では競売買ではなく相対取引に似た売買が可能となる。例えば，東京証券取引所では立会外取引として，大口取引の多い機関投資家向けのToSTNeT-1（単一銘柄取引とバスケット取引）と，個人投資家向けのToSTNeT-2（終値取引）がある。当時これらの立会外取引は相対取引とはみなされていなかった。

　ところが，2005年2月8日にライブドアがニッポン放送株式を約35％まで立会外取引（ToSTNeT-1）で取得したことが契機となって，立会外取引は公開買付規制の趣旨に反するとの批判が起きた。結果的に，同年6月に証券取引法が改正され，競売買によらない相対取引に類似した立会外取引で1/3超の株式を買い付ける場合，公開買付が強制されることとなった（図表2-6を参照）。

図表2-6　取引所市場の取引に対する公開買付規制の適用

区　分	取引所市場内取引		取引所市場外取引
	立会取引	立会外取引 （東証のToSTNeT-1の場合）	
取引時間	9:00～11:00 12:30～15:00	8:20～9:00 11:00～12:30 15:00～16:30	随　時
取引方法	オークション方式	ネットワーク上で相対交渉による取引が可能	相対取引
公開買付規制の適用	なし（注）	なし（従来） ↓ あり（現在）	あ　り

（注）金融商品取引法の施行後は市場内外を合わせて1/3超となる場合は認められない。
（出所）金融庁のホームページ「アクセスFSA　第32号（2005年7月）」より作成。

6　市場内買付の規制③―インサイダー規制―

必ずしも市場内での株式取得に限るものではないが，M&Aに関係する重要な規制としてインサイダー規制がある。これは，M&Aに関わる重要事実を知りうる会社関係者などは，その事実が公表された後でなければその株式などの有価証券の取引を行ってはならないという規制である。

7　市場内買付の規制④―短期売買差益返還義務―

インサイダー規制に関連してM&Aに関係する規制として，役員および主要株主の短期売買差益返還義務がある。これは，公開企業の役員や主要株主がその企業の株式などについて，買付をしてから6か月以内に売却したり，売却後6か月以内に買い付けたりして得た利益はその企業に返還しなければならないという規制である。なお，該当者には売買について報告義務がある。

4 【株式取得②】
市場外買付（公開買付・相対取引）

　株式市場を通さずに企業の株式を取得する方法には，公開買付による取得と，相対取引による取得の2つがある。

■1　公開買付による株式取得

　公開買付（Take-over Bid：TOB）とは，買収者が新聞紙上に公告を掲載して対象企業の株式の買取条件を公表し，それに応じた株主から株式を取得する手法である。つまり，対象企業の経営陣を仲介せずに，買収者が直接株主に持株の売却を勧誘する手法である（図表2-7を参照）。したがって，たとえ相手企業の経営陣が買収に反対していても，公開買付に株主が応じて多くの株式が買収者に提供されれば，買収は成立する。このような性質から，公開買付は敵対的な買収の代表的な手法といわれる。

■2　公開買付のメリット
①　買収費用の確定性
　公開買付では，買付価格と買付株数を買収者が設定できるため，市場で買い進める場合と異なり，株式取得に要する金額を事前に確定できる。
②　買収所要期間の短期化
　公開買付期間は20日以上60日以内とされている。公開買付では，このような比較的短期間に不特定多数の株主から大量の株式を買い集めることができる。
③　失敗コストの低さ
　公開買付では，事前に定めておけば，応募された株数が買付予定株数に満たない場合には買付を実施しないことも認められる。したがって，市場で買い進めた場合と異なり，公開買付では予定した数よりも少ない株数しか応募されずに失敗した際のコストが小さくてすむ。

図表 2-7　公開買付のしくみ

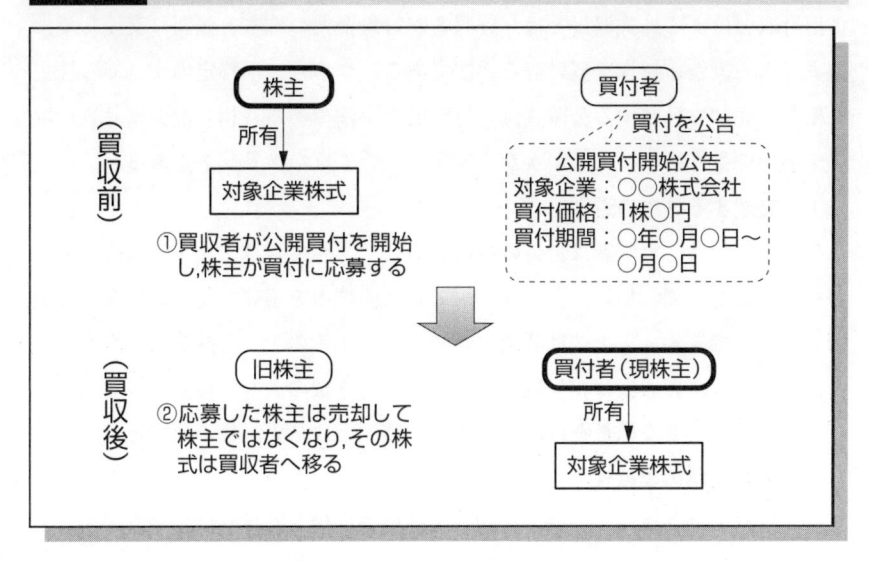

（買収前）
- 株主 — 所有 → 対象企業株式
- 買付者 — 買付を公告
  - 公開買付開始公告
    - 対象企業：○○株式会社
    - 買付価格：1株○円
    - 買付期間：○年○月○日〜○月○日
- ①買収者が公開買付を開始し，株主が買付に応募する

（買収後）
- 旧株主
- ②応募した株主は売却して株主ではなくなり，その株式は買収者へ移る
- 買付者（現株主）— 所有 → 対象企業株式

3　公開買付の事例（フジテレビによるニッポン放送の TOB）

　公開買付前，フジテレビはニッポン放送の株式の 12.39% に当たる約 400 万株を所有し，ニッポン放送はフジテレビの株式を約 22% 所有する筆頭株主であった。規模の小さいニッポン放送が株式所有面では上位という逆転状況を再編するため，フジテレビがニッポン放送を子会社化すべく公開買付を実施した。

　公開買付期間は，当初は 2005 年 1 月 18 日から 2 月 21 日までの 35 日間であり，買付価格は 1 株 5,950 円（前 3 か月の平均株価 4,937 円に約 21% の上乗せ価格），買付予定株数は約 1,233 万株で，事前の所有分と合わせて買付後の予定所有比率は 50.12% であった。ところが，2 月 8 日にライブドアがニッポン放送の株式を 37.67%（議決権ベース）まで取得したことが明らかとなったことから，公開買付を成功させるために，フジテレビは公開買付の条件を変更した。変更内容は，買付期間の延長（3 月 2 日までの 44 日間），買付株数の引き下げ（約 413 万株）などである。この結果，約 790 万株が応募され，フジテレビはこのすべてを買い付けて約 1,200 万株を所有することとなった（所有比率 36.55%）。

4　相対取引による株式取得

相対取引による株式取得とは，買収者が対象企業の株主と個別に交渉して，株主一人一人から持株を買い取る手法である。つまり，不特定のすべての株主を相手に売却を勧誘する公開買付と対照的な手法である。相対取引には買い取り相手の株主を探すコストがかかる反面，次のようなメリットがある。

① 交渉する株主の選別

公開買付では，買収者は公告の掲載を通じてすべての株主を平等に扱う必要があるのに対して，相対取引では，対象企業の株主を選びながら買取交渉を進めることができる。交渉には時間やコストがかかるので，全株を買い取るつもりでなければ，買収者は相対取引によって所有株数の大きい株主から順に交渉していけば，必要な株数を取得するまでの時間とコストを最小化できる。

② 買収価格の柔軟性

公開買付では，すべての株主に均一の価格を提供しなければならないが，相対取引では買収者と各株主との個別交渉が行われるため，各株主と合意すれば売買価格は柔軟に決めることができる。しかも，買取相手を選別できるので，その分だけ買収総額の節約につながる。

5　相対取引と公開買付の適性の違い―株主との交渉のタイプ―

株主との個別交渉という相対取引の特徴が生きてくるのは，対象企業の株主構成が集中している場合である。例えば，筆頭株主が50％を超える株式を保有する親会社であったり，創業者一族でかなりの比率の株式を所有している企業である。このような企業の場合，親会社や創業者一族の所有する株式を買い取ることができればその企業の支配権を獲得できるので，親会社や創業者一族といったごく少数の株主との交渉のみで買収を達成することができる。

反対に，株主構成が分散している企業を買収する場合，膨大な数の零細株主一人一人と個別に交渉していくと時間とコストが莫大になるので，公開買付による全株主との全体交渉のほうが，買収者の負担は小さい（図表2-8を参照）。

図表2-8　相対取引と公開買付の適性の違い

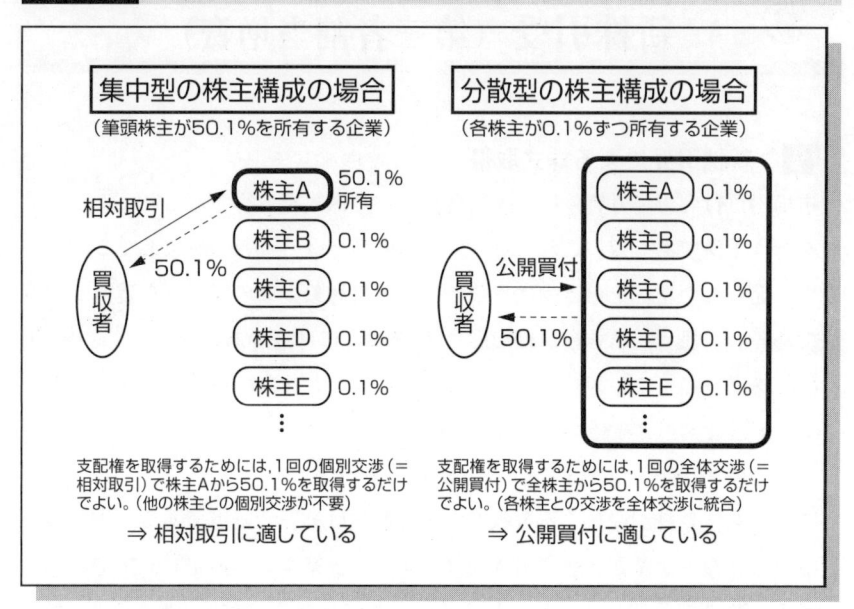

集中型の株主構成の場合
（筆頭株主が50.1%を所有する企業）

相対取引：買収者 ⇔ 株主A（50.1%所有）、株主B 0.1%、株主C 0.1%、株主D 0.1%、株主E 0.1%…

支配権を取得するためには、1回の個別交渉（＝相対取引）で株主Aから50.1%を取得するだけでよい。（他の株主との個別交渉が不要）
⇒ 相対取引に適している

分散型の株主構成の場合
（各株主が0.1%ずつ所有する企業）

公開買付：買収者 ⇔ 株主A 0.1%、株主B 0.1%、株主C 0.1%、株主D 0.1%、株主E 0.1%…（50.1%）

支配権を取得するためには、1回の全体交渉（＝公開買付）で全株主から50.1%を取得するだけでよい。（各株主との交渉を全体交渉に統合）
⇒ 公開買付に適している

6 公開買付と相対取引に対する法規制　―強制公開買付制度―

　上述のように，対象企業の株主構成が集中している場合，相対取引を利用すれば，大きな所有比率を持つ少数の株主と個別に交渉することで買収を実現することができる。しかし，現在の日本では，いわゆる「強制公開買付制度」によって，公開会社を買収する場合この相対取引は利用できない。

　強制公開買付制度とは，公開会社（正確には有価証券報告書提出会社）の3/1を超える株式を市場外で買い取る場合，公開買付でなければならないという制度である。これは3分の1ルールといわれる。なお，市場内買付および新株引受で1/3のラインを超える場合はこのルールに該当しない。ただし，2006年6月に成立した金融商品取引法では，この点に修正が加えられた。すなわち，3ヵ月以内に特定の取得方法（5%を超える相対取引を含む10%超の株式取得）を行ったことで1/3を超える場合の市場内買付にも公開買付が義務づけられた。

5 【株式取得③】新株引受（第三者割当増資）

1 新株引受による株式取得

　市場内買付と市場外買付は，既に発行された株式を取得することによって買収を行う手法であった。これに対して新株引受とは，買収の対象となる企業が新たに発行した新株を引き受けることによって対象企業の支配権を獲得する手法である。一般に，新株の発行形態（増資形態）には3つある。

　①　株主割当（株主全員に対して持株比率に応じて均等に新株を発行する）
　②　第三者割当（特定の者に新株を発行する）
　③　公募（応募した不特定多数の者に新株を発行する）

　このうち，新株引受による買収での発行形態は第三者割当である。すなわち，買収対象となる企業が新株を引き受けてもらう企業などを指定し，指定された者のみが株式を取得する。しかし，その企業には従来の株主（既存株主）がまだ存在している。したがって，新株を引き受けた者がその企業の支配権を獲得して買収するためには，以前の発行済株式数を相当に超えるだけの新株を取得しなければならない。（図表2-9を参照）

2 新株引受のメリットとデメリット

　新株引受による株式取得のメリットは，友好的な買収が実施できることである。第三者割当による新株発行は，対象企業の取締役会の決議を経て行われる。つまり，対象企業の経営陣が買収を認めた相手に対して新株を発行するのであり，敵対的な買収者には発行しない。したがって，買収者は事前に対象企業と協議を行い，その企業の経営実態や財務状況などの詳細な情報を把握して上で買収を開始でき，買収後のリスクを低く抑えられる。こうした友好的な特徴から，新株引受は資本提携や経営支援を仰ぐなどの場合にしばしば利用される。

　一方，デメリットは既存株主の存在である。新株引受では，買収者は既存株

図表 2-9 新株引受による株式取得のしくみ

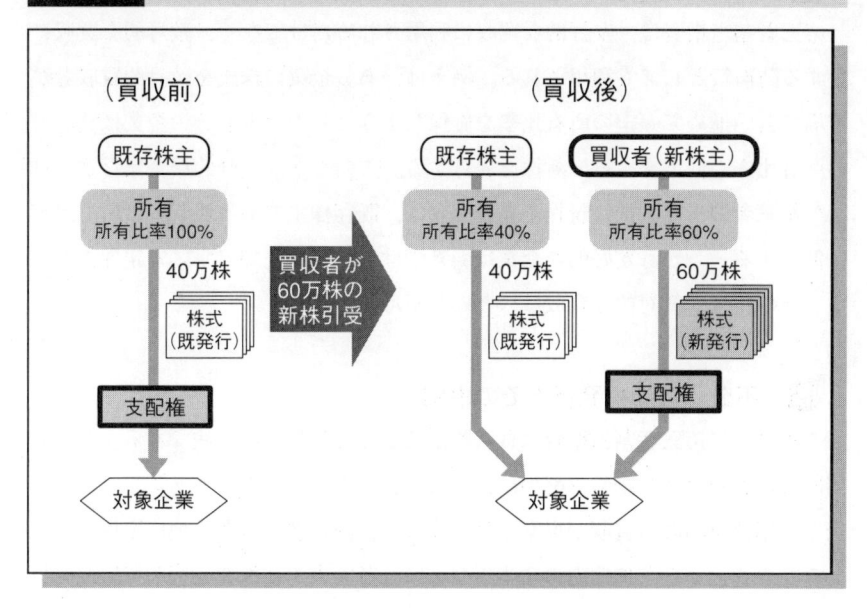

```
（買収前）                          （買収後）

 既存株主                     既存株主        買収者（新株主）

  所有                         所有              所有
所有比率100%                 所有比率40%      所有比率60%

  40万株      買収者が         40万株           60万株
              60万株の
   株式       新株引受          株式            株式
  (既発行)                     (既発行)         (新発行)

  支配権                                        支配権

  対象企業                        対象企業
```

主から株式を買い取るわけではないため，既存株主の中に大きな所有比率をもつ株主がいた場合，第三者割当増資の後でもその株主が有力な少数株主として存在する。この場合，買収後の経営に支障をきたす可能性もある。

3　第三者割当増資の発行価格と決議機関

第三者割当で増資する際，発行価格によって発行の決議を行う機関が異なる。

①　時価発行による増資

第三者割当増資を行う際，新株を時価（株式市場での価格）と同水準で発行するならば，取締役会の決議で発行が可能である。

②　有利発行による増資

第三者割当増資で新株を時価より低い価格で発行する場合（有利発行），株主総会の特別決議を得る必要がある。これは，第三者に新株を低い価格で発行すると，1株の価値が希薄化して既存株主の利益が損なわれるからである。

4 買収防衛策としての第三者割当増資

第三者割当増資は，友好的な買収に利用されるだけでなく，敵対的な買収に対する防衛策としても利用される。例えば，ある企業の株式を敵対的買収者が市場で買い進めて一定の所有比率を確保しようとしたとき，その企業は買収者の所有比率の低下を狙って新株を発行する。このとき，友好的な企業などに対して第三者割当で大量に新株を発行すれば，既存株主である買収者の所有比率は低下する。しかも友好的な企業は引き受けた新株を売却せずに安定株主となる。その結果，敵対的な買収はほとんど不可能となる。

5 不公正な新株発行とその事例

このように第三者割当増資は買収防衛策として効果的な手法である。しかし同時に現職経営者の経営支配の確保として利用される可能性もある。つまり，企業の価値を高める買収が提案された際にも，経営者が現在の地位を保持したいなどの考えから，仲間内の企業などに第三者割当で新株を発行して買収を失敗させるという事態である。

本来，経営者（取締役）は株主に選ばれる立場であるが，経営者がこのように自己の経営支配の確保のために第三者割当増資を行うと，経営者が株主を選ぶという逆転した状況がおき，株主は不利益を被ってしまう。それを防ぐために，株主には不公正な新株発行の差止めを請求する権利が認められている（会社法210条）。不公正な新株発行かどうかは，これまで裁判所において「主要目的ルール」という基準で判断されてきた。このルールは，新株発行の主要な目的が資金調達であったかどうかを見定め，そうであれば新株発行を認め，そうでなければ差し止めるという基準である。

これまでに第三者割当による新株発行に対して株主が差止請求を起こした例はいくつかあるが，それが認められた場合と認められなかった場合がある（図表2-10を参照）。前者の事例として，1989年の忠実屋・いなげや事件がある。この事例では，両社の株を買い進めた秀和に対して両社が互いを引き受け先として大量の第三者割当増資を行ったが，裁判所はそれを現経営陣の支配権を維

図表 2-10　第三者割当増資による新株発行の差し止めの事例

不公正発行として差し止められた事例

〈忠実屋・いなげや事件〉（東京地裁・平成元年 7 月 25 日）

新株発行を実施した企業	新株を引き受けた企業			差止請求した株主		
	企業名	発行前の所有比率	発行後の所有比率	株主名	発行前の所有比率	発行後の所有比率
忠実屋	いなげや	0.0%	19.6%	秀和	33.3%	26.8%
いなげや	忠実屋	0.0%	19.6%	秀和	21.4%	17.2%

不公正発行とならなかった事例

〈ベルシステム 24 事件〉（東京地裁・平成 16 年 7 月 30 日）

新株発行を実施した企業	新株を引き受けた企業			差止請求した株主		
	企業名	発行前の所有比率	発行後の所有比率	株主名	発行前の所有比率	発行後の所有比率
ベルシステム 24	NPI ホールディングス	0.0%	51.5%	CSK	39.2%	19.0%

持することが目的と判断して差止めを認めた。

　一方，2004 年のベルシステム 24 事件では，業務提携相手のソフトバンク BB の子会社へ投融資するための資金調達として，ベルシステム 24 は第三者割当増資を行った。その引き受け先は，日興プリンシパル・インベストメントが 100％ 出資する NPI ホールディングスであった。裁判所は，この増資には特定の株主の所有比率を低下させる意図もあるが，ソフトバンク・グループとの提携による資金需要にも合理性があるとして，差止請求を退けた。

6 完全子会社化（株式交換・株式移転）

　完全子会社化とは，ある会社の株式を買収等の手段によって発行済株式を100%所有し，これによって当該会社の経営権を完全に掌握することをいう。完全子会社化する方法として，買収，株式交換・株式移転などの方法があるが，ここではとくに株式交換・株式移転について述べることにする。

　株式交換・株式移転は1999年の商法改正によって導入された制度で，持株会社を設立して経営統合を容易に進めるための手段としてだけではなく，企業買収，子会社再編の手段としても用いられている。親会社となる会社を完全親会社，子会社となる会社を完全子会社という。

1 株式交換・株式移転とは

　株式交換は，既存の会社同士が完全子会社化によって結合するときに（完全親会社となる会社をA社，完全子会社となる会社をB社とする），B社の株主はその株式と引き換えにA社の株式等の資産を取得し，A社はB社の株式を取得することをいう（図表2-11の上図参照）。

　株式移転は，既存の会社が新たに親会社を設立したり，既存の会社同士が経営統合するときに用いられる手段である。株式移転では新たに純粋持株会社を設立するケースがほとんどで，その持株会社にすべての株式を取得させ，既存の会社が持株会社の完全子会社になることをいう（図表2-11の下図参照）。

　株式交換・株式移転を実施するにあたっては，ある一定の場合を除いて株式交換契約の締結または株式移転計画の作成，および株主総会での承認が必要とされている。

　完全子会社化にあたって，親会社が事業会社の場合は株式交換を用いて子会社の株式をすべて取得し，共同持株会社を複数の会社で創設する場合には株式移転によって持株会社がすべての株式を取得することが大半である。

図表 2-11　株式交換・株式移転の事例

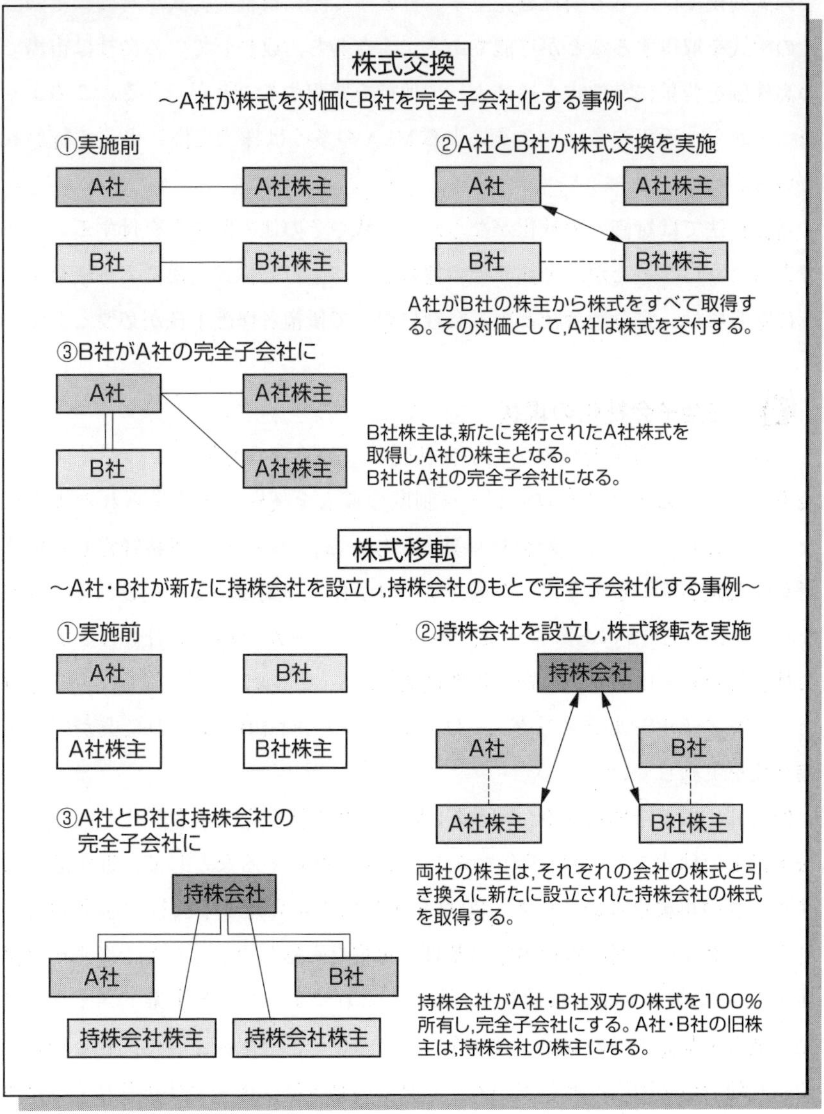

株式交換
〜A社が株式を対価にB社を完全子会社化する事例〜

①実施前

A社 ─ A社株主

B社 ─ B社株主

②A社とB社が株式交換を実施

A社 ─ A社株主
B社 ┄ B社株主

A社がB社の株主から株式をすべて取得する。その対価として、A社は株式を交付する。

③B社がA社の完全子会社に

A社 ─ A社株主
│
B社 ─ A社株主

B社株主は、新たに発行されたA社株式を取得し、A社の株主となる。
B社はA社の完全子会社になる。

株式移転
〜A社・B社が新たに持株会社を設立し、持株会社のもとで完全子会社化する事例〜

①実施前

A社　　B社

A社株主　　B社株主

②持株会社を設立し、株式移転を実施

持株会社
↑　　↑
A社　　B社
┊　　　┊
A社株主　　B社株主

両社の株主は、それぞれの会社の株式と引き換えに新たに設立された持株会社の株式を取得する。

③A社とB社は持株会社の完全子会社に

持株会社
├─ A社
├─ B社
├─ 持株会社株主
└─ 持株会社株主

持株会社がA社・B社双方の株式を100％所有し、完全子会社にする。A社・B社の旧株主は、持株会社の株主になる。

2　株式交換・株式移転のポイント

　株式交換では，ある会社を完全子会社とする際に自社の株式を対価にその会社の株式を取得することが可能である。すなわち，成長している会社は市場での高株価を背景に，株式交換によって他社を買収することができる。このようなことから，近年のネット企業によるM&Aの多くは株式交換によって行われている。

　新会社法では対価の柔軟化がなされ，金銭やその他の財産を交付することができるようになったが，金銭やその他の財産によって株式交換による統合を行うに際しては，完全親会社となる会社において債権者保護手続が必要となる。

3　完全子会社化の現状

　上場企業による子会社の完全子会社化は，2000年3月期からの連結財務諸表を中心とするディスクロージャー制度の導入を契機に多く見られるようになった。これによって，親会社単独の業績から，「グループ連結経営」という言葉が象徴しているように，企業グループ全体での業績が重要視されるようになった。図表2-12にあるように，1999年にソニーが上場子会社3社を完全子会社化したのを皮切りに，松下電器産業（以下，松下電器）が実施し，近年ではセブン＆アイホールディングス（以下，セブン＆アイHD）などの企業が完全子会社化を実施している。

　例えば，松下電器は2002年には上場子会社4社を完全子会社化し，さらに松下電工の株式を50%超所有することで子会社化するなどして，近年急速にグループの再編を進めている。2003年1月には親会社と子会社の事業内容を見直し，グループ間の重複事業の整理・再編を実施した。そして，グループ全体を14の事業ドメインに括りなおした。これによって，各事業ドメインが開発・製造・販売までの機能・責任を持つようにし，意思決定の迅速化と経営資源の有効活用を図ろうとしている。これらの動きは，従来分社化されてきた事業をコア事業と位置付けると共に，グループ全体の価値創造に寄与するものとしてグループ内に取り込もうという動きだといえる。

図表 2-12　主要な上場子会社の完全子会社化の実施

年	月	親会社	主要な子会社		
2000	10	ソニー	ソニーミュージックエンタテイメント	ソニーケミカル	ソニー・プレシジョン・テクノロジー
2002	10	ソニー	アイワ		
	10	松下電器産業	松下通信工業	九州松下電器	松下精工
2005	6	NEC	NEC ソフト	NEC テクノロジーズ	
	9	セブン・アンド・アイ ホールディングス	イトーヨーカ堂　セブンイレブン・ジャパン　デニーズ・ジャパン		
	10	シチズン時計	シチズン電子	ミヨタ	シメオ精密
	10	阪神電気鉄道	阪神百貨店		

（注）セブン・アンド・アイ　ホールディングスは持株会社を設立の後，経営統合した。

　また，イトーヨーカ堂とその子会社セブンイレブン・ジャパン，デニーズ・ジャパンを統合して設立されたセブン＆アイ HD の場合，株式時価総額の親子逆転現象，収益力の低下が著しい親会社と業績の良い子会社の事業再編を一気に推し進める方法として，株式移転による共同持株会社の設立，完全子会社化の実施を行った。従来のスーパー，コンビニエンスストアという業態の垣根を超えたシナジー効果を目指して，企業価値の創造を図ることを目標としている。さらに，2005 年 12 月には西武百貨店とそごうの持株会社であるミレニアム・ホールディングスとの経営統合を発表するなど，グループ再編以後も積極的な経営戦略を採っている。

　このように，完全子会社化は事業再編を進めると共に，グループ全体の価値創造の手段として用いられている。また，近年では一部の企業グループの中では時価総額において親子逆転現象（子会社の時価総額が親会社のそれを上回る状態）が起きており，それを解消するために完全子会社化や持株会社を設立して経営統合を図るようなケースも見られる。

7 事業譲受

1 事業譲受の概要

事業譲受とは，有機的に機能する一事業部門などを取得する組織再編手法である。事業譲受は営業上どんなに重要な資産であっても，単に資産を譲り受けただけでは該当しない。有機的に機能する一事業部門を丸ごと引き受けて初めて事業譲受となる。なお，事業譲受は旧商法における「営業譲受」と同義である。事業部門の売買が行われていることから会社法では「事業譲受」となった。

事業譲受の特徴は，契約により譲り受ける事業の中身を自由に設定できる点である。合併が企業を「全体として」引き受けるものであるのに対し，事業譲受は必要な事業のみを選択して引き受けることができる。したがって，簿外債務や被買収会社の株主を引き継ぐ恐れがない。また，当事者間の契約により引き継ぐ資産・負債の内容を決めることができるので，ある地域の事業のみ譲り受けることもできる。これらは事業譲受のメリットといえよう。

しかし，事業譲受は個々の資産・負債の評価や移転手続を要するため手続が煩雑である。また，対価として現金を支払わなければならないので資金負担を要する。資金負担を要する点が会社分割で一事業部門を引き受ける場合と事業譲受との相違点である（会社分割により切り放された事業を取得した場合，その事業に対する対価は自社の株式である）。

2 事業譲受による組織再編の活用例

カネボウ株式会社は 2004 年 5 月 7 日にカネボウブティック株式会社（現・カネボウ化粧品）へ化粧品部門を事業譲渡した。経営難が続いていたカネボウ株式会社は収益をあげている化粧品事業を新会社に対して事業譲渡し，化粧品部門の事業価値を顕在化させて，キャッシュによる売却益を得，財務体質の抜本的改善を図ったのである。

図表 2-13　事業譲受活用例

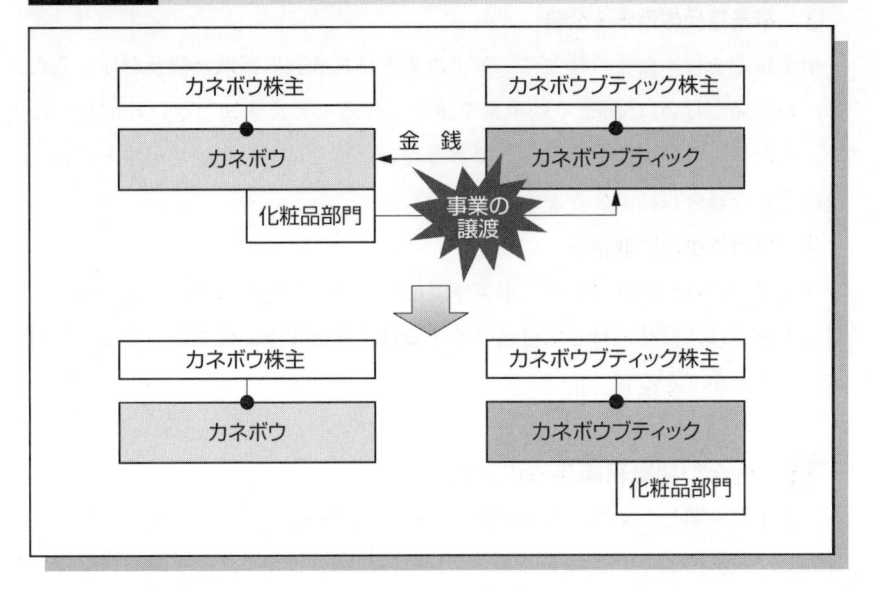

（図：カネボウ株主→カネボウ、カネボウブティック株主→カネボウブティック。カネボウブティックからカネボウへ「化粧品部門」の事業の譲渡、カネボウからカネボウブティックへ金銭。譲渡後はカネボウブティックが化粧品部門を保有）

　ここで事業譲渡（カネボウブティック株式会社からすれば事業譲受）という組織再編形態が採られた理由はキャッシュによる対価が望ましかったためである。また，商標権については化粧品および化粧用具のコーポレート商標，コーポレート・ブランド付き商標のみを譲渡するなど，戦略上，包括承継よりも選択された資産を承継できる事業譲受が望ましかった。

3　事業譲受の手続

①　取締役会における決議

　事業譲受によって売買される有機的一体として機能する「事業」は，取締役会が決定権限を有する「重要な財産の処分および譲受」に該当する。したがって，事業の譲受側も譲渡側も取締役会において決議する必要がある。

②　株主総会の特別決議

　事業譲受を行う会社は，事業全部を譲り受ける場合のみ株主総会の特別決議が必要となる。つまり，いかに重要な一部を譲渡されたとしても，それが事業

の一部であれば株主総会の特別決議を必要としない。

③ 事業譲受の通告・公告

事業譲受を行う会社の株主に，差止めまたは株式買取請求の機会を与えるため，効力発生日20日前までに事業を譲り受けることを通知しなければならない。ただし，この会社が公開会社である場合，または，事業譲受が株主総会で決議された場合には，公告をすればよい。

④ 反対株主の買取請求

株主総会の特別決議によって事業譲受が承認された場合，その承認決議に反対した株主は，会社に対して自己の有する株式を公正な価格で買い取るよう請求することができる。

4 統合型組織再編手法の比較

これまで説明した4つのM&A手法（合併，株式取得，完全子会社化，事業譲受）は統合型組織再編といわれている。これらは対価の種類や法的手続が異なるため，どの手法を用いるかを検討する際に注意する必要がある（図表2-14を参照）。

① 包括承継か否か

包括承継とは，買収対象企業のすべてを引き継ぐことを意味する。合併や完全子会社化により組織再編を行うと，移転する事業に含まれる権利義務や契約上の地位がすべて引き継がれるため，煩雑な手続を要さない。一方，事業譲受は承継する中身を自由に設定することができる。

② 移転財産の対価

移転財産の対価を株式によって支払えば，組織再編を行う上で現金を用意する必要がなくなる。ただし，株式により移転財産の対価を支払うと100％親子会社関係は保てなくなる。

③ 譲渡損益に対する課税繰延の有無

合併および完全子会社化は企業組織再編税制に定められている一定の要件を満たせば譲渡益に対する課税を繰り延べることができる。一方，事業譲受および株式取得は通常の売買と同様に扱われ，譲渡した資産に含み益がある場合に

図表 2-14　統合型組織再編のまとめ

統合型組織再編の種類

	金銭を対価	株式を対価
株式の取得	株式取得	完全子会社化
財産の取得	事業譲受	合併

統合型組織再編の特徴

	合併	事業譲受	完全子会社化	株式取得
①包括承継	○	×	○	×
②対価の種類	株式	金銭	株式	金銭
③課税の繰延	○	×	○	×
④債権者保護手続	○	×	○	×
⑤清算手続	×	×	×	×

譲渡益が生じれば他の所得と合算して課税対象となる。

④ 債権者保護手続の有無

合併は包括承継であるため，債務も当然に移転するから，債権者保護手続を要する。また，完全子会社化も「対価の柔軟化」が導入されるに伴って債権者保護手続を要することとなった。一方，事業譲受および株式取得は債権者保護について特段の規定はない。

⑤ 清算手続の有無

合併は清算手続を経ることなしに消滅会社が消滅する。完全子会社化は組織再編行為を終えた後も企業が消滅するわけではないため，清算手続は必要ない。事業譲受はたとえ会社の事業全部を譲り受けたとしても，その会社は消滅しないので清算手続は要さない。

8 会社分割

　会社分割とは，会社が事業に関して有する権利義務の全部，または一部を分割し，その後に新たに設立する会社または既存の他の会社に承継させることをいう。簡単にいえば，会社の営業部門や製造部門といった各事業部門を分離し，それを包括的に別の会社に承継させたり，他の会社に吸収させることである。会社分割には，新設分割と吸収分割がある。

　従来，会社の分割は新たに子会社を設立し，現物出資や営業譲渡などによって行われてきたが，2001年の商法改正時に直接会社を分割することができる制度として株式分割が導入された。この制度の導入により，ある事業を営業譲渡と同じように移転を行うことができるとともに，手続面では合併と同じようにある事業を1つの組織として移すことができるようになった。

1 新設分割と吸収分割

　新設分割は新たに設立する会社に分割する会社の営業を承継させることである。例えば，複数事業部門を持つ会社がそれぞれの事業ごとに別会社にする場合に用いられる方法である。

　一方，吸収分割は他の会社に分割する会社の営業を承継させる方法で，持株会社の傘下にある事業子会社が複数の重複する事業部門を有する場合に，ある事業を1つの会社に集約させたい場合などに用いられる。

　これとは別に，改正前の商法において会社分割は設立会社あるいは承継会社の株式などが分割会社に割り当てられる場合（物的分割）と，株主に割り当てられる場合（人的分割）とに分けることができた。ただ，新会社法のもとでは人的分割は物的分割における株主に対する剰余金の配当を同時に行うことで実現でき，会社分割とは物的分割を指すようになった。

図表 2-15 会社分割の方法（新設分割と吸収分割）

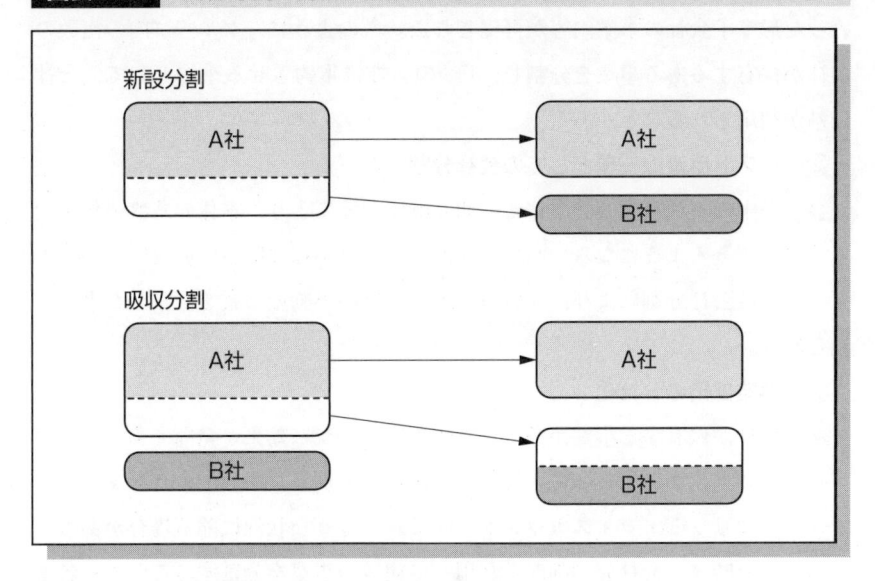

```
新設分割
  A社  ──→  A社
            B社

吸収分割
  A社  ──→  A社
            B社
  B社
```

2　会社分割の用途・目的

会社分割には，ある事業を会社として分割し，分割された会社が利益責任，経営責任を果たすという意味で責任の範囲が明確になるメリットがある。ただし，実際には単に会社を分割するというだけでなく，持株会社の設立，他社とのM&Aを絡めた分社化（事業の分割，持株会社の設立の双方を含む），経営不振企業の事業再編のための分社化など，さまざまな目的で用いられている。

① **純粋持株会社を設立した後に，事業ごとに会社再編を行う。**

持株会社傘下にある会社の事業を再編して，事業別に再編成する際に会社分割が用いられる。

具体例として，2000年9月に日本興業銀行・富士銀行・第一勧業銀行と各行の系列証券会社が統合して設立されたみずほホールディングス（現：みずほフィナンシャルグループ）があげられる（図表2-16を参照）。この3行は2000年9月に株式移転方式によって持株会社を設立した。つまり，持株会社の傘下に各行が収まっていた。それを2002年4月に各行，証券会社で重複していた業務

を，吸収分割を用いて再編成した。これにより，法人，個人，投資銀行業務といった形で子会社の事業内容が再編された。このように，グループ内の複数の会社が保有するある事業を分割し，1つの会社に集約させる手法として，会社分割が利用されることがある。

② リストラ策の一環としての会社分割

会社の中の不採算事業を本体から切り離すことにより，本体の基盤強化を図ることができるようになる。バブル崩壊後に経営不振に陥っていたいくつかのゼネコンは会社分割により，建設事業と不採算の不動産事業を分割した事例が見られる。

③ 事業部門の分社化

ある会社が保有する事業が多くなりすぎ，シナジー効果が発揮できず，経営スピードの鈍化などによって会社全体の価値が個別事業の価値の合計を下回るコングロマリット・ディスカウントと呼ばれるような状況に陥る場合がある。このような時に，会社分割制度を利用して複数の事業を分割することで，各事業の独立性を明確にし，独立採算制でスピードある経営を目指すことが可能になる。

会社分割制度が導入されて以来，日本企業の多くが事業再編の手段としてこの制度を利用している。上述したようなある会社から事業を分割するだけでなく，親会社から子会社への事業移管や子会社の集約などグループ内の統合を目的として用いられている。

④ グループ外企業との再編

会社分割はグループ内の再編だけではなく，グループ外企業との再編にも用いられている。例えば，2003年1月にサントリーは第一製薬（現：第一三共）との資本提携により医薬品事業会社（現：第一アスビオファーマ）を設立した。この際，母体としてサントリーの医薬品事業部門を会社分割により分社化した。これにより，製品や特許権など製薬事業の重要な経営資源だけでなく，研究者の雇用契約等もそのまま移管することができ，それまでのノウハウをそのまま移転することができるメリットが生まれた。

図表 2-16 会社分割の事例（みずほフィナンシャルグループ）

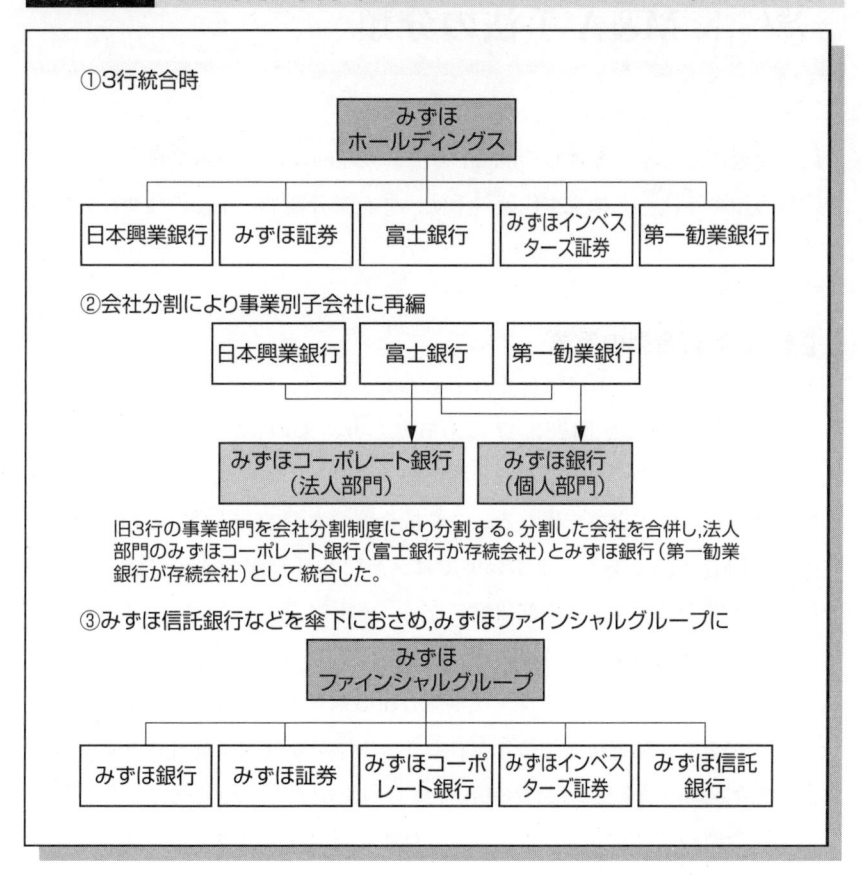

①3行統合時

```
                みずほ
              ホールディングス
    ┌──────┬──────┬──────┬──────┬──────┐
 日本興業銀行 みずほ証券 富士銀行 みずほインベス 第一勧業銀行
                              ターズ証券
```

②会社分割により事業別子会社に再編

```
  日本興業銀行    富士銀行    第一勧業銀行
      └─────┬─────┬─────┘
       ↓           ↓
  みずほコーポレート銀行   みずほ銀行
     （法人部門）      （個人部門）
```

旧3行の事業部門を会社分割制度により分割する。分割した会社を合併し、法人部門のみずほコーポレート銀行（富士銀行が存続会社）とみずほ銀行（第一勧業銀行が存続会社）として統合した。

③みずほ信託銀行などを傘下におさめ、みずほファインシャルグループに

```
                みずほ
            ファインシャルグループ
    ┌──────┬──────┬──────┬──────┐
 みずほ銀行 みずほ証券 みずほコーポ みずほインベス みずほ信託
                    レート銀行  ターズ証券   銀行
```

　以上のように，会社分割制度は多角化を推進してきた大企業が事業の分離・統合の手段として，不採算事業の売却の手段として，経営統合後の事業再編の手段として，多種多様な用途に用いられている。

Chapter 2　M&Aの手法

⑨ M&A 手法の分類

以上で説明してきた8種類のM&A手法を機能的な観点から整理すると，①企業統合型の手法，②株主交代型の手法，③企業分離型の手法の3つに分類される。

◼1 企業統合型の手法

　企業統合型のM&A手法に含まれるものは，合併，経営統合（株式移転を含む），株式交換である。図表2-17にあるとおり，この3つの手法によって，元々独立していた2つの企業が統合される。ただし，その統合の仕方は合併および経営統合と株式交換で異なる。企業統合型の典型である合併と経営統合は並列的な結合手法である。まず合併では，A社とB社が合併後に法人格の合一によって完全に一企業の内部組織になる。そして経営統合では，2社は法人格上は別企業ではあるが，持株会社によって所有される完全子会社という点で互いに同等の立場であり，グループ全体の組織構造上における上下関係はない。一方，株式交換は企業統合型に含まれるが，2社が並列的に統合されるわけではなく上下関係（親会社と子会社の関係）となる点が合併や経営統合と異なる。

　企業統合型のこれら3つの手法には，株主の統合という共通点がある。すなわち，元のA社株主だった株主aとB社株主だった株主bはどちらも合併後企業あるいは持株会社の株主となっている。これは，統合の対価として株式が用いられるためである。その意味で，企業統合型の3つの手法は株主統合型であるともいえる。この点は，この型の代表である合併とこの型に含まれていない事業譲受（事業全部の譲受）を比較するとはっきりする。事業全部の譲受は通常現金が対価とされ，譲渡する企業の組織や財産などすべてが譲り受ける企業に移転し継承される。つまり，実質的に合併と同じ効果が得られるが，譲渡する企業の株主が譲り受ける企業の株主となることはない。

図表2-17　企業統合型および株主交代型のM&A手法

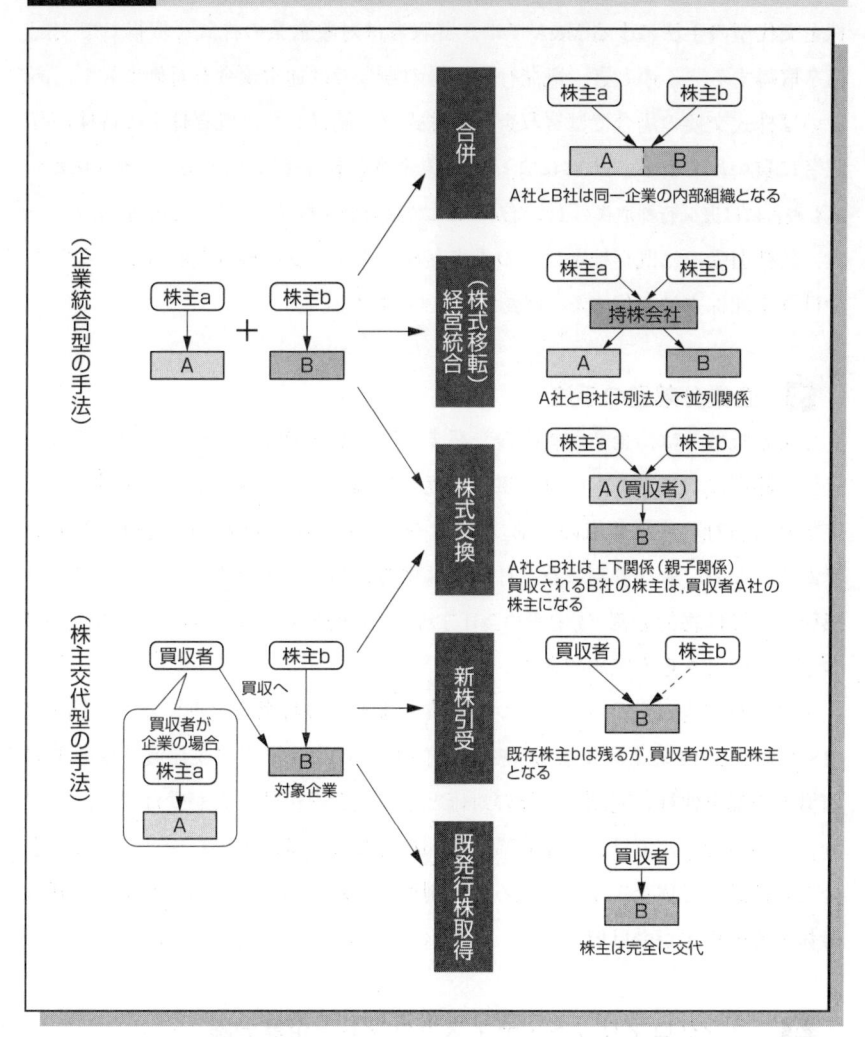

（企業統合型の手法）

株主a → A ＋ 株主b → B

- **合併**
  株主a, 株主b → A｜B
  A社とB社は同一企業の内部組織となる

- **経営統合（株式移転）**
  株主a, 株主b → 持株会社 → A, B
  A社とB社は別法人で並列関係

- **株式交換**
  株主a, 株主b → A（買収者） → B
  A社とB社は上下関係（親子関係）
  買収されるB社の株主は，買収者A社の株主になる

（株主交代型の手法）

買収者 ─買収へ→ B（対象企業）　株主b
買収者が企業の場合：株主a → A

- **新株引受**
  買収者 → B ← 株主b
  既存株主bは残るが，買収者が支配株主となる

- **既発行株取得**
  買収者 → B
  株主は完全に交代

2　株主交代型の手法

株主交代型に含まれるものは，既発行株取得（市場内買付および市場外買付），新株引受，株式交換の3つである。

株主交代型の特徴は，M&Aの当事者同士が企業統合型のように企業と企業

という関係ではなく，買収者と買収対象企業の関係にあることである。つまり，株主交代型の手法による M&A では，買収者は対象企業の株式を取得して支配権を取得する。このとき，既発行株取得の場合では通常現金を対価にして，あるいは株式交換の場合では買収企業の株式を対価にして，既存株主の持株が買収者に買い取られる。これによって対象企業の株主が交代する（なお，株式交換も厳密には既発行株取得の1つだが，ここでは対価が株式という点で区別した）。一方，新株引受では既存株主はそのまま存続するが，支配権は買収者が握るため，やはり支配株主は交代する（図表 2-17 下部を参照）。

3 企業分離型の手法

企業分離型とは，企業が組織の一部または全部を他社に移転することである。企業分離型に含まれるものは，事業譲渡（事業譲受の相手側）と会社分割である。いずれも自社の事業組織の一部（または全部）を他社に分離して売却する手法である。なお，会社分割は新会社法では物的分割のみが定められたが，本来の形態としては物的分割（分社型の会社分割）と人的分割（分割型の会社分割）の2つがあり，どちらも実施できる。

実質的な機能の点からこの3つの企業分離手法の特徴を整理すると，図表 2-18 および 2-19 のようになる（吸収分割を想定する）。まず事業譲渡では，事業組織の一部を他社に売却してその対価として現金を母体企業が受け取る。一方，分社型の会社分割では，事業組織の一部を他社に売却しその対価として買い手企業の株式を母体企業が受け取る。分割型はこれとほとんど同じだが，対価は母体企業の株主が受け取る。

4 コングロマリット・ディスカウントと企業分離

この企業分離の動きは 1990 年代中頃あたりから高まっており，日本企業の脱コングロマリット化を反映している。コングロマリットとは無関連多角化企業のことである。日本企業は 1980 年代後半のバブル期に資本効率をあまり考慮せず多角化を推進した。しかも，その多角化は必ずしも本業を強化するもの

図表 2-18　企業分離の手法

分離のタイプ	事業譲渡	会社分割 （分社型）	会社分割 （分割型）
対価の形態	現　金	株　式	株　式
対価の受け取り者	母体企業	母体企業	母体企業の株主

図表 2-19　企業分離型の手法

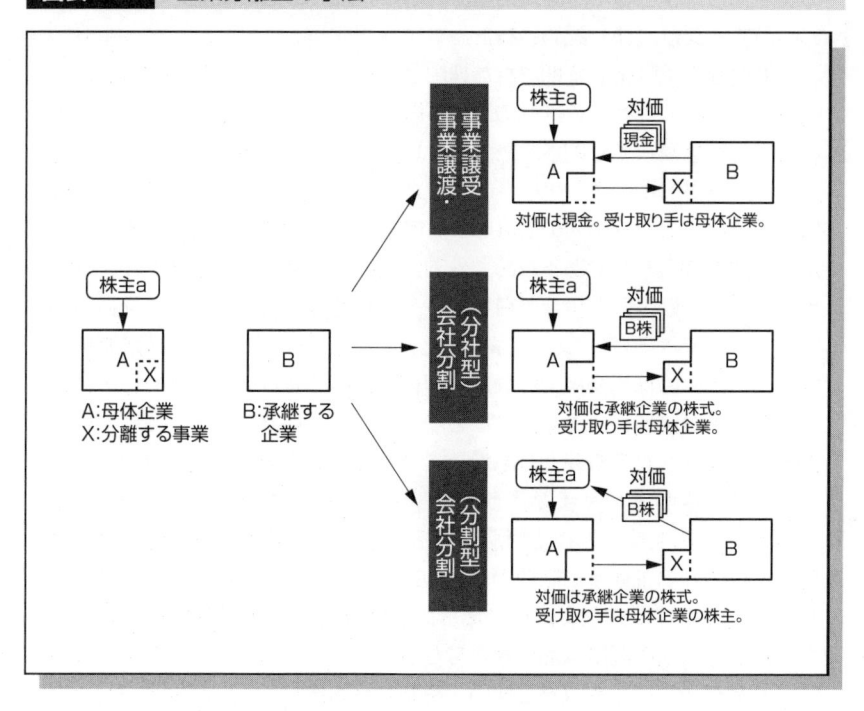

事業譲渡・事業譲受
対価は現金。受け取り手は母体企業。

会社分割（分社型）
対価は承継企業の株式。
受け取り手は母体企業。

会社分割（分割型）
対価は承継企業の株式。
受け取り手は母体企業の株主。

A：母体企業
X：分離する事業
B：承継する企業

ではなく，むしろ本来は参入する必要のない事業も少なくなかった。バブル経済の崩壊に伴い，これらの多角化企業の価値が各事業の価値の合計を下回る場合も生じた。これがコングロマリット・ディスカウントである。これを解消するために，本業に関連性の低い事業や組織を分離する必要が生まれたといえる。

コラム② 合併対価の柔軟化

　合併対価の柔軟化という言葉を耳にしたことがある方は多いのではないだろうか。合併対価の柔軟化とは新会社法に盛り込まれていた内容の1つだが，ライブドアのニッポン放送買収騒動をきっかけにして施行が1年延期された規定である。具体的な内容は，「合併の対価として金銭その他の財産を交付することができる」というものである。従来の商法では合併の対価は株式のみとされていたが，近年の買収や事業統合等を含む企業活動の国際化を背景として，組織再編の対価に金銭その他の財産を利用したいというニーズが高まり認められた。

　合併対価の柔軟化が延期された理由は「株式を対価とした三角合併が可能になるから」である。株価の高い外国企業の株式で日本の企業が買収されることを危惧して延期された。しかし，実際にはそれほどの脅威はない。第1に，合併対価の柔軟化は外国企業が日本の企業の株式を株式交換で取得できるという趣旨のものではない。あくまで，会社法という日本国内の法律が規定するものであるため，外国企業にその制度を適用することはできない。第2に，外国企業が日本の子会社を通じて自社株で株式交換等を行うことはできるが（これを三角合併という。42ページを参照），株式交換や合併を行うには株式交換契約や合併契約を結ぶ必要があり，これらの契約を結ぶか否かは現経営陣が決定することである。したがって，合併対価の柔軟化が導入されても我々が危惧しているほどの脅威にはならないだろう。

　このような制度が今までまったく存在しなかったわけではない。平成15年改正後の産業活力再生特別措置法では，株式交換，吸収分割および吸収合併の際に金銭または他の会社の株式を交付することを認めていた。しかし，親会社株式を交付した場合の課税繰延の措置が設けられていなかったため，この制度は活用されなかった。したがって，合併対価の柔軟化が新会社法で規定されるに伴い，税制も整備されることが期待される。

Chapter 3
敵対的買収と防衛策

1　敵対的買収とは何か

2　【防衛策①】毒薬条項（ポイズン・ピル）

3　【防衛策②】非公開化（ゴーイング・プライベート）

4　【防衛策③】安定株主工作とホワイトナイト

5　【防衛策④】配当政策の変更

6　【防衛策⑤】焦土作戦

7　【防衛策⑥】その他の防衛策

8　買収防衛の基本ルール

9　買収防衛策に対する海外投資家の見方

コラム③　最近の敵対的買収事例①
　　　　　（ライブドアのニッポン放送買収）

コラム④　最近の敵対的買収事例②
　　　　　（夢真HDの日本技術開発買収）

敵対的買収とは何か

1 敵対的買収とは

　買収は，相手企業の経営者の合意の有無により，「友好的買収（friendly takeover）」と「敵対的買収（unfriendly takeover, hostile takeover）」に分類される。

　友好的買収とは，被買収企業の経営者の合意に基づいて，経営権を獲得することである。一方，敵対的買収とは，被買収企業の経営陣の合意を得ることなく，株式を買い集めて経営権を獲得することである。しかし詳しく見てみると，敵対的買収には3つの場合がある。第1に，敵対的な買収者のみから買収提案がある場合である。第2に，友好的な買収からの買収提案に対し，敵対的な買収者が出てきた場合である。例えば，ニッポン放送を巡るフジテレビとライブドアの事例があげられる。第3に，敵対的な買収からの買収提案に対し，友好的な買収者が出てきた場合である。例えば，夢真ホールディングスによる日本技術開発への敵対的な買収提案に対抗するために，友好的な買収者としてエイトコンサルタントが出現した事例があげられる。

2 敵対的買収の意義

　敵対的買収には2つの意義がある。第1に，利益率向上のための経営の効率化である。被買収企業の経営陣が非効率的な経営をしている場合，効率的な経営に改善することを目的に敵対的買収が行われる。この場合，敵対的買収が成立した際には，現経営陣を退陣させ，優秀な経営者に経営を委ねることが多い。第2に，株主還元の適正化である。企業は本来，企業内で設備投資，研究開発投資などを行い，株主が期待する利益を生み出さなければならない。その生み出された利益は，無目的に内部に蓄積するのではなく，再び投資に回すか，あるいは株主に配当などの形で還元されなければならない。再投資の予定のない資金が，株主に還元されていない企業は，敵対的買収を仕掛けられた際に増配

図表3-1　敵対的買収の3つの場合

①敵対的買収による買収提案のみの場合

買収会社 →買収提案→ 被買収会社
　　　　 ←拒否←

事例：2003年　スティールパートナーズによるユシロ化学買収提案

②友好的買収者による買収提案のあとに敵対的買収者が出現する場合

1.友好的買収者 →買収提案→ 被買収会社
　　　　　　　 ←合意←
2.敵対的買収者 →買収提案→
　　　　　　　 ←拒否←

事例：1999年　英C&WによるIDCの買収（友好的買収者：NTT）
　　　2004年　三菱東京FGによるUFJホールディングス買収（敵対的買収者：三井住友フィナンシャルグループ）
　　　2005年　フジテレビによるニッポン放送の買収（敵対的買収者：ライブドア）

③敵対的買収者による買収提案のあとに友好的な買収者(ホワイトナイト)が登場する場合

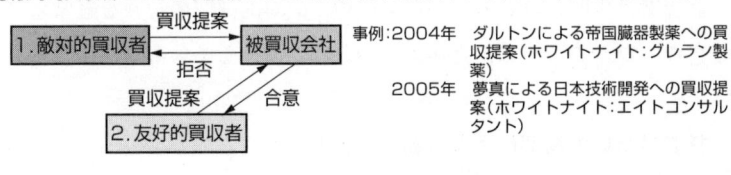

1.敵対的買収者 →買収提案→ 被買収会社
　　　　　　　 ←拒否←
2.友好的買収者 →買収提案→
　　　　　　　 ←合意←

事例：2004年　ダルトンによる帝国臓器製薬への買収提案（ホワイトナイト：グレラン製薬）
　　　2005年　夢真による日本技術開発への買収提案（ホワイトナイト：エイトコンサルタント）

などで株主還元に積極的になる。したがって敵対的買収は，ターゲット企業の株主価値を向上させるといえる。さらに，実際に敵対的買収が生じなくても，その脅威が存在するだけで，経営者は効率的な経営や株主還元の適正化を達成しようと努力するようになる。

3　敵対的買収に対する従来の考え方

敵対的買収は，被買収企業の経営者の合意を得ることができないということから，日本では，「乗っ取り」と呼ばれ，日本の企業文化に合わないと考えられていた。「乗っ取り」と呼ばれるような投資家とは，ターゲット企業の資産と支配権の獲得に関心を持ち，株価を吊り上げてから売却し，株価の値上がり益，つまり利ざやを獲得する，いわゆるグリーン・メーラーが典型である。こ

の場合，企業の経営に関心がない者が敵対的買収を行うことによって，企業は，短期的な利益に関心が傾き，長期的な利益や計画が崩れてしまうという恐れがある。こういったことから敵対的買収には，「悪」というイメージが強く，株主，従業員，メインバンク，取引先などによる抵抗感も強い。また「企業＝人」という企業観が浸透していたため，それを売買することへの抵抗感もあった。そのため，日本では，経営者同士の話し合いの下で行われる友好的買収が主流であった。

4　なぜ敵対的買収が増加しているか

ここ数年，日本でも本格的な敵対的買収が起こっている。2005年のライブドアによるニッポン放送の敵対的買収提案は記憶に新しい事例である。この敵対的買収提案は失敗に終わっているものの，敵対的買収の脅威を経営者に与えることになった。ここでは，近年敵対的買収が増加している理由について考える。

①　株式持合いの崩壊による浮動株の増大

これまで日本では，敵対的買収を防衛するために銀行を中心に株式持合いが行われてきた。ブーンカンパニーによる小糸製作所の株式の買占め（1989年～91年）や，楽天によるTBSに対するTOB（2005年）では，株式持合いを強化することによって敵対的買収に抵抗した。このように安定株主である銀行や取引先は，協調関係を重視しているため，買取価格が高かったとしても，買取りに応じることはなかった。

しかしバブル崩壊以降，株価低迷による含み損の発生，時価会計導入による株式保有リスクの顕在化から，銀行などは保有資産の見直しを余儀なくされた。株式持合い構造の変化によって，安定株が減少し，浮動株が増大していったのである。従属関係のない浮動株主は，安定株主と異なり，買取価格が高いほど，買取りに応じるものと考えられる。この浮動株主の増加によって，買収企業が株式を買い取りやすい環境となってきた。

図表 3-2　敵対的買収の増加の要因

①株式持合いの崩壊による浮動株の増大

銀行,生命保険,事業会社 保有資産(有価証券)の見直し → 株式相互持合の崩壊 → 安定株主の減少 → 浮動株の増大 → 買占め 敵対的買収

②PBRが1倍未満の企業の増加

＊PBR(株価純資産倍率)や株式時価総額が
　　　　　低い企業がターゲット企業になりやすい

PBR＝株価／1株当たりの純資産額(簿価)
(PBRが1倍未満の場合，株価が割安であることを意味している)

株式時価総額＝発行済株式数×株価
(時価総額が小さいほど，買収に必要な資金が少なくてよい)

②　PBRが1倍未満の企業の増加

　敵対的買収のターゲットとなった企業の特徴として注目されているのは，PBR（株価純資産倍率）が1倍未満であるということである。PBRが1倍とは，株価（時価）と1株当たりの純資産額が同等であるということを意味している。PBRが1倍である企業を買収した場合，買収した金額に見合う純資産を得ることができる。またPBRが1倍未満とは，株式時価総額よりも純資産の価値が高いということを意味している。このことから買収企業は，買収した金額よりも価値が高い資産を得ることができる。2003年11月，スティール・パートナーズによる敵対的買収提案を受けた際のユシロ化学工業やソトーのPBRを見ると，それぞれ0.57倍，0.67倍であった。

　これらの理由から近年日本でも敵対的買収が発生してきており，買収防衛策を検討し導入する企業が増加している。

2 【防衛策①】毒薬条項（ポイズン・ピル）

　大買収時代に入り，敵対的買収からどのように身を守るかということが日本の経営者にも突き付けられている。米国で発展した買収防衛策としてにわかに注目を集めているのが毒薬条項（ポイズン・ピル）である。米国企業の6割が毒薬条項を導入しているといわれており，日本企業でも日本版ポイズン・ピルが導入されてきている。

1　毒薬条項とは
　毒薬条項は，敵対的買収を防衛・抑制するために事前に設定しておく買収防衛策の1つである。敵対的買収者が現れ一定比率，典型的には20%の株式を買い占めた場合，買収者以外の株主に対し大量の新株を発行し買収者の持株比率を低下させる一連の仕組みである（基本的な仕組みは図表3-3を参照）。買収者が飲み込もうとした場合に備え毒薬を仕込んで置くという意味でこのように名づけられている。敵対的買収者が現れた際の新株発行のために，平時において株主に対して新株予約権を与え，発動や解除，維持についての条件を定めることを中心に毒薬条項が設定される。株主の権利に関するプランという意味で「ライツプラン」とも呼ばれる。

2　毒薬条項の効果
　米国企業では20年前から導入されているが，毒薬条項が実際に発動された例はない。毒薬条項が導入された企業に対し敵対的買収を仕掛ける場合，発動条件（トリガー・イベントと呼ばれる）を満たしてしまうと自己の持分が大幅に低下してしまうためである。買収者は毒薬条項の発動条件以上に株式を買い進めることができないのである。そこで，買収者は発動条件の手前まで株式を買い集め，ターゲット企業の取締役会に対し自らの買収提案の良さについて説明

図表 3-3　毒薬条項（ポイズン・ピル）の基本的な仕組み

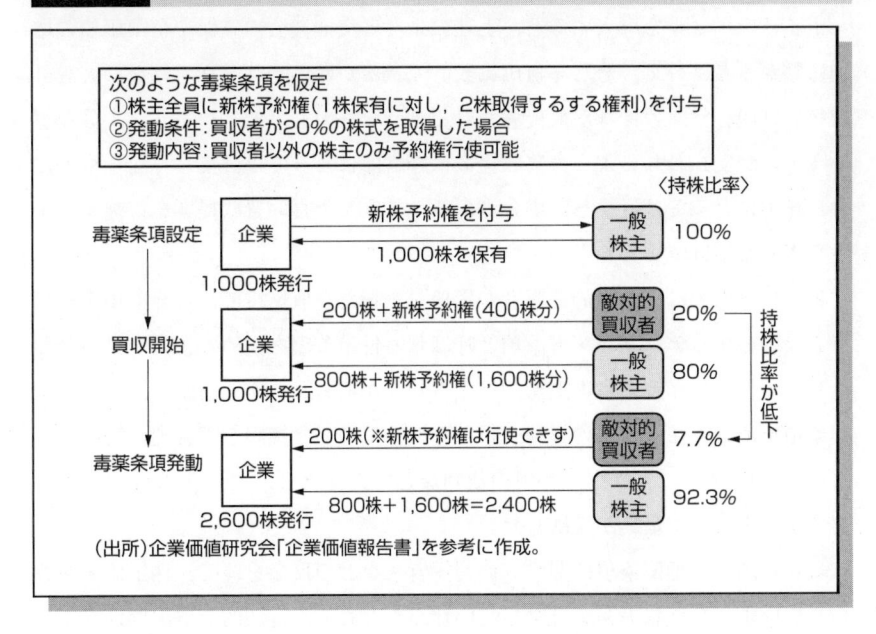

次のような毒薬条項を仮定
① 株主全員に新株予約権（1株保有に対し，2株取得するする権利）を付与
② 発動条件：買収者が20％の株式を取得した場合
③ 発動内容：買収者以外の株主のみ予約権行使可能

〈持株比率〉

毒薬条項設定
　企業（1,000株発行）→ 新株予約権を付与 → 一般株主　100％
　　　　　　　　　　← 1,000株を保有

買収開始
　企業（1,000株発行）← 200株＋新株予約権（400株分）← 敵対的買収者　20％
　　　　　　　　　　← 800株＋新株予約権（1,600株分）← 一般株主　80％
　　　　　　　　　　　　　　　　　　　　　　　　　　　　　　　持株比率が低下

毒薬条項発動
　企業（2,600株発行）← 200株（※新株予約権は行使できず）← 敵対的買収者　7.7％
　　　　　　　　　　← 800株＋1,600株＝2,400株 ← 一般株主　92.3％

(出所) 企業価値研究会「企業価値報告書」を参考に作成。

し，毒薬条項の消却を迫ることになる。それを受け取締役会は，買収提案について現経営陣の経営方針と比較し，消却か否かを判断することになる。

取締役会が毒薬条項を消却せず，買収者も撤退しない場合，買収者は経営陣および取締役の交代を迫り，その判断を株主総会に委ねることになる。買収提案と既存経営陣の経営方針のどちらがより優れているかの判断は株主に委ねられる。買収者とターゲット企業の経営陣は株主に対し自らの主張の正当性を主張し議決権を確保しようとし，敵対的買収は委任状争奪戦（プロクシコンテスト）の局面へと発展する。

このような過程を通じ現経営陣は，毒薬条項の導入により買収者との交渉の時間と機会を得ることができ，突然の株の買占めを回避することが可能となる。また，この交渉の過程で株主は，現経営陣と買収者双方からそれぞれの主張の積極的な説明を受け，より優れた経営方針を採用することができる。これは結果的に企業価値を高めるよう作用すると考えられる。

Chapter 3　敵対的買収と防衛策

3　毒薬条項の設計と行使における原則と付帯条項

　ポイズン・ピルを導入すると，上述のように交渉機会の確保や企業価値の増加に繋がるとはいえ，それを自由に設計できるかといえばそうではない。設計次第では現経営陣の保身が最優先されるようなものも可能となろう。十分なプレミアムが支払われるような買収提案は経営陣にとっては好ましくないものでも，株主にとっては好ましい場合もある。こうした良い買収提案を排除するような毒薬条項は望ましくない。

　米国では過去に，敵対的買収者が選任した新たな取締役では毒薬条項を消却できないとするデッドハンド条項と呼ばれる付帯条項を定める企業が見られた。これは委任状争奪戦を事実上無効にする効果がある。しかしながら，これは毒薬条項を消却させる株主の権利や新たな取締役の経営権限を不合理に制約するとして，1998年にデラウェア州の裁判などで違法とされた。その後デッドハンド条項をはずす企業が続出した。

　現在米国では毒薬条項に関する機関投資家などの反発を経て，株主価値を毀損しないような買収提案を排除しない仕組みとして，客観的な解除要件を定めた付帯条項を設けるようになっている。

　サンセット条項は，定期的に毒薬条項の内容や導入の是非を株主総会で見直すというものである。典型的には2～3年ごとに株主総会の決議で毒薬条項の消却を決定できるというものである。TIDE (three year independent director evaluation) 条項は，毒薬条項が株主の利益にとって最善であるかどうかについて，定期的に独立社外取締役が防衛策延長の是非をチェックするというものである。典型的には独立取締役から構成されるコーポレート・ガバナンスコミッティーが3年ごとに株主利益の視点から毒薬条項を検討し，取締役会へ勧告を行う。

　チュアブル条項は，株主価値を毀損しない買収提案に対しては外部専門家や社外取締役の助言により消却するというような客観解除条項を定めるものである。チュアブル (Chewable) とは「噛み砕くことのできる」という意味で，この条項のついた毒薬条項はチュアブル・ピルと呼ばれている。

図表 3-4　日本版ポイズン・ピルの 3 類型

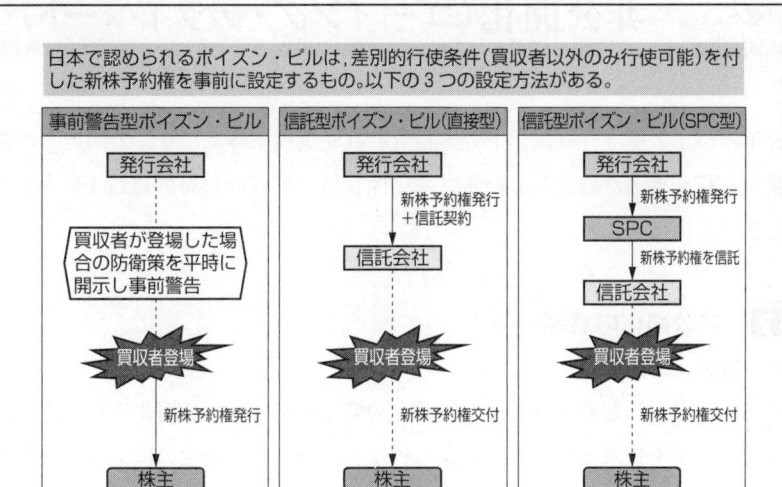

日本で認められるポイズン・ピルは，差別的行使条件（買収者以外のみ行使可能）を付した新株予約権を事前に設定するもの。以下の 3 つの設定方法がある。

事前警告型ポイズン・ピル
発行会社
↓
買収者が登場した場合の防衛策を平時に開示し事前警告
↓
買収者登場
↓（新株予約権発行）
株主

信託型ポイズン・ピル（直接型）
発行会社
↓（新株予約権発行＋信託契約）
信託会社
↓
買収者登場
↓（新株予約権交付）
株主

信託型ポイズン・ピル（SPC型）
発行会社
↓（新株予約権発行）
SPC
↓（新株予約権を信託）
信託会社
↓
買収者登場
↓（新株予約権交付）
株主

（出所）企業価値研究会「企業価値報告書」を参考に作成。

4　日本版ポイズン・ピルの 3 類型

日本で認められる毒薬条項は，買収者以外の株主のみ行使することが可能な差別的行使条件を付した新株予約権を事前に設定するもので，次の 3 類型がある（図表 3-4 を参照）。

事前警告型毒薬条項は平時において買収者が現れた場合の防衛策を開示し事前警告のみを行い，敵対的買収者が現れた場合にのみ新株予約権を発行する方法である。松下電器産業や東芝がこの方式で導入した。

信託型毒薬条項（直接型）は平時において新株予約権を信託銀行の信託勘定に預けておき，敵対的買収者が現れた場合に信託銀行から株主に新株予約権を交付する方法である。西濃運輸やペンタックスが導入した。

信託型毒薬条項（SPC型）は平時において新株予約権をまず SPC に発行して，SPC から信託銀行の信託勘定に預け，敵対的買収者が現れた場合に株主に対して新株予約権を交付する方法であり，イーアクセスやウッドワンが導入した。

3 【防衛策②】非公開化(ゴーイング・プライベート)

　近年,バイアウト・ファンド等の投資会社が買収主体となり,公開企業の非公開化を行う事例が増加している。非公開化は,事前の敵対的買収予防策の1つとしても注目される。

1 非公開化の意義
① 経営上の問題
　非公開化の第一義的な意義は,経営上の問題にある。非公開化を行うことで,短期的な業績を追求する株式市場からの圧力を排除し,経営の自由度・機動性を高めることができる。また,株主と経営主体が一致することにより,自己責任を明確化した経営体制を構築することが可能となる。公開企業が戦略的に非公開化を遂行し,株式市場からの圧力を排除することは,結果的に事前に買収予防策を講じたと捉えられることもある。

② 事務上の問題
　事務上の費用の削減も非公開化の実施で可能となる。株式を公開している企業には,有価証券報告書の提出義務があり,事業年度ごとに提出しなければならない。また,株主総会の開催費用,アナリスト説明会の開催費用,IR(investor relations)費用などが必要となる。株式市場からの資金調達の必要性がなく,出来高が低水準に推移しており,公開を維持し続ける意義が薄れている企業にとっては,これらの費用は重荷になることから,非公開化の手法の検討の余地がある。

2 非公開化の基本的スキーム
　非公開化を伴うバイアウト案件では,公開買付(TOB:takeover bid)の実施後に種々のスキームを経て少数株主の排除が実施される。

図表 3-5 改正産業再生法利用方式による
ゴーイング・プライベートのスキーム

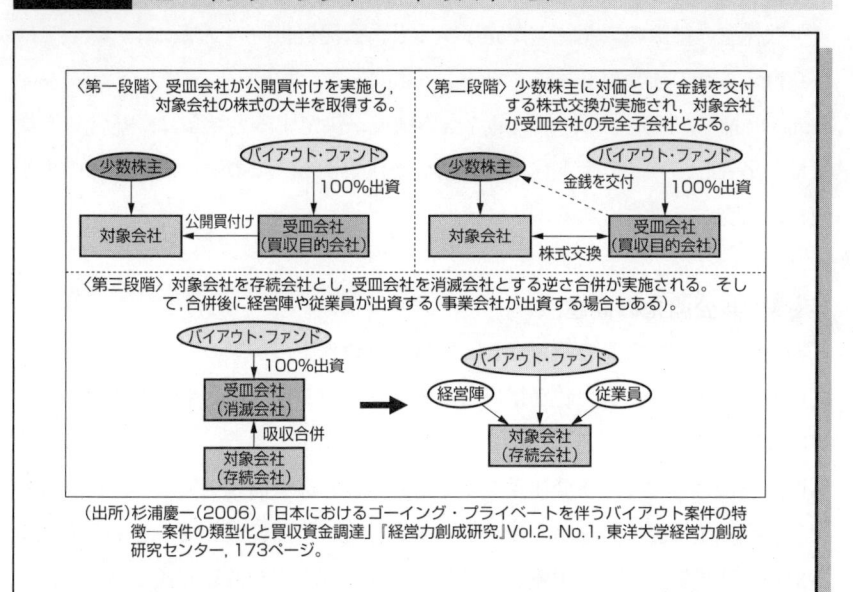

〈第一段階〉受皿会社が公開買付けを実施し，対象会社の株式の大半を取得する。

〈第二段階〉少数株主に対価として金銭を交付する株式交換が実施され，対象会社が受皿会社の完全子会社となる。

〈第三段階〉対象会社を存続会社とし，受皿会社を消滅会社とする逆さ合併が実施される。そして，合併後に経営陣や従業員が出資する（事業会社が出資する場合もある）。

（出所）杉浦慶一（2006）「日本におけるゴーイング・プライベートを伴うバイアウト案件の特徴―案件の類型化と買収資金調達」『経営力創成研究』Vol.2, No.1，東洋大学経営力創成研究センター，173ページ。

① 公開買付の実施

まず，バイアウト・ファンド等の投資会社の出資により設立された受皿会社が公開買付を実施し，対象会社の株式の大半を取得する。公開買付に要する資金の調達は，金融機関からのブリッジ・ローン（bridge loan）により調達される。そして，公開買付の結果，数パーセントの少数株主が残存することとなるため，上場廃止（店頭登録取消）後に種々のスキームによる少数株主が排除される。

② 少数株主の排除

少数株主の排除の方法には種々のスキームが存在するが，一般的には産業活力再生特別措置法利用方式が採用される。産業活力再生特別措置法利用方式では，上場廃止（店頭登録取消）後に，少数株主に対価として金銭を交付する株式交換が実施され，対象会社が受皿会社の完全子会社となる。その後，対象会

社を存続会社とし，受皿会社を消滅会社とする逆さ合併が実施される。

③ バイアウト後の資本構成・株主構成の決定

少数株主の排除のスキームが完了すると，公開買付時のブリッジ・ローンは借り換えられ，通常のターム・ローン(term loan)とコミットメントライン(commitment line)が設定され，最終的な資本構成が決定する。さらに，経営陣や従業員が出資し，バイアウト後の株主構成が決定する。この際，取引先等の事業会社が出資する場合もある。

3 非公開化の問題点

非公開化を企てる際の問題点としては，少数株主の排除の問題があげられる。既に述べた産業活力再生特別措置法を利用する方式は，申請手続が必要で事前申請段階を含めると認定までに2か月程度の時間を要する。このため，敵対的買収を仕掛けられている公開企業が緊急避難的に非公開化を実施し，買収を防衛しようとする際には採用が難しい。少数株主の排除において，産業活力再生特別措置法方式の採用が困難な場合は，端株処理方式や清算方式といった商法上の手続を組み合わせる方式が採用されるが，いずれも違法性を指摘される法的リスクが存在するといわれてきた。

端株処理方式は，受皿会社と対象会社の合併の際に，合併比率を大きくし，意図的に端株を作り出し，金銭処理を行う方式である。

清算方式は，株式移転により設立された完全親会社が対象会社の全株式を受皿会社に売却した後に，対象会社を清算し，残余財産の分配により少数株主に金銭を交付する方式である。これらの問題が，合併対価の柔軟化により解消されることが早急に望まれる（会社法における合併対価の柔軟化については，76ページを参照）。

4 非公開化を伴うバイアウトの事例

日本における非公開化を伴うバイアウト案件は，①ダイベストメント型，②事業承継型，③戦略的非公開化型，④敵対的買収防衛型の4類型に区分するこ

図表3-6　非公開化を伴うバイアウト案件の4類型

類　型	特　徴	具体的事例
ダイベストメント型	大株主として実質的に経営支配権を掌握している親会社による保有株式の売却需要を起因とするタイプである。	トーカロ，キリウ，小倉興産，東芝タンガロイ(現タンガロイ)，学研クレジット，キンレイ
事業承継型	創業経営者や経営の一線を退いている創業者一族による保有株式の売却需要を起因とするタイプである。	大門（現マインマート），関西メンテナンス（現オリックス・ファシリティーズ），ユーエイチティー
戦略的非公開化型	売手の売却需要ではなく，現在の経営陣が経営の自由度・機動性を確保するために実施されるタイプである。	シーシーアイ，ロキテクノ，キトー，シンワ，フードエックス・グローブ，ベルシステム24，ワールド，ポッカコーポレーション，テクノエイト
敵対的買収防衛型	グリーン・メーラー等に敵対的買収を仕掛けられた公開企業の経営陣が，バイアウト・ファンド等の投資会社にホワイトナイトとして友好的買収を企画してもらうタイプである。	ソトー（非成立）

（出所）筆者作成。

とができる。

　非公開化を伴うバイアウト案件は2000年より登場し，2005年までに18件が成立している。当初は，ダイベストメント型や事業承継型の案件が大半を占めていたが，近年はワールドやポッカコーポレーションに代表されるように戦略的非公開化型の案件が急増している。バイアウト・ファンド等の投資会社が友好的買収者となり，敵対的買収防衛を目的とした非公開化を企画した事例としては，外資系投資ファンドのSteel Partners Japan Strategic Fundに敵対的買収を仕掛けられたソトーの経営陣がエヌ・アイ・エフSMBCベンチャーズと非公開化を企画したケースがあげられる。ただし，ソトーの事例は，競合ビッドとなった結果，別の買収防衛策が採用されたため案件の成立には至らなかった。

4 【防衛策③】安定株主工作とホワイトナイト

1 安定株主工作とは

2005年10月，楽天から経営統合の提案を受けたTBSは，これを拒否し，番組に広告を出しているメーカーや流通大手など数十社に対し，TBS株の継続保有と追加取得を要請した。過半数の安定株主を確保し買収を阻止しようというものであった。

買収を防衛するためには過半数の株式が買い占められないようにすればよい。そこで取引関係の密接な事業会社や金融機関に株式を取得してもらい，他企業からの買収提案があった場合でも持株を売らないように頼んでおく。提示された買収価格が時価よりもはるかに高い場合など売らざるを得ない状況においても，発行会社には事前に相談するように頼んでおく。こうしておくことで，別の安定株主にはめ込むことも可能となる（図表3-7の左図を参照）。これを相互にはめ込むと株式持合いとなる。

安定株主工作は，敵対的買収者が現れる前の事前の防衛策であると同時に，敵対的買収者が現れた後でも有効な防衛策である。米国では株式の安定保有に関する契約を行う場合もありホワイトスクワイヤー（白馬の従者）と呼ばれる。

2 ホワイトナイト

買収の標的となった企業の経営者は，買収が株主価値の増大につながらない，あるいは，自身の地位が危うくなるなど不利な状況と判断した場合，より有利な条件で買収してもらえるような友好的な企業などに対して働きかけ，新たな買収者となってもらい敵対的買収者に対抗しようとする場合がある。敵対的買収の標的となった対象企業を，買収者に対抗して，友好的に買収または合併する企業はホワイトナイト（白馬の騎士）と呼ばれる（図表3-7の右図を参照）。

2005年8月には夢真ホールディングスによる日本技術開発に対する敵対的

図表 3-7 安定株主工作と株式持合い，ホワイトナイト

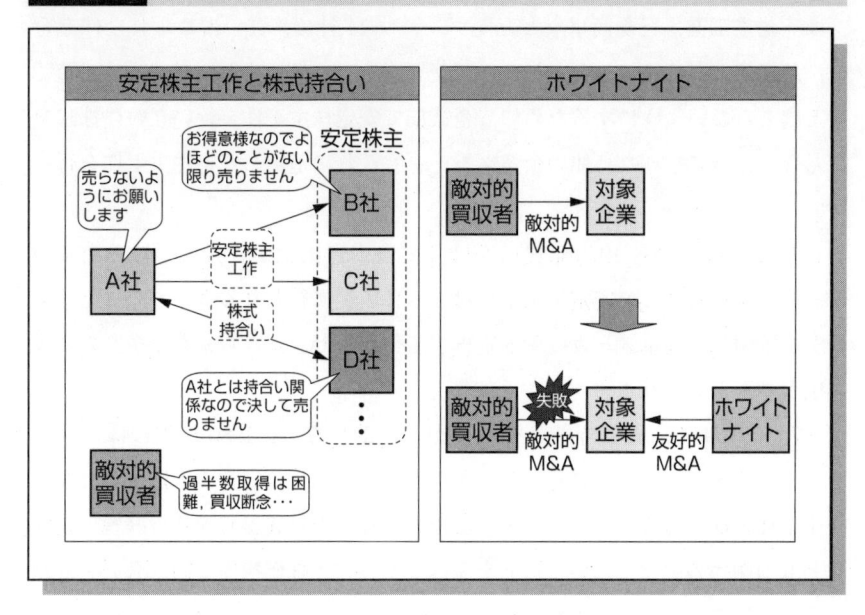

TOB に対し，エイトコンサルタントがホワイトナイトとなった。また，2006年1月にはドン・キホーテによるオリジン東秀の敵対的 TOB に対し，1999年から提携関係にあったイオンがホワイトナイトとなった。

日本でのケースは依然として少ないが，事前の防衛策が導入されていない企業における事後的な防衛策としてホワイトナイト探しは有力になりつつある。

3 安定株主工作と株式持合い

日本企業において安定株主工作は株式持合いとセットで恒常的に行われてきた。最初の契機は財閥解体であった。財閥解体により大量の株式が放出され株式所有の混乱状態が生じた際，この混乱に乗じて投機グループが株式を買い占めるということが起こった。その一例が 1952 年の陽和不動産事件である。財閥解体後，三菱財閥が所有していた東京丸の内一帯の土地や建物は陽和不動産と関東不動産という新会社に引き取られた。この陽和不動産の株式が投機師に

よって発行株式の35%まで買い占められてしまった。これに対し三菱グループは三菱重工業，三菱商事など三菱グループ11社で，買い占められた株を全株，最高値で引き取ることとした。三菱グループではこうした株の買占めが2度と起こらないようにするために，企業間で安定株主工作を行い互いに株式を持ち合うようになった。他の企業グループもこれに追随し安定株主工作を行った。

1960年代後半から1970年代にかけての資本自由化を背景に，外資からの乗っ取り防止策として安定株主工作はさらに広範に行われるようになった。トヨタを筆頭に自動車メーカーで安定株主工作が行われ，たちまち全産業の企業に広がったといわれる。

1970年代以降は公募時価発行増資が一般的になり，1980年代にはエクイティファイナンスが盛んに行われるようになり，高株価経営の手段として安定株主工作と株式持合いはさらに定着した。こうした株式保有構造は経営の安定化と取引関係の強化において機能を発揮した一方，株価操作や馴れ合い・もたれ合いの構造として批判の対象となった。

バブル崩壊後，不良債権処理に伴う金融機関の保有株式の売却などにより，1990年に46%に達していた安定株主比率は2003年には24%とほぼ半減した。株式持合いも90年代以降解消へと向かった（図表3-8を参照）。

しかし最近になり，敵対的買収が盛んに行われるようになった状況下で，安定株主工作を行う企業が増えてきている。上述のTBSの例に加え，フジテレビもライブドアとの攻防の最終局面で，ソニー，日立製作所，伊藤忠商事など約150社に対し同社の株式を新規または追加で保有するよう要請したとされる。また，ダイドーとオンワード樫山，ブルドックソースと凸版印刷など，株式持合いを強化する動きも一部見られる。

ただ，安定株主工作や株式持合いは，かつて批判されたように，資本効率の低下を招くばかりか，もたれ合いによりコーポレート・ガバナンスの機能を低下させる恐れがあり，企業価値の向上や株主利益の最大化に必ずしもつながるとはいえないことに留意する必要がある。

図表 3-8　安定保有比率と株式持合い比率の推移（金額ベース）

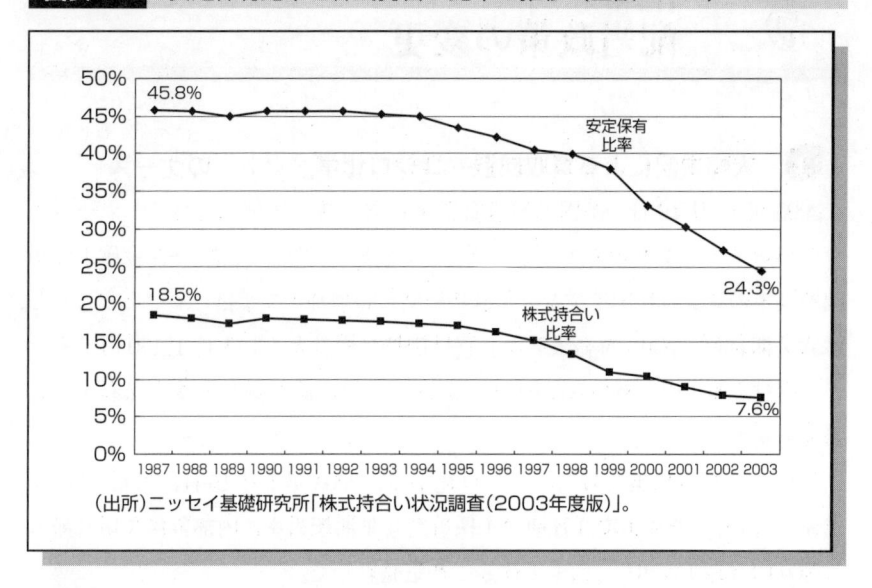

（出所）ニッセイ基礎研究所「株式持合い状況調査（2003年度版）」。

4　持合いに基づく新たな買収防衛策

　持合い関係に基づいて複数の企業が共同して敵対的買収を防ごうとする新たな動きが注目されている。

　新日本製鉄，住友金属工業，神戸製鋼所の鉄鋼3社は，2006年3月29日，現状の提携関係と0.41％〜5.01％の持合い関係に加え，敵対的な買収提案に対し3社共同で対応策を協議すると定めた三社覚書を締結した。鉄鋼業界では国際的な大再編が進行しており，同年1月には世界最大手のミタル・スチールが2位のアルセロールへ買収を仕掛けるなど，その動きは加速している。こうした動きに対応した3社の共同防衛策である。

　同日発表された新日鉄独自の防衛策は，発行済株式の15％以上を取得しようとする企業などを敵対的買収者とみなした場合，買収者の議決権比率を低下させる新株予約権を発行するという仕組みであった。その後，他の2社も新株予約権を使った防衛策が導入され，3社は株式持合いに基づいた一連の防衛策を持つこととなった。

5 【防衛策④】配当政策の変更

1 大幅増配による買収回避――ユシロ化学，ソトーのケース

　2003年12月19日，米国系の投資ファンド，スティール・パートナーズ・ジャパン・ストラテジック・ファンド（以下スティールと表記）が，金属工作用油剤大手のユシロ化学工業と，毛織物の染色整理加工を手掛けるソトーに対し，株式公開買付（TOB）を発表した。買付価格は両社ともに1株1,150円であった。両社ともPBR（株価純資産倍率）が低く，手元流動資産を多く保有する企業であった。

　スティールの提案に対し，ユシロ化学は，2005年1月15日，当初19円を予定していた2004年度3月期の1株当たり年間配当を，内部留保を切り崩して200円（前期14円）に引き上げることを発表した。

　一方，ソトーはスティールのTOBに反対を表明し，NIFベンチャーズ（大和証券グループのプライベートエクイティ子会社）の支援の下，MBOによる非公開化の道を探った。スティールの1株1,150円の買収提案に対し，1月16日，NIFベンチャーズは1株1,250の友好的TOBを表明した。その後2月12日まで双方が2度にわたり買付条件を変更するという異例のTOB合戦となった。スティールの2度目の公開買付条件の変更を受けたソトーは，MBOの道を断念したが，2月16日，2003年度の年間配当を200円（前期13円）とする大幅増配を発表した。

　大幅増配の発表を受け両社の株価は急騰し，いずれもスティールの買付価格を上回ることとなった。株主の多くはスティールのTOBに応じず，買収の防衛に成功した。両社はその後，配当政策を変更し余剰資金を株主へ還元するという明確な方針を示しており，それを受け，株価は堅調に推移している（図表3-9を参照）。

図表3-9 ユシロ化学の株価推移

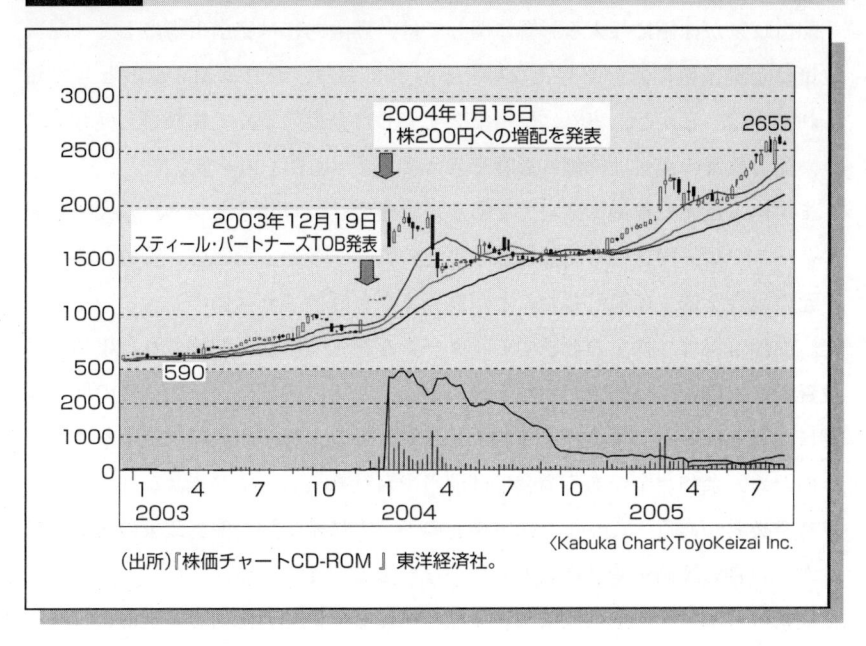

2004年1月15日
1株200円への増配を発表

2003年12月19日
スティール・パートナーズTOB発表

2655
590

(出所)『株価チャートCD-ROM』東洋経済社.　〈Kabuka Chart〉ToyoKeizai Inc.

2　買収防衛策としての配当政策

　配当政策は事業活動を通して得た利益を，株主への配当支払と内部留保とにどのように分配するかを決定することである。買収防衛策としての配当政策は，事業で得た利益を株主に還元することなどを通して，株価を高め，敵対的買収者の買収コストを増加させようとするものである。平時から株主還元を考慮した適切な配当政策を策定し実行することが基本となるが，上述のケースのように敵対的買収者が現れた後の事後的な増配も有効である。ライブドアによるニッポン放送買収の際には，フジテレビが年間配当を当初予想の1,200円から過去最高額となる5,000円へと引き上げ，防衛を図った。

　また，2005年3月期の決算では上場企業の半数に及ぶ企業が増復配するなど，他企業においても買収を回避する事前の手段として株主還元を意識した配当政策の見直しの動きが加速した。

3 配当政策と株価

　配当政策が株価に与える影響に関しては，理論的には完全市場の下で「配当政策は企業価値に影響を与えない」とされており，これはMM理論として知られている。しかし，実際には増配を発表した企業の多くで株価が上昇しており，配当政策の変更は株価に影響を与えている（図表3-10を参照）。

　まず株主還元と株価についてである。上述のユシロ化学とソトーの大幅増配のケースでは，両社とも内部留保と手元の資金が多かったという特徴があった。手元の現金を株主に還元したことが投資家から評価され株価の高騰につながった。内部留保は，株主の要求するリターンを超える収益が期待される事業へ再投資される場合には株主の利益を高める。しかし，内部留保が収益性の低い事業に投資されるか，現金のままで所持された場合，株主の利益は損なわれる。そのため，余剰現金がある場合には配当や自社株買いにより現金を株主に還元させる必要がある。こうした株主還元の考え方に基づいた配当政策の変更は株主からの良い評価を受け株価上昇につながると考えられる。

　従来の日本企業の配当政策は利益額と関係なく低額の配当を安定的に行うというのが主流であったが，現在では，配当性向（1株配当÷1株利益）を重視しその目標値を定めるなど，株主還元の姿勢を明確に示すようになってきた。

　配当政策が株価に影響を与える他の要因として，配当のシグナリング効果がある。配当政策の変更は経営者が投資家に送るシグナルとして受け取られる。増配は，経営者が将来の収益見通しについて楽観的になったとのシグナルであり，減配の場合は悲観的であるとのシグナルとなる。

　他の要因では，配当課税と株式譲渡益課税の税率が異なる場合や，配当政策は株価に影響を与える。現行の税制では，どちらの税率も10%（2008年から20%）であるため税制の影響はない。また，株式の売買にかかる手数料を考慮すると配当の増額は株主の利益を高めうる。一方，将来の増資の際の株式発行コストを考慮すると配当を抑え内部留保を厚くした方が株主の利益を高められる。そのため，企業では将来の資金需要を勘案しつつ適度な配当政策を実施してゆく必要があると考えられる。

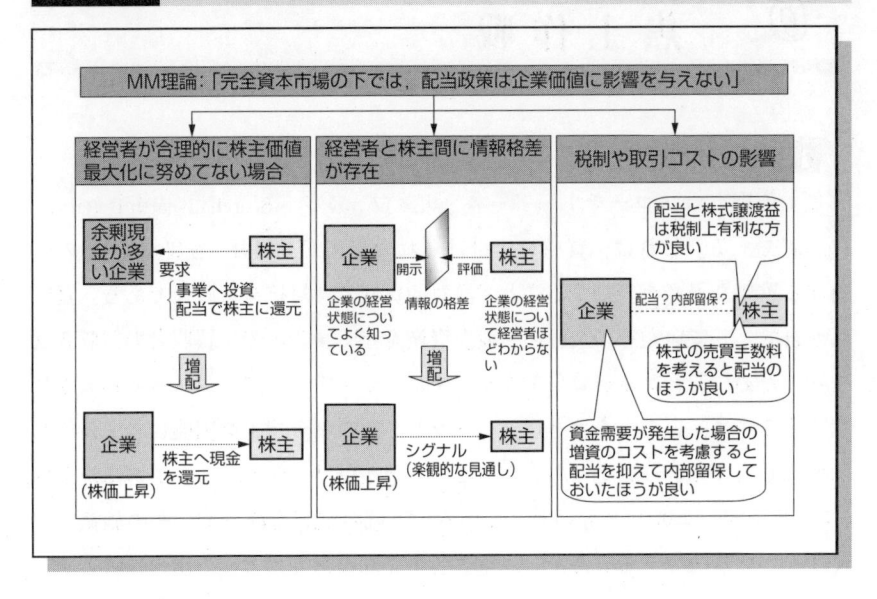

図表3-10　配当政策と株価

MM理論:「完全資本市場の下では，配当政策は企業価値に影響を与えない」

経営者が合理的に株主価値最大化に努めてない場合
- 余剰現金が多い企業 ← 株主（要求：事業へ投資／配当で株主に還元）
- 増配
- 企業（株価上昇）→ 株主へ現金を還元 → 株主

経営者と株主間に情報格差が存在
- 企業（開示）→ 情報の格差 → 株主（評価）
- 企業の経営状態についてよく知っている／企業の経営状態について経営者ほどわからない
- 増配
- 企業（株価上昇）→ シグナル（楽観的な見通し）→ 株主

税制や取引コストの影響
- 配当と株式譲渡益は税制上有利な方が良い
- 企業 ― 配当？内部留保？ ― 株主
- 株式の売買手数料を考えると配当のほうが良い
- 資金需要が発生した場合の増資のコストを考慮すると配当を抑えて内部留保しておいたほうが良い

4　自社株取得

　自社株取得は配当と同様に株主還元策の1つであり，基本的には配当と同等の効果を期待することができる。つまり，株主へ現金を還元することで株価を高め，買収者の買収コストを高めることである。ただ，配当政策は買収者が現れた後でも有効であったが，自社株取得は有効な手段ではない。敵対的買収者が現れた後に自社株取得を行うと，自社株に対しては議決権が行使できないため，かえって買収者の議決権比率を高めてしまうことになるからである。

　株主への還元方法として配当との違いは，配当が株主全体に対して一律に分配されるのに対し，自社株取得の場合，分配を現時点で受け取るか将来のキャピタルゲインとして受け取るかを株主自身が選択する点である。また，配当は良くも悪くもしばしば強いシグナルとなってしまうために簡単には変更できないのに対し，自社株取得は比較的柔軟に実行することができる点である。

6 【防衛策⑤】焦土作戦

1 焦土作戦とは

　焦土作戦とはスコーチド・アース・ディフェンス（Scorched-earth Defense）の和訳である。これは，買収を仕掛けられた企業が，自社（被買収会社）の所有する重要な資産を売却することで敵対的買収者に対抗する戦術である。買収者が目的としていたその会社の主要な資産をなくすことで，買収者の買収意欲をそぐために行われる。ロシア軍が，ナポレオン率いるフランス軍に侵入され撤退する際に，自ら街を焼き尽くしフランス軍の物資補給を困難にして最終的に勝利した，という歴史にちなんでこの名前が付けられている。この防衛策は，「クラウンジュエル」ともいわれている。王冠の宝石を取って，その価値をなくすという意味である。ただし，重要資産売却の程度によって焦土作戦とクラウンジュエルを区別する場合があり，その区別でいうと小規模な資産売却がクラウンジュエル，大規模な資産売却が焦土作戦である。

2 日本における具体的な事例

　日本において焦土作戦が実施された例はない。ただし，実現はしなかったが，ライブドアによるニッポン放送株式の取得時にニッポン放送がポニーキャニオンの株式を売却することを検討した，という事例がある。ニッポン放送はポニーキャニオンの株式を56.0％保有しており，連結対象となっていた。そのポニーキャニオンがニッポン放送の連結売上高に占める割合は50％以上であり，重要資産であるといえる。この株式を安値で売却するということがニッポン放送の企業価値を著しく低下させることは明白であり，その意味で「焦土作戦」である。

　ここで注意すべき点は，「安値で」というところである。この買収防衛策は，買収者が買収意欲をなくすため自社の企業価値を低下させることを目的として

図表3-11　焦土作戦の流れ

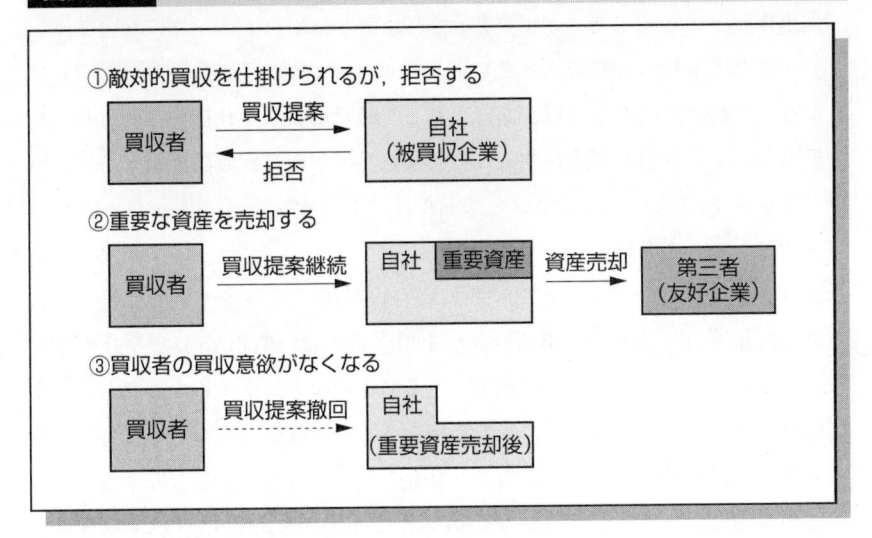

①敵対的買収を仕掛けられるが，拒否する

買収者 →買収提案／←拒否 自社（被買収企業）

②重要な資産を売却する

買収者 →買収提案継続 自社[重要資産] →資産売却 第三者（友好企業）

③買収者の買収意欲がなくなる

買収者 --買収提案撤回--> 自社（重要資産売却後）

いる。もし，優良資産（先の具体例でいうとポニーキャニオンの株式）を時価以上で売却した場合，それは企業価値の低下にあたらず，焦土作戦とはいえない。

3　実行する上での問題点

　先に述べた通り，日本において焦土作戦が実施された例はない。最終的にニッポン放送はポニーキャニオン株を売却することはなかった。それは，重要な資産を安値で売却するということは企業価値の下落を招き，買収を仕掛けた企業だけでなく，被買収会社の既存の株主にも悪影響を及ぼすからである。

　営業譲渡は株主総会の特別決議が必要であるが，重要資産の処分は取締役会決議で決定できるので，機動的に行うことは可能である。しかし，これを安易に実行すると，取締役が既存株主から善管注意義務違反を指摘され，さらに株主代表訴訟を起こされる恐れがあるので，発動するか否かの判断は慎重に行われなければならない。

4 クラウンジュエル・ロックアップ

　焦土作戦（クラウンジュエル）が実行された例として、アメリカにおいてパントリーブライト社の社長であったロナルド・ペレルマン氏が化粧品会社のレブロン社に仕掛けた敵対的買収があげられる。敵対的買収を仕掛けられたレブロン社は会社を3分割して売却することを決定し、さらに買収防衛策として、ホワイトナイトのフォーストマン・リトル社にクラウンジュエル・ロックアップ・オプションを発動した。

　クラウンジュエル・ロックアップとは、自社の優良資産を有利な価格で購入できる特権を与えるものである。これを用いるのは、TOBなどで友好的な買収が行われているときに第三者が割り込んでくるのを防止するためである。友好的な企業（ホワイトナイト）にこの特権を与えて買収を確実なものにする。リスクをとる買収側に対する補償のようなもの、ととらえることもできる。

　この事例でいうと、レブロン社が第三者に自社の株式を40％以上取得されたとき、ナショナル・ヘルス・ラボラトリーズとビジョン・ケアというレブロン社の2事業部門を買い取る権利をフォーストマン・リトル社に与えるという契約であった。それは、ペレルマンによる執拗な買収攻勢から逃れるためであった。

5 レブロン基準

　ペレルマンは、フォーストマン・リトル社よりも高い買収金額を提示したにも関わらず買収を阻止させられるクラウンジュエルを不服として裁判を起こした。その結果、レブロン社が行った買収防衛策、つまり会社の売却を決定した後のクラウンジュエルという手法は過剰な防衛策であるとして差止めがなされ、ペレルマン側が勝訴した（図表3-12を参照）。

　この一連の買収劇から、クラウンジュエルを実行する上での基準が生まれた。それが「レブロン基準」である。この基準は、「①会社自体を売却するか、会社の分割を含む再構築を行うことを経営陣が決定した、あるいは②支配権の移動を伴う組織の再編が行われ、再編後に支配株主が出現した、のどちらかの場

図表 3-12 ペレルマンによるレブロン社買収の流れ

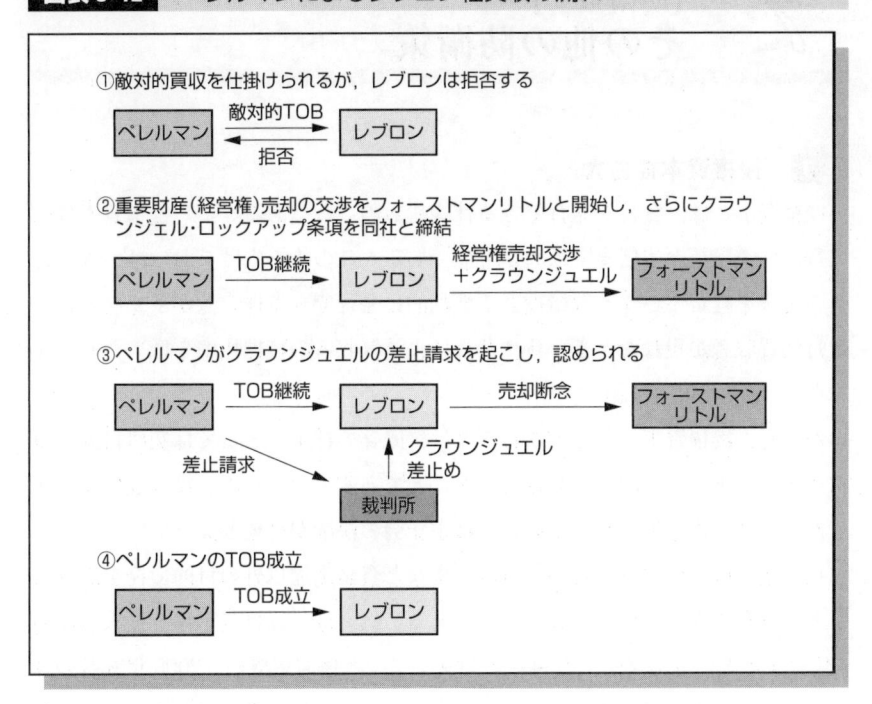

①敵対的買収を仕掛けられるが、レブロンは拒否する

ペレルマン —敵対的TOB→ レブロン
　　　　　　←拒否—

②重要財産（経営権）売却の交渉をフォーストマンリトルと開始し、さらにクラウンジェル・ロックアップ条項を同社と締結

ペレルマン —TOB継続→ レブロン —経営権売却交渉＋クラウンジュエル→ フォーストマンリトル

③ペレルマンがクラウンジュエルの差止請求を起こし、認められる

ペレルマン —TOB継続→ レブロン —売却断念→ フォーストマンリトル
　　　　　—差止請求→ 裁判所 —クラウンジュエル差止め→ レブロン

④ペレルマンのTOB成立

ペレルマン —TOB成立→ レブロン

合には、取締役は防衛策を講じてはならず、売却価格の最大化を図らなければならない」というものである。レブロン社の事例は①に当たる。

　会社の分割と売却を決定したレブロン社は、その時点で買収防衛策を講じることができない。ペレルマンが最も高い買収価格を提示したので、たとえレブロン社の取締役がペレルマンに買収されるのを拒み、代わりの買収相手としてフォーストマン・リトルを望んだとしても、それは認められない。経営権売却を決定したレブロン社の取締役の義務は、会社を敵対的買収者から守ることから、自社の株主利益のために売却価格をできるだけ高めることに変わる。

　この基準が確立してからは、アメリカにおいてクラウンジュエル・ロックアップは取締役の忠実義務が問われるためにあまり用いられなくなった。

7 【防衛策⑥】
その他の防衛策

1 授権資本枠拡大

授権資本とは，会社が発行できる株式総数のことである。この授権資本は，発行済株式総数の4倍まで拡大が可能である。この枠を広げておけば，株主総会の決議を経ることなく取締役会で機動的に発行できる株式数が多くなるので，敵対的買収者が現れたとき，新株発行により買収者の持株比率を低下させやすくなる（図表3-13の上図を参照）。

ただし，授権資本枠を拡大することは，既存の株主にとっては突然自分の持株比率が低下する危険性があるということである。そのため，投資家保護の観点から，この枠を拡大するためには株主総会の決議が必要となっている。

拡大限度は4倍ではあるが，買収防衛など資金調達以外の目的で枠を広げることは既存の株主に反対されることがある。例えば，授権資本枠を拡大限度の4倍にするという提案をした東京エレクトロンと横河電機が，2005年6月の株主総会で否決されている。ファナックも4倍近くの拡大を提案したが否決された。

2 取締役の定数削減

取締役の定数は，定款に定めることとなっている。会社によっては，現在の取締役数をはるかに超える定数を定めている。必要のない余分な枠があると，敵対的買収者が現れたとき買収者に取締役を送り込まれる危険性がある。

日本において敵対的買収が騒がれた2005年には，多くの企業が株主総会で取締役の定数削減を行った。ただ，定数削減自体が買収防衛策というわけではなく，より「隙のない」状態にして，敵対的買収を事前に予防しようとするものである。

図表 3-13 その他の買収防衛策

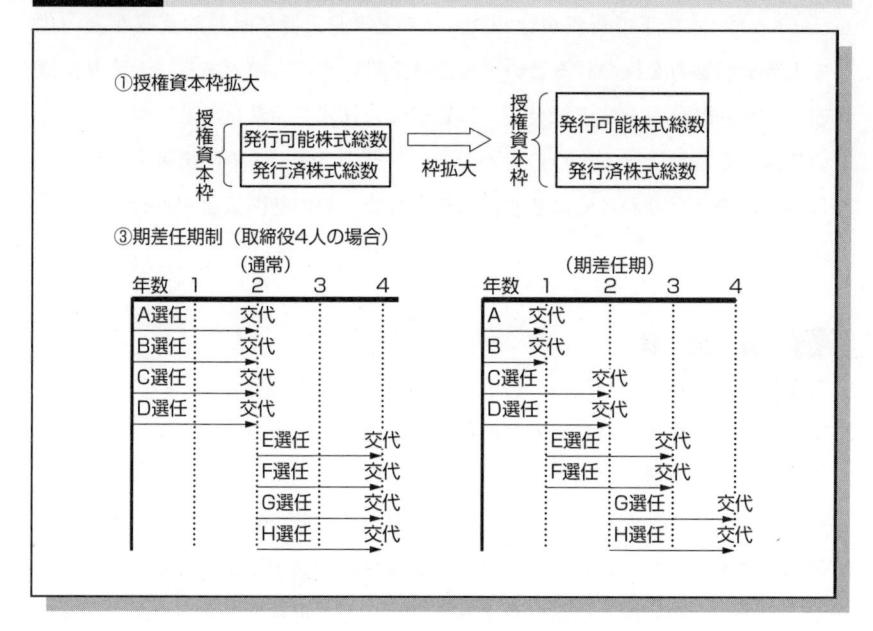

① 授権資本枠拡大

授権資本枠 { 発行可能株式総数 / 発行済株式総数 }　枠拡大　⇒　授権資本枠 { 発行可能株式総数 / 発行済株式総数 }

③ 期差任期制（取締役4人の場合）

（通常）
年数	1	2	3	4
A選任	→	交代		
B選任	→	交代		
C選任	→	交代		
D選任	→	交代		
		E選任	→	交代
		F選任	→	交代
		G選任	→	交代
		H選任	→	交代

（期差任期）
年数	1	2	3	4
A	→	交代		
B	→	交代		
C選任		→	交代	
D選任		→	交代	
		E選任	→	交代
		F選任	→	交代
			G選任	→ 交代
			H選任	→ 交代

3　期差任期制（スタッガードボード）

　取締役は株主総会で選任されるが，日本の大多数の企業は通常2年の任期である。任期がくると全員が一度に退任し，株主総会で再任あるいは新規の取締役を選任する。もし，取締役全員が退任の年に敵対的買収者が現れ，株主総会で取締役の選任決議ができる50%を超える株式を取得されたら，経営権を握られてしまう。これを避けるために，期差任期制を採用し取締役の選解任を半数にすることで，買収者に50%超を取得されても送り込まれる取締役は最大でも半数に抑えることができる（図表3-13の下図を参照）。

　ただし，期差任期制度は，多くのアメリカの機関投資家が「株主が年1回に取締役を選任する権利を減らす」として絶対反対の立場をとっている。

4　議決権行使基準日の変更

　株主総会で議決権を行使できる株主を確定する基準日は定款で定められてお

り，通常期末を設定している。議決権行使基準日の変更は，（被買収会社が気付かないように）水面下で買収が行われ，この基準日以降に敵対的買収が表面化して大きな影響力を持たれるという可能性を排除するものである。つまり，既に確定した基準日から株主総会までに買収者の株式を希薄化させる新株発行などの防衛策を有効にするためのものであり，その意味でこの防衛策もこれだけでは買収防衛となるわけではなく，新株発行など他の防衛策と組み合わせる必要がある。

5 黄金株

　黄金株とは種類株の一種で，合併や取締役の解任など重要事項の決議に関して拒否権をもつ株式であり，友好的第三者に保有してもらう。

　東京証券取引所は，当初黄金株を発行する会社の上場に反対であった。株主平等の原則に反するからである。しかし，経済界の強い要望もあり，条件付きで認めることとした。さらに，今までは黄金株に譲渡制限をかけることはできなかったので，敵対的買収者に黄金株を取得される危険性があったが，会社法の施行によって譲渡制限をかけることが可能になった。このことでより発行しやすい環境が整ったといえる。ただし，株主平等の原則から離れる黄金株は機関投資家から反対される可能性は高い。

6 複数議決権株式

　通常株式は「株主平等の原則」に則り1株1議決権であるが，複数議決権株式は名前の通り1株に複数の議決権が付与される。ただし，黄金株と同様に，機関投資家は複数議決権株式には原則反対の立場である。経済産業省は複数議決権株式を認める条件として，①平時に導入してその内容を開示し説明責任を全うすること，②消却条項や忠実義務条項を付与し1回の株主総会の決定次第で消却が可能なものとすること，③有事における取締役の判断が「保身目的」にならないよう明確な判断基準・行使条件を定めること，をあげている。

　アメリカでは，ニューヨーク証券取引所，アメリカン証券取引所，全米証券

図表 3-14 その他の買収防衛策・一覧

	防衛策の種類	効果・特徴
事前導入型	授権資本枠拡大	新株発行をしやすくする。新株発行などと併用することで防衛策として機能するが，既存株主に著しく不利益になる場合は株主総会で否決される可能性あり。
	取締役の定数削減	敵対的買収者から取締役を送られにくくする。これだけでは防衛策にならない。
	期差任期制	取締役の選解任時期をずらす。他の防衛策と組み合わせることで強力な買収防衛策となる。そのため，絶対反対の立場をとる機関投資家が多い。
	議決権行使基準の変更	議決権を行使できる株主の確定日を変更することによる買収の先延ばし。直接の買収防衛効果はなく，新株発行など他の防衛策と組み合わせる必要がある。
	黄金株	重要決議に対する絶対的な拒否権を持つ株式。機関投資家は株主平等の原則から発行には否定的。
	複数議決権株式	複数の議決権を持つ株式。黄金株と同様の理由で，機関投資家は発行に否定的。
有事発動型	パックマンディフェンス	逆買収。莫大な資金が必要になるので，他の防衛策がとられることが多い。

業協会による統一議決権方針で既存の上場企業がこの株式を発行することを原則禁止としている。例外として，1994年以前からこの形式の株式を既に導入していた企業や，新たに発行する場合でも新規公開時であれば認められている。例えば，インターネット検索サイトを運営するグーグル社は，株式公開時に1株10議決権の複数議決権株式を発行し，2人の創業者が保有している。

7 パックマンディフェンス（カウンターテンダー）

買収を仕掛けられた企業が，逆に自社に買収を仕掛けた企業を買収することで，ゲームの「パックマン」が名前の由来である。防衛策を持たない会社が突然買収を仕掛けられた時に発動する事後的・緊急型の防衛策であるが，買収には莫大な資金が必要になるため，他の防衛策がとられることが多い。

8 買収防衛の基本ルール

1 経済産業省・法務省の買収防衛指針

　ライブドアによるニッポン放送の敵対的買収提案は，現経営陣に敵対的買収の脅威を与えるとともに，日本の企業が買収防衛策を導入するきっかけとなった。これまで日本では，株式持合いなどによって敵対的買収が起こりにくい環境であった。そのため，敵対的買収を防衛する基本的なルールがなかった。このことから，買収防衛策は現経営陣の保身だけに無秩序に利用され，株主の利益を損ねるような過剰防衛になりかねないという懸念がある。

　そこで経済産業省・法務省では，2005年5月に，「企業価値・株主共同の利益の確保又は向上のための買収防衛策に関する指針」を打ち出した。指針は，「適法で合理的な買収防衛策のあり方を提示し，買収に関する公正なルールの形成を促す」ことを目的にしている。経済産業省・法務省は買収防衛策の3つの原則を提示した。

(原則1) 企業価値・株主共同の利益の確保・向上の原則

　「買収防衛策の導入，発動および廃止は，企業価値，ひいては，株主共同の利益を確保し，又は向上させる目的をもって行うべきである」

　この原則では，既存の株主利益を損なうような買収行為を未然に防止するために買収防衛策を導入することは，適法かつ合理的であると示している。その買収行為とは，「①株式を買い占め，その株式について会社側に対して高値で買い取りを要求する行為，②会社を一時的に支配して，会社の重要な資産等を廉価に取得する等会社の犠牲の下に買収者の利益を実現する経営を行うような行為，③会社の資産を買収者やそのグループ会社等の債務の担保や弁済原資として流用する行為，④会社経営を一時的に支配して会社の事業に当面関係していない高額資産等を処分させ，その処理利益をもって一時的な高配当をさせる

図表 3-15 経済産業省・法務省（2005）「企業価値・株主共同の利益の確保又は向上のための買収防衛策に関する指針」

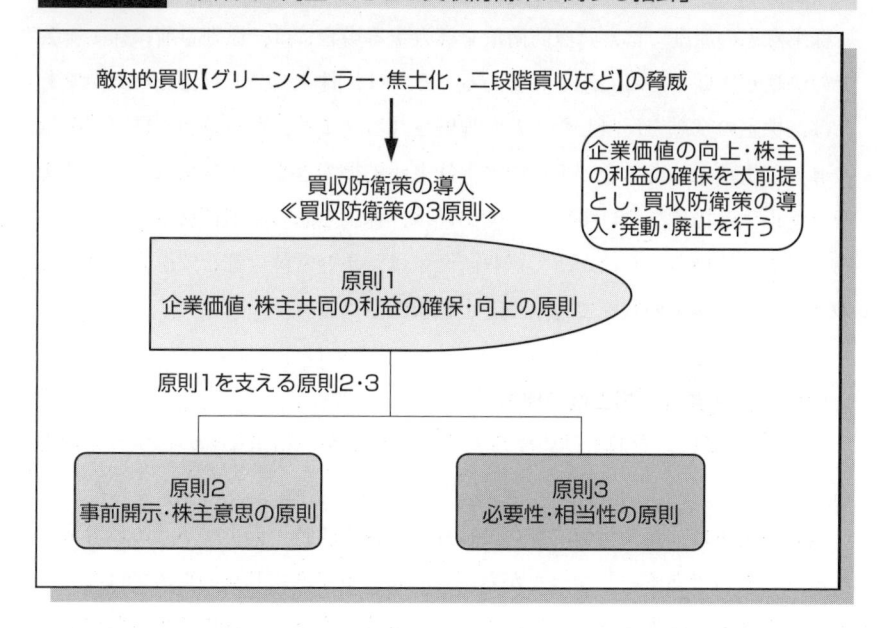

```
敵対的買収【グリーンメーラー・焦土化・二段階買収など】の脅威
                        ↓
            買収防衛策の導入              企業価値の向上・株主
          ≪買収防衛策の3原則≫            の利益の確保を大前提
                                        とし，買収防衛策の導
              原則1                      入・発動・廃止を行う
   企業価値・株主共同の利益の確保・向上の原則

         原則1を支える原則2・3

        原則2                   原則3
  事前開示・株主意思の原則    必要性・相当性の原則
```

か，一時的な高配当による株価の急上昇の機会をねらって高値で売り抜ける行為」などがあげられる。これらの買収行為は，買収者の利益のみを実現するために行われる。また，株主に売却を強制的に促す強圧的二段階買収を防止する際にも，買収防衛策の導入が必要となる。さらに，株主が適正な判断ができる時間と情報を確保するための買収防衛策も必要である。

（原則2）**事前開示・株主意思の原則**

「買収防衛策は，その導入に際して，目的，内容等が具体的に開示され，かつ株主の合理的な意思に依拠すべきである」

事前開示原則では，買収防衛策を導入するに際し，その方針，目的，具体的な内容，効果（議決権の制限や変更など）を明確に開示する必要があると示している。そのことは，証券取引法等の法令や証券取引所の規則で定められた最低

限のルールに従うだけではなく，買収防衛策に対する株主の理解を得る上で重要な役割を果たすものとしている。

　株主意思の原則では，買収防衛策を導入する場合には，原則事前に株主総会での決議が必要であると示されている。それは，株主総会で可決されるのであれば，株主の意思を反映したことと理解される。また，取締役会で買収防衛策の導入が決定された場合，事後的に，株主が納得できないときには，その防衛策を廃止する措置を設けているのであれば，株主意思の原則に反するものでないと示されている。したがって買収防衛策は，現経営陣の都合で導入されるものではなく，株主の判断で導入や廃止が決断される。

(原則3) 必要性・相当性の原則

「買収防衛策は，買収を防止するために，必要かつ相当なものとすべきである」

　買収防衛策は，企業価値，ひいては株主利益を維持・向上するために導入されるべきものである。しかしながら，買収防衛策が株主利益のためではなく，経営者の地位を確保するために濫用される可能性もある。経営者の買収防衛策の過剰な発動を未然に防ぐために，株主平等の原則，財産権の保護，経営者の保身のための濫用防止などに配慮する必要があると示されている。

　株主平等の原則では，本来，株主は保有する株式数に応じて同一の権利を有している。そのため，株主間で異なる権利を有する株式の発行は，株主平等の原則に反することになる。しかしながら，株主間で異なる取扱いをする買収防衛策であっても，以下の制度を利用する場合は株主平等の原則に反するものではないことを認めている。第1に，新株予約権者が一定割合以上の株式を有しない株主（買収者以外の株主）であることを行使条件とする新株予約権の発行。第2に，買収者以外の株主に対する新株・新株予約権の発行。第3に，定款変更等によって必要な手続を経た種類株式の発行である。

　さらに買収防衛策を発動する際には，株主利益が侵害されることを合理的に認識した上で，過剰でない相当な内容の買収防衛策を発動することが望ましい

| 図表 3-16 | 厚生年金連合会による買収防衛策に関する株主議決権行使の判断基準 |

（１）ライツプラン（新株予約権）導入の必須条件
① 長期的な株主価値を向上するための導入であることが，明確に説明できること
② 株主総会で承諾を得ること
③ 防衛策の発動もしくは解除に関して，社外取締役のチェックが実行されること
④ 導入期間を限定すること。更新の場合は，再度，株主総会で承諾を得ること
（２）株主利益を損ねるような黄金株，複数議決権行使株の発行などは，原則，賛同できない

↓

株主価値の向上が目的として買収防衛策を導入することに基本的に賛同

とされている。その際，経営者の独断によって過剰な防衛策の発動を防ぐために，外部専門家の分析を得ることによって，慎重かつ公正的な判断ができるという。

2 厚生年金基金連合会の判断基準

　厚生年金基金連合会（以下，連合会）は，株主議決権行使の判断基準を発表している。連合会では，連合会が定めた条件を満たすのであれば，ライツプラン（新株予約権）の導入は認めるが，黄金株や複数議決権行使株の発行は，株主の利益を損ねる可能性があるということから原則として賛成しないことを主張している。あくまでも株主価値を重視するのが目的である。

　買収防衛策の基本的なルールの構築は進行中であるが，企業価値の向上，株主利益の確保のために，現経営陣は，防衛策の導入，発動，そして解除を適切に実行しなければならない。さらに，機関投資家の買収防衛策に関する議決権行使の明確な判断基準を公開していく必要もあるだろう。

⑨ 買収防衛策に対する海外投資家の見方

　本節は日本企業が導入を計画する買収防衛策に対し，今や日本の全上場企業株式の約25％を恒常的に保有し，総会議案の賛否に大きな影響を与える外国人株主の判断基準を調査，整理したものである。調査は長期の株式保有を前提とする米英の公的年金基金や企業・個人年金運用会社，議決権助言コンサルタントが公開する投資やコーポレート・ガバナンスのガイドラインなどを参照し，曖昧な諸点は直接担当者に確認した。これら機関投資家は受託者責任により基準日には常任代理人の口座名を株主名簿に登録し，議決権行使を原則的に行う投資家を意味する（外国人株主に関しては第6章の1に詳細記述）。

1　海外機関投資家の議決権行使についての基本姿勢

　米国の年金運用機関投資家は1974年に制定されたERISA法（従業員退職所得保証法：Employee Retirement Income Security Act of 1974）により管理，運用が規制されている。この法律は企業の退職給付制度を包括的に規制する連邦法であり，企業が運営する退職給付制度を対象に受給権保護を目的として制定された。公的年金基金は各州法でその運用を規定されているが，ERISA法と内容が近似していることからERISA法の解釈が公的年金基金へも応用されている。

　議決権行使に関しては，1988年に企業年金基金を管轄する労働省が米エイボン社の質疑に対して返答した書簡「エイボン・レター（Avon Letter）」で，「株主総会で諮られる事項は投資価値に大いに影響を与えるものであり，議決権行使は年金運用の権限を与えられている受託者の権限範囲内であり，年金受給者に対する信任義務である」と位置づけている。具体的には資金運用受託者に，①議決権行使の義務，②賛否・棄権の意思決定プロセス，③行使記録の保管，さらに行使決定には長期的株主価値に影響を与えるか否かを考慮することを義務づけている。この議決権行使の義務は海外投資先企業の年次株主総会に

図表 3-17 外国人所有者別単元株式数および持株比率順位（上位 10 社）

順位	コード	会　社　名	持株比率	単元数
1	9434	ボーダフォン	96.28%	5,226,004
2	7258	栃木富士産業	90.03	32,467
3	4716	日本オラクル	77.21	982,387
4	4519	中外製薬	75.62	4,194,027
5	5002	昭和シェル石油	65.10	2,451,742
6	7201	日産自動車	63.99	28,923,137
7	4704	トレンドマイクロ	63.86	173,352
8	6041	ボッシュ　オートモーティブ　システム	61.05	257,089
9	6917	デンセイ・ラムダ	60.02	130,146
10	6793	山水電気	59.49	632,144

（出所）全国証券取引所平成 16 年度株式分布状況調査〈資料編〉（平成 17 年 6 月 16 日）所有者別単元株式数及び持株比率順位（市場第一部）

おける議決権行使も同様に行うよう奨励している。

　図表 3-17 は外国人所有者別単元株式数および持株比率順位を示している。図表 3-17 の企業には外国企業の子会社も含まれているが，複数の外国人株主を持つ企業は当該外国人機関投資家の投資方針，議決権行使ガイドラインを研究し，議案内容の詳細を長期的株主価値向上の視点より説明する必要がある。

2　海外機関投資家の議決権行使の具体的な姿勢

① **機関投資家は株主価値向上のために敵対的買収に肯定的である。**

（A）機関投資家は敵対的か友好的かにかかわらず，株主価値の向上をもたらす買収提案を歓迎している。

（B）機関投資家は長期的かつ持続的な株主としての立場から，投資先企業経営者に，長期の経営ビジョンおよび事業戦略の明示を要求している。

② **機関投資家は経営者の保身につながる防衛策の導入に反対である。**

　機関投資家は，経営者の保身につながる過剰防衛は，経営における株主軽視と緊張感の喪失をもたらすとの判断により反対の立場をとる。

③ 機関投資家はライツプラン（ポイズン・ピル）に条件付賛成である。
（A）機関投資家は敵対的買収に肯定的であると同時に，ライツプランには条件付賛成である。その判断においてはライツプランが経営者の保身でなく，株主価値の長期的な向上に資するために必要であることが十分に説明されることなどの一定条件（②に記述）を求めている。
（B）機関投資家はライツプランの評価において下記要件を最低条件としてあげている。個別プランの評価は本条件を満たすとともに，当該会社の業績，コーポレート・ガバナンス体制・実施度，今後の事業戦略などを総合的に勘案し評価する。

・株主承認：ライツプランなど防衛策導入は株主承認を得ること。
・発動条件：ライツプランの発動条件は潜在的な買収者による株式保有率が15％から30％であること。
・導入期間：ライツプランの有効期間を2年～3年と限定すること。
・サンセット条項：有効期間終了後の更新は，改めて株主総会の承認を求める条項があること。
・定款変更：機関投資家は取締役の員数，任期変更など買収防衛的な定款変更は事業戦略上必要である理由を明記していること。
・その他：ライツプランの採用，発動を決める取締役会あるいは特別委員会の独立性の確保などガバナンス体制に関する条件もある。

④ 機関投資家は授権枠（発行可能株式総数）の拡大には原則反対である。
（A）機関投資家は授権枠の拡大は既発行株式の希釈化につながるため，授権枠拡大に資本政策上の合理的理由がなく，かつ一定拡大枠の範囲（2から3倍）を超えるものについては反対する。
（B）機関投資家は株式授権枠の拡大が買収防衛に用いられる場合，あるいは過剰な株式報酬プラン（ストック・オプション）の採用を目的にするなど，株主価値向上につながらない用途に用いられる場合は反対する。

なお，米英の大型年金基金による防衛策導入賛否のガイドラインは図表3-18のとおりである。

図表 3-18　海外主要機関投資家の買収防衛策に関する議決権行使基準

	CalPERS (California Public Employee Retirement System)	TIAA=CREF (Teachers Insurance and Annuity Association – College Retirement Equity Fund)	HERMES (Hermes Pension Management Limited)
ライツプラン （ポイズン・ピル）	条件付賛成。取締役会はポイズンプランの導入，修正にあたっては株主の承認を得るべきである。 ＊客観的解除条項を具体化しているプランについては賛成。 ＊既存ポイズン・ピルの修正については買収防衛目的であるか否かを考慮してケース・バイ・ケースで判断する。	条件付賛成。ライツプランなど防衛策の導入に当たっては，株主にもたらす潜在的便益の向上については明確な説明と納得いく立証をしなければならない。 いかなる防衛策も有効期間は3年以内の短期とする。 継続取締役条項や繰延償還条項に反対する。	条件付賛成。敵対的買収においては現マネジメントを条件付きで支持する。ただし，現マネジメントが信頼を失っている場合，あるいは買収価格プレミアムが正当である場合はその限りではない。 防衛策にかかる費用が合理性と妥当性を欠く高価な場合は支持しない。
取締役の期差任期制	反対。すべての取締役は1年ごとに選出されるべきである	反対。すべての取締役は1年ごとに選出されるべきである。	
授権枠拡大	＊事業目的が不明確な場合は2倍以内，2倍以上はケース・バイ・ケースで投票する。 ＊買収防衛に用いられる場合は反対する。	株主は授権済普通株式の拡大を承認する権利を持つべきである。	
複数議決権		普通株式1株は1個の議決権を有するべきである。	
公正価格条項		すべての株主は経済的に平等な取扱いを受けるべきである。	
その他	すべての会社はグリーンメールに反対すべきである。		議決権の行使責任については，ICGNおよびOECDのコーポレートガバナンス原則に則る。

Chapter 3　敵対的買収と防衛策

コラム③　最近の敵対的買収事例①（ライブドアのニッポン放送買収）

　2005年2月8日，ライブドアはニッポン放送の発行済株式の35％を時間外取引により取得したと発表し，ニッポン放送やフジサンケイグループへの業務提携を申し入れる方針を明らかにした。フジテレビがニッポン放送を子会社化すべくTOBを実施していた最中の突然の発表であった。

　フジテレビ側はライブドアに徹底抗戦の構えを見せ，さまざまな買収防衛策を講じた。フジテレビは当初50％超としていたニッポン放送へのTOB目標株式数を25％に変更するとともにTOB期間の延長を発表し，株主に対してTOBへの応募を要請した。TOBは3月7日に締め切られたが，この結果，TOBが成立しニッポン放送の発行済株式の36.47％を獲得した。これによって，フジテレビはニッポン放送の親会社に対する議決権消滅と重要議決拒否権を確保した。

　また，フジテレビ側は，2月23日にニッポン放送が新株予約権をフジテレビに与えることを発表した。これは，フジテレビが3月24日に最大4,720万株，発行済株式の1.44倍分の新株予約権を引き受けるという内容であった。権利がすべて行使された場合，ライブドア側がそれ以外の株をすべて買い集めてもニッポン放送はフジテレビの子会社になるというものであった。翌日，ライブドアは「支配権の維持や争奪目的の新株発行」として新株予約権の発行を差し止める仮処分を東京地裁に申請した。東京地裁は3月11日，新株予約権の発行差止めを認める仮処分を決定した。これは最終的に東京高裁に抗告されたが3月23日に棄却され，フジテレビ側は新株予約権の発行を断念した。

　フジテレビ側は他にも，フジテレビ本体の増配や安定株主工作，ニッポン放送の保有するフジテレビ株を大和証券SMBCに貸し出すなどの対抗策を講じた。ライブドアはフジテレビ側がさまざまな買収防衛に奔走する間にもニッポン放送株を買い進めプレッシャーをかけた。3月16日には議決権ベースで50％を超えることが確実となったことが報じられた。3月24日，フジテレビ側はニッポン放送が所有するフジテレビ株（発行済株式の13.88％）をソフトバンクインベストメント（SBI）に貸し出すことを発表した。これによりニッポン放送が所有するフジテレビ株は0％となり，ライブドアのフジテレビへの間接支配を排除したことになった。

　4月18日，ライブドアとフジテレビは和解を発表した。合意の内容は，

図表 3-19 ライブドアのニッポン放送買収を巡る主な経緯

日付	内容
2005.01.17	フジテレビがニッポン放送株式を TOB にて取得する旨を発表
2005.02.08	ライブドア，ニッポン放送の発行済株式の 35% を取得したと発表，ニッポン放送やフジサンケイグループへ業務提携を申入れ
2005.02.10	フジテレビ，TOB 目標を 25% へ変更，期限を 3 月 2 日まで延長
2005.02.16	フジテレビの日枝久会長がライブドア側との業務提携協議を拒否 ニッポン放送，臨時取締役会でフジテレビのTOBに賛同する決議採択
2005.02.23	ニッポン放送，新株予約権の発行を発表，フジテレビ株 57 万 3,000 株（保有比率 22.51%）のうち，22 万株を大和証券 SMBC に貸出し
2005.02.24	ライブドア，ニッポン放送の新株予約権の発行差止めを求める仮処分を東京地裁に申請
2005.03.07	フジテレビ，ニッポン放送に対する TOB 期限を 3 月 7 日まで延長
2005.03.11	フジテレビ，ニッポン放送に対する TOB 成立，36.47% 取得 東京地裁が新株予約権の発行を差し止める決定，ニッポン放送が東京地裁へ異議申立て
2005.03.15	フジテレビ，増配（200 円から 5,000 円）を発表
2005.03.16	ライブドア，議決権ベースで 50% 超へ
2005.03.19	東京地裁が保全異議申立てを退ける，ニッポン放送が東京高裁へ抗告 ライブドア，フジテレビ両社の担当役員による初の協議
2005.03.23	東京高裁，東京地裁の差止め命令を認可
2005.03.24	ニッポン放送，保有するフジテレビ株（13.88%）を SBI に貸出し
2005.04.18	ライブドアとフジテレビ，和解発表

①フジテレビによるニッポン放送の完全子会社化，②フジテレビによるライブドアへの資本参加（440 億円，増資後発行済株式数の 12.75%），③フジテレビ，ニッポン放送とライブドアとの業務提携協議の開始であった。

　この買収攻防戦は，新興勢力対旧勢力，通信と放送の融合，買収攻防戦の社会的影響などさまざまな観点から社会的な関心を集めた。とりわけライブドアの時価総額至上主義の経営と，制度の不備を突いた買収手法は批判の対象となった。

　2006 年にはライブドアに対し証券取引法違反容疑で強制捜査が行われ，堀江貴文社長をはじめとしたライブドア経営陣が逮捕される事態となった。これに伴い，株価は暴落し時価総額経営は終焉を迎えた。この過程でフジテレビの保有するライブドア株は USEN の宇野康秀社長に売却され，提携関係も解消された。

コラム④　最近の敵対的買収事例②(夢真HDの日本技術開発買収)

　2005年7月20日，建築現場施工管理会社の夢真ホールディングス(以下，夢真)は，総合建設コンサルティング会社の日本技術開発(以下，日本技開)にTOBを行うという発表をした。日本技開はそれを拒否したが，夢真はTOBを開始した。つまり，敵対的TOBである。

　日本技開は，買収防衛策を導入済みであった。それは，「発行済株式総数の20%以上の取得を目指す買収者が現れた場合，買収後の事業内容などを示す意向表明書の提出を求め，提出がなかった場合，新株予約権の発行や株式分割等の買収防衛策を発動する」というものであった。夢真がこの意向表明書を提出することはなく，買収防衛策として日本技開は1株を5株にするという株式分割を実施すると発表した。分割で新たに発行される株式は，夢真TOB終了後と設定した。

　夢真は「安易なTOB破り」だとして，分割の差止め仮処分申請をした。さらに，株式分割が実行された場合の対抗策として，TOBの撤回，あるいは将来の株式もTOBで取得するとし，TOB価格を分割後の水準に引き下げるとした。TOBの撤回，価格の引き下げは原則禁止であったが，この手法は金融庁に認められ，今後の敵対的TOBについての指針となった。

　夢真の差止め請求は棄却され，分割は実行されることになった。夢真はTOBを撤回することなく価格を引き下げて継続したが，夢真のTOB終了直前の8月9日，関西地方に地盤をもつ建設コンサルタント会社，エイトコンサルタントがホワイトナイトとして現れ，日本技開に対し友好的TOBを開始した。

　結局，夢真がTOBによって取得した日本技開の株式は3.76%で，すでに保有していた株式をあわせても10.59%(議決権ベースで11.66%)にとどまり，当初の目的であった経営権の獲得は失敗に終わっている。一方，エイトコンサルタントは日本技開の発行済株式総数の23.04%(議決権比率24.68%)を取得し，TOBを成立させた。その後，業務提携の強化を図るため再度TOBを実施した。これによりエイトコンサルタントは日本技開の発行済株式総数の67.12%(議決権比率72.43%)を取得し，同社を連結子会社とした。

Chapter 4
M&A の実施プロセス

1　M&A の実施手順

2　相手企業の選定

3　相手企業との交渉

4　基本合意書の作成

5　デューディリジェンス

6　契約締結上の注意点①（企業評価面）

7　契約締結上の注意点②（法務・契約書面）

8　M&A 後の統合問題①（雇用面）

9　M&A 後の統合問題②
　　　　　　　　　（組織・システム面）

コラム⑤　駆け引きで決する買収交渉

1 M&Aの実施手順

　M&Aを実施する目的は当事者によって異なるが，実施の手順それ自体に大きな違いはない。実施手順としては，まず会社内部でM&Aを実施する上での土台となる戦略を明確にする必要がある。これは，換言すれば，「自社はこれからどのようにして事業目的を達成するか」をはっきりさせることといえる。その上で，今後の環境変化を踏まえて事業目的を達成するには，現時点において自社の経営資源の過不足をどのように解決するか，あるいは現時点の自社の事業ポートフォリオを何年後にどのような状態にもっていきたいか，などを明確にしたうえで，どのようなM&Aが必要なのかを特定していく必要がある。

　このような戦略策定が終われば，次にM&A実施に関する綿密な計画を立てる必要がある。例えば，実施の目的は何か，どの程度の金額あるいは費用まで許容できるかといったことである。実施過程で当初の計画とずれが生じた際に，軌道修正や場合によっては断念せざるを得ないことも考えられる。また，M&Aを実施するメリットだけではなくデメリットについてもあらかじめ考えておかなければならない。

　こうした計画に基づき，対象となる相手企業を選定しなければならないが，その際も選定する基準を明確にしておく必要がある。基準を設けることで多数の企業群の中から基準を満たす企業を絞り込むことが可能となる。その後，交渉がスタートし，買収金額等の条件に関する調整が行われる。そして，両者の見解が一致すれば基本合意書を作成し，実際に企業内部で事業内容等の評価（デューディリジェンス）が行われ，最終的な買収格額等の条件が決定されて契約成立に至る。

　なお，M&Aに関するノウハウをもたない事業会社であれば専門家からのアドバイスを受けることにより，計画から実行までの時間短縮や作業の効率化が可能となる。

図表 4-1 M&A の実施手順

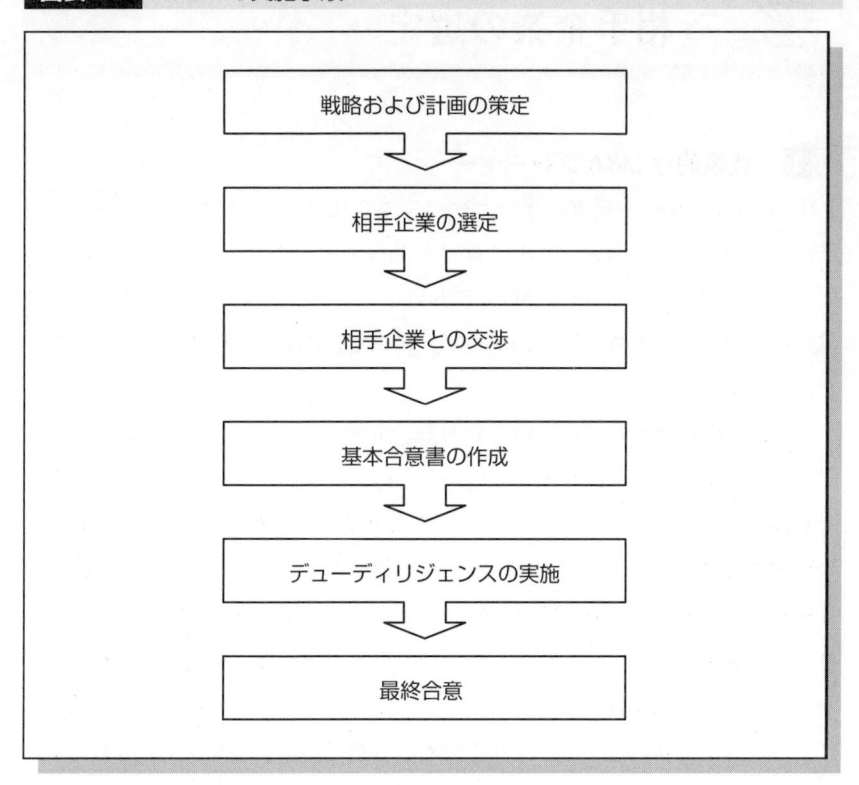

```
┌─────────────────────┐
│ 戦略および計画の策定 │
└─────────┬───────────┘
          ▼
┌─────────────────────┐
│   相手企業の選定    │
└─────────┬───────────┘
          ▼
┌─────────────────────┐
│  相手企業との交渉   │
└─────────┬───────────┘
          ▼
┌─────────────────────┐
│   基本合意書の作成  │
└─────────┬───────────┘
          ▼
┌─────────────────────┐
│ デューディリジェンスの実施 │
└─────────┬───────────┘
          ▼
┌─────────────────────┐
│      最終合意       │
└─────────────────────┘
```

2 相手企業の選定

1 代表的なM&Aプレーヤー

　M&Aにおける相手企業の選定といっても，すべてのM&Aプレーヤーに当てはまる相手企業の選定プロセスは存在しない。そこで，「相手企業の選定」についての解説に入る前に，M&Aにおける代表的なプレーヤーである「金融系グループ」と「事業会社系グループ」のM&Aを行う目的について確認しておこう。

　まずは金融系グループについてである。金融系グループによるM&Aにおいてもっとも重要な点は，投下した自分たちの投資資金が，一定期間の後に少しでも高い投資利回りがついて戻ってくることである。彼らは，M&A対象企業の事業成長に手助けすることも，販売先を紹介することも，優秀な経営陣を送り込むこともする。また，時には現経営陣に対して株主として圧力をかけたり，投下した資金に毀損の恐れがある場合は，当該事業や株式を売却することも厭わない。このような金融系グループにおける行動は，すべて投資家から期待されている以上の利回りを手に入れるための行動である。つまり，金融系グループによるM&Aにおける「相手企業の選定」は，彼らの投資目標を達成するための投資案件の発掘作業である。

　次は，自社の事業領域の強化・再編，新たな事業領域への進出などを目指す事業会社系グループである。事業会社系グループでは，一部の新興企業を除きM&A自体が目的になるケースは稀である。事業会社には，日々のキャッシュフローを生む事業が1つ以上あり，その事業自体が会社の永続性の根源となる。そして，多くの経営者および経営陣は自社の事業を維持し成長させるべく，日々絶え間ない努力を注ぐのである。事業会社が行うM&Aでは，自社の既存事業との相乗効果，事業の多角化による経営の安定，次なる成長エンジンの模索など，M&Aを選択した戦略的な目的は企業ごとに異なるのである。

図表4-2　相手企業の選定プロセス

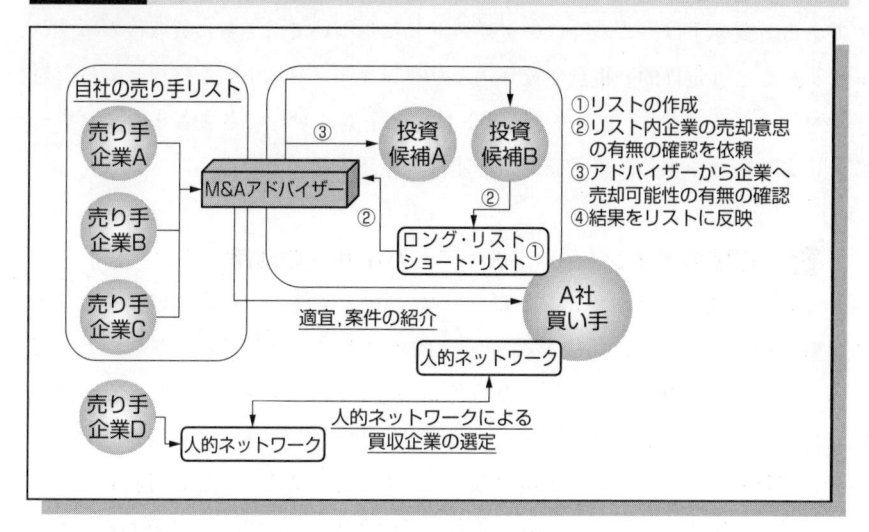

［図：相手企業の選定プロセス］
- 自社の売り手リスト：売り手企業A、売り手企業B、売り手企業C、売り手企業D
- M&Aアドバイザー
- 投資候補A、投資候補B
- ロング・リスト、ショート・リスト
- A社　買い手
- 人的ネットワーク
- ①リストの作成
- ②リスト内企業の売却意思の有無の確認を依頼
- ③アドバイザーから企業へ売却可能性の有無の確認
- ④結果をリストに反映
- 適宜，案件の紹介
- 人的ネットワークによる買収企業の選定

　このように，代表的M&Aプレーヤーである2者におけるM&Aの主要な目的は大きく異なる。しかしながら，具体的な「相手企業の選定」の方法について大きな違いはない。なぜならば，金融系グループも事業会社系グループも自分たちの目的にあったM&A対象企業を見つけ，そのM&A投資対象に投資し，その先の目的を達成することを目指す点は共通するからである。では，具体的にはどのようにして投資案件を発掘していくのだろうか。

2　選定のポイント①：経営陣のネットワークの活用

　経営陣のネットワークとは，人的ネットワークを介した「相手企業の選定」である。M&Aを実行可能な状況にある会社には，その業界での経験豊富な経営陣がいる場合が多い。また，創業経営者同士のネットワークは大変深くさまざまな情報が飛び交うため，貴重な投資機会を得ることができる。

3　選定のポイント②：ロングリスト・ショートリストの作成

　買い手の投資目的に即した投資対象候補の企業について，売上規模など「定

量的」情報に基づきリストアップした「ロングリスト」を作成することが重要である。買い手は，この「ロングリスト」に基づいて，さらに買収後の事業シナジーなど「定性的」視点で絞り込んだ「ショートリスト」を作成して投資対象を絞る。その後，「ショートリスト」上の企業に対してさまざまなアプローチにより接触を求め，事業売却の可能性を確認することになる。

4 　選定のポイント③：M&Aアドバイザーの活用

　これまで述べてきたポイントだけでは，M&A案件の絶対量を確保することは難しい。なぜなら，M&A案件を「人的ネットワーク」で紹介されたとしても，買い手の「買収します」との提案に，売り手が「お願いします」とは素直に応じないケースが大半だからである。中には，相手（売り手）側が「その会社には買われたくない」と拒絶するケースもある。また，綿密に「ロングリスト」，「ショートリスト」を作成しても，買収者側の「片想い」で終わることがほとんどである。

　このような相手企業の選定プロセスにおいて大きな役割を果たすのがM&Aアドバイザーである。M&Aアドバイザーとは，M&A取引による報酬等を収益源としたM&Aの専門業者のことであり，大手銀行・証券会社の投資銀行部門や独立系業者，個人業者など多くの専門業者が存在する。

　M&Aアドバイザーは実際のM&Aプロセスの各所で重要な役割を果たすのだが，プロセスに入る前段階とも言える「相手先企業の選定」においても重要な役割を果たす。さまざまな形（企業による部門の売却，オーナーの株式売却意向など）でM&Aの対象となることを希望する企業（もしくは事業）を数多く抱えているM&Aアドバイザーは，自身のネットワークに留まらず広範囲の候補の中から，最良の買い手を探すことになる。

　売却先は投資ファンドからオーナー系事業会社までさまざまであり，売り手側の希望と売り手の状況を確認しながらM&Aプロセスを進めていくのである。買い手側は，彼らの買い手候補リストに載ることで，自動的にM&A案件の紹介を受けることができる。したがって，積極的にM&Aを活用して事業展開を

図表 4-3　取引銀行の斡旋(あっせん)による事業会社 M&A（例）

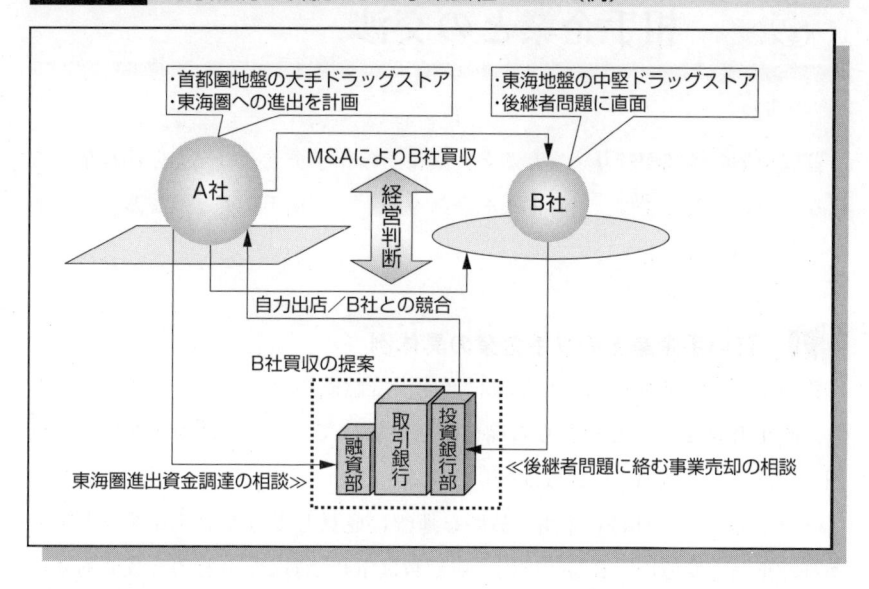

- A社：首都圏地盤の大手ドラッグストア／東海圏への進出を計画
- B社：東海地盤の中堅ドラッグストア／後継者問題に直面

A社 ──M&AによりB社買収── B社
経営判断：自力出店／B社との競合

取引銀行（融資部・投資銀行部）
- A社より：東海圏進出資金調達の相談 → B社買収の提案
- B社より：≪後継者問題に絡む事業売却の相談≫

目指す事業会社は，日頃からM&Aアドバイザーとの接触を持ち，自社の望む投資対象や投資上限金額などを明らかにして，投資対象が売却に動いた際にいち早く情報を入手できるようにすることが重要である。

5　まとめ

著名なファンド運用者や事業経営で成功した経営者には多くのM&A情報が集まり，その分だけ投資機会が増加する。また，某大手企業のM&A担当者によると，M&Aに対する投資額を新聞等で発表することによってM&Aアドバイザーから山のように案件紹介が来るそうである。一方，M&Aアドバイザー業者への報酬を値切ったりすると，その情報が狭いM&A業界で即座に広まり，そのような買い手は敬遠され，紹介案件自体が大幅に減少していくこともある。

このように，良質な投資案件を得るためには，M&Aアドバイザーを活用するなどによって，相手先企業の選定を効率的に進める必要がある。

3　相手企業との交渉

　買収企業の候補が絞り込まれると，次にその相手企業との交渉を行わなくてはならない。ここでは，具体的なケースを通して「相手企業との交渉」のポイントについて説明していく。

1　買い手企業と売り手企業の具体例

　買い手A社は東京・埼玉を地盤に展開する急成長中のドラッグストアであり，昨年IPOを果たし現在も順調に出店を続けている。A社の年商は240億円，利益は7.2億円，店舗数は200である。

　一方，売り手B社は神奈川・静岡を地盤に成長してきたドラッグストアであり，年商120億円，利益4億円，店舗数は100である。B社の社長であり株主であるS氏は今年で65歳。引退を考えているが社内に会社を引っ張っていく人間は育っていないと考え事業売却を真剣に考えている。そこで，取引銀行に相談したところM&Aアドバイザリ部門を紹介され，A社への事業売却を提案された。B社のオーナーS氏の意を受けたM&A担当者は，B社買収の提案をA社に持ちかけた。当然ながらA社はB社買収に対して前向きな意向を示し，両社の交渉がスタートした（A社とB社のプロフィールは図表4-4を参照）。

　ここで，今後の交渉のポイントを大まかに整理すると，3点に分けることができる（図表4-5を参照）。それでは，具体的にどのような交渉が行われるのだろうか？

2　交渉のポイント①：独占交渉権の締結

　この提案は，A社にとっては素晴らしい投資機会といえる。この買収によって店舗面での競合もなく，今後の有力な競合相手を取り込むことができる。さらに，B社の買収成功によってA社は売上高，利益共に1.5倍以上の成長を

図表 4-4　買い手企業と売り手企業の具体例

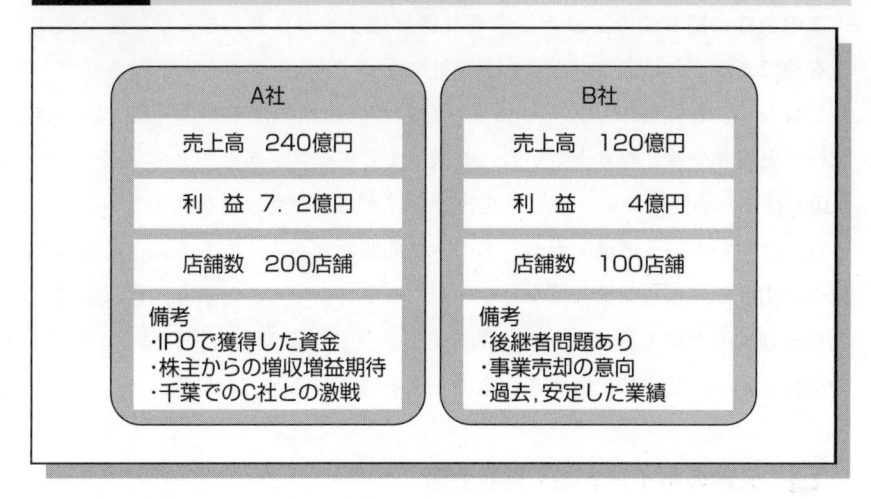

A社	B社
売上高　240億円	売上高　120億円
利　益　7.2億円	利　益　　4億円
店舗数　200店舗	店舗数　100店舗
備考 ・IPOで獲得した資金 ・株主からの増収増益期待 ・千葉でのC社との激戦	備考 ・後継者問題あり ・事業売却の意向 ・過去,安定した業績

実現できるのである。そこでA社は独占交渉権を早期にB社と締結し，M&Aプロセスを進めていきたいと考えている。この場合，A社が自社の事業拡大には何としても買収を成功させなければならないと考えるのが一般的な経営判断である。

一方，B社は，A社を高く評価しており，売却先としては問題ないと考えている。しかしながら，それはA社が「ポイント②，③をクリアできるのであれば売却してもいい」という程度の認識であり，千葉でA社と激烈な競争を繰り広げているA社の競合であるC社に売却しても構わないと考えている。

この時点で，B社が取引の主導権を握っていることは明白である。B社は，A社からの独占交渉締結の提案を断り，いつでも，C社と交渉できることをちらつかせながらA社との交渉を進めていくことになる。

ここでB社買収をA社に提案したM&Aアドバイザーの役割は，A社側アドバイザーとなる。つまり，A社に対しては「B社にはC社という選択肢があるから慎重に」とアドバイスし，B社に対しては「C社への提案はA社からの条件が出てからにしましょう」とB社をテーブルに座らせることに腐心することになる。

3　交渉のポイント②：従業員・役員の地位

この条件に関しても，おそらくA社側は譲歩することになる。B社が交渉上有利であることは間違いないが，A社にとってM&Aはスタートでありゴールではない。買収後のリストラにより買収された側の従業員は「私もいつ首に…」と戦々恐々となり士気が著しく低下する可能性がある。また，オーナーS氏も長年一心同体であったB社を自分だけがお金を受け取り「さようなら」とはしにくいという感情的かつ日本の文化的側面がある。もちろん，A社は経営の自由度を確保しなければならないが，事業再生でもない限り，買収直後の人員整理はやりにくい場合が一般的であり，株式譲渡契約書等には1，2年間の組織体制の現状維持に関する合意の一文を挿入するケースが多い。

4　交渉のポイント③：買収金額

買収金額の交渉では，売り手の主張する金額があまりにも常識外れに高額，もしくは買い手の主張する金額があまりに低額である場合には，交渉自体が継続するようにM&Aアドバイザーが金額に関して個別の交渉を行う。しかし，それでも当事者間の思惑の金額があまりにかけ離れ，その差を埋めることが難しい場合は，速やかに交渉から買い手が撤退することになる。

今回のケースでは買収金額の開きがそれほど大きくないため，A社とB社の間で交渉する余地がある。金額の調整やB社オーナーS氏への支払方法を工夫するなどして，表面上の金額を下げ，実質的な取り分を増やすことも十分考えられる。例えば，A社とB社の株式交換による支払などである。また，買収金額を下げる代わりに，A社顧問としての地位と収入をS氏に保障することも可能である。両者が合意できるギリギリのラインでの攻防が続くことになる。

5　まとめ

「相手企業との交渉」について，具体例をあげながら説明してきた。しかし実際のM&Aにおける「相手企業との交渉」は，必ずしもこのような単純でシ

図表4-5 A社とB社の交渉のポイント

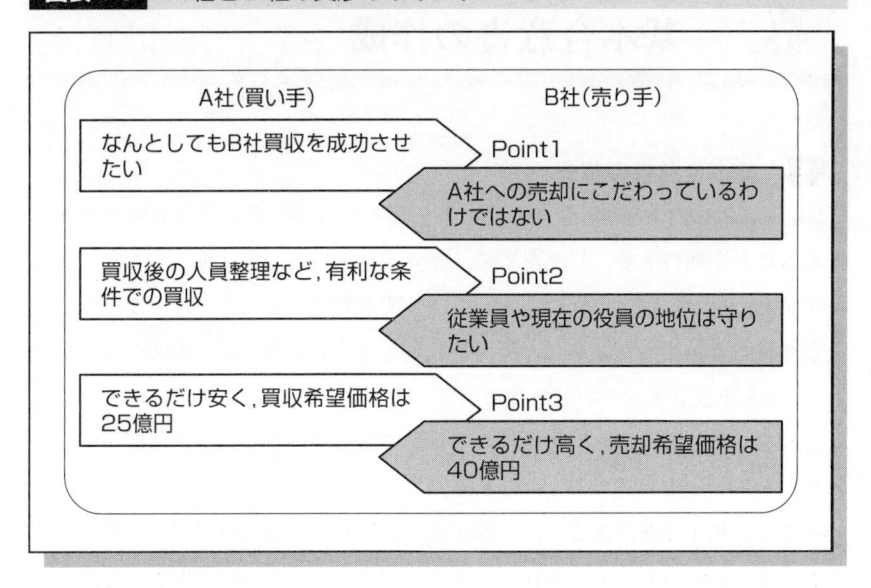

```
        A社（買い手）              B社（売り手）

  なんとしてもB社買収を成功させ  Point1
  たい
                              A社への売却にこだわっているわ
                              けではない

  買収後の人員整理など，有利な条  Point2
  件での買収
                              従業員や現在の役員の地位は守り
                              たい

  できるだけ安く，買収希望価格は  Point3
  25億円
                              できるだけ高く，売却希望価格は
                              40億円
```

ンプルなものにはならない。今回紹介したケースのように買い手が事業会社とは限らず，投資ファンドや敵対的な買収者となる可能性もある。また，売り手も優良な事業会社だけではなく，事業再生が必要な法人や，大企業の事業部門の分離などさまざまなケースが考えられる。

　また，M&Aプロセスについても，買い手企業を複数社競わせることで，売り手にとって一番都合のいい買い手を選び出す入札方式の場合もある。さらに規模の大きなM&A案件になれば売り手，買い手双方に複数のアドバイザーがついて交渉が行われる。つまり，それぞれのケースでそれぞれの状況に即した「相手企業との交渉」が行われていることになるのである。

　以上で解説した「相手企業との交渉」を経て，当事者間が大方の条件の合意に至った上で，後に作成する契約書に合意内容を反映させていくことになるのである。

4 基本合意書の作成

1 基本合意書の意義

　M&Aにおいては売り手企業，買い手企業ともに少しでも良い条件で交渉を進めることを期待する。したがって，売り手企業にとっては少しでも高く売れる企業と，反対に買い手企業にとっては必要な資源を有するだけでなく少しでも安く買える企業と交渉をし，契約を成立させたい。さらに，企業の戦略上絶対にM&Aを成立させたいと考える企業にとって，相手企業が自社以外の企業と交渉をしている場合，契約が成立するまでに当初の予想以上に時間がかかったり，あるいは成立しなかったりすることもありうる。

　そこで，相手企業が決まり，交渉が進み，買収がほぼ合意に達した時点で基本合意書（Letter of Intent）が作成される。これにより，それ以降の交渉をスムーズに進めていくことが可能となる。

　こうした基本合意書を作成することは，両企業の意思を明確にし，お互いが最終合意に向け交渉を進めていくためだけでなく，最終的な契約書を作成するための基礎を提供する上でも重要な役割を果たすこととなる。

2 基本合意書の記載事項

　基本合意書は，M&Aに参加する両企業間で最終契約に向けてどのような項目や事柄に留意しながら交渉を進めていくかを明確にするためのものであり，決まった形式はない。

　一般的な項目としてあげられるのは，M&Aの実施方法，買収価格，独占的交渉権，実施のスケジュールといったものである。ただし，未公開会社や中小会社の場合は，簡略化された書類が作成されることもある。

　実施方法については，売り手企業の全部あるいは事業の一部を取得するのかといった買収の範囲や，買収を実行するために合併するのか株式の取得を行う

図表 4-6　基本合意書に記載される一般的項目

実施方法 　○ 買収対象の事業範囲 　　― 買収対象となる事業は，売り手企業の事業の一部か全部か 　○ 買収の方法 　　― 現金あるいは株式等の支払い手段をどうするか
買収価格の概算 　― この時点では，最終決定ではなく交渉過程で変動する
スケジュール 　― デューディリジェンスや最終契約の時期
独占的交渉権 　― 交渉期間中に他社との交渉をしないこと
秘密保持 　― 買収交渉自体や交渉過程で入手した情報を他に口外しない
合意書の有効期限
法的拘束力の有無

のかといった買収方法を決める。

買収価格については，デューディリジェンス実施後に決定されるため，基本合意書中では最終決定ではない金額が設定される。

スケジュールについては，基本合意書締結後に実施されるデューディリジェンスの範囲や最終契約の期限等を明らかにするものである。

このほか，後述する法的拘束力の有無や秘密保持契約の内容，あるいは契約不履行時における違約金の支払について基本合意書に記載する場合も少なくない。

3　基本合意書の拘束力

基本合意書は必ずしも法的拘束力を持つものではなく，契約の成立を保証するものではない。ただし，その後の交渉過程で変更が予測される項目以外の独占的交渉権や秘密保持等についてその効力を持たせるかをあらかじめ定めてお

くことは重要である。

　この法的拘束力および独占的交渉権の有効性に関して争われた事例として，UFJ信託銀行と住友信託銀行の経営統合が白紙撤回された例があげられる。

　2004年5月21日にUFJグループと住友信託銀行は，UFJ信託銀行と住友信託銀行の経営統合に伴うUFJグループとの協同事業化に合意したことを発表した。その際，両者間で基本合意書が締結された。

　しかし，同年7月14日にUFJホールディングスから交渉の白紙撤回の申入れがあり，三菱東京フィナンシャル・グループとの経営統合が発表された。これに対して，住友信託銀行は，UFJグループが交渉期間中に第三者である三菱東京フィナンシャル・グループと交渉を行ったことは基本合意書中の独占的交渉権に反するものとして，東京地方裁判所に第三者との協議および情報提供禁止を求める仮処分の申立を行った。

　同年8月10日には，裁判所に提出された文書の中で，UFJ側は基本合意書に法的拘束力はない，住友側は法的拘束力を有すると主張している。

　しかし，同年8月30日には，最高裁は，住友側の独占交渉権に関する基本合意には法的拘束力があると判断した。その一方で，住友信託銀行による仮処分の申立は却下された。すなわち，UFJグループと三菱東京フィナンシャル・グループの統合が問題ないものとされた。

　こうした事例からいえることは，基本合意書を作成する上で法的拘束力の有無だけではなく，記載事項に違反した場合の対応についても明確にしておかなければならないという点である。UFJグループと住友信託銀行の裁判においても，基本合意書に記載した事項に違反したことで生じる制裁や罰則については明記されていないことが指摘されている。

　したがって，基本合意書の作成は，フィナンシャル・アドバイザーや弁護士などのM&A実務や法務の専門家に委託することにより具体的なものとすることは重要である。ただし，過度に細かい内容を記載することで相手企業に悪い印象を与えてしまうことにもなりかねないので注意する必要がある。

図表 4-7 UFJ信託銀行と住友信託銀行の経営統合問題の経緯

日付		当事者の行動
2004/5/21		UFJ信託銀行と住友信託銀行の経営統合およびUFJグループの信託・管理事業等の「協同事業」化を発表
7/14	UFJ	住友信託銀行に対し協同事業化の白紙撤回を申し入れ，三菱東京フィナンシャル・グループと経営統合に向けた協議を開始することを発表
	住友	法的対応を示唆
7/16	住友	UFJグループに対し，第三者との協議および第三者への情報提供禁止を求め，東京地裁に仮処分命令申立
7/27	東京地裁	UFJグループに対し，第三者との交渉中止を命じる決定
	UFJ	東京地裁の決定に異議申立を検討
8/4	東京地裁	UFJグループからの異議申立を却下
	UFJ	東京地裁の決定を不服として東京高裁へ抗告
8/11	東京高裁	東京地裁の決定を却下，住友信託銀行の仮処分命令申立を却下
	住友	東京高裁の決定を不服として最高裁へ同決定の取消を求める特別抗告・許可抗告の申立
8/12	UFJ	三菱東京フィナンシャル・グループと経営統合合意を発表
8/30	最高裁	住友信託銀行の抗告を棄却
	住友	最高裁の決定に対し今後の対応を検討
10/28	住友	東京地裁にUFJグループと三菱東京フィナンシャル・グループとの経営統合交渉の差止めを求め提訴
2005/3/7	住友	UFJグループへ1,000億円の損害賠償請求を追加
8/12	UFJ	UFJ銀行と東京三菱銀行との統合延期を発表
2006/1/1	JFJ	UFJ銀行と東京三菱銀行が統合し，三菱東京UFJ銀行がスタート
2/13	東京地裁	住友信託銀行の請求を棄却
2/24	住友	東京高裁へ控訴

（出所）UFJ銀行と住友信託銀行のニュースリリースおよび日本経済新聞社のホームページより作成。

5 デューディリジェンス

1 デューディリジェンスとは

　一般的にデューディリジェンス（Due Diligence）とは，M&Aプロセスにおいて「買い手」が行う「買収監査」のことをいう。買収監査とは，「売り手」企業を買収するに当たって行う，経営・会計・法務・税務・労務などに関する，幅広い調査のことで，多くのM&Aにおいて実施される重要なプロセスの1つである。デューディリジェンスを行う範囲は，「売り手」企業の会計・法務などに限らず，「どのような人材が対象企業にはいるのか？」，「事業において重要な基幹コンピューターシステムはどこのシステムを利用しているか？」など，「売り手」企業に関するさまざまな領域におよぶことが一般的である。

　また，上場企業が，十分なデューディリジェンスを実施せず，M&Aを行うことは取締役の善管注意義務を怠ったと指摘される可能性もあり，M&Aにより損失が発生した場合，株主代表訴訟を受けるリスクがある。このため，上場企業のM&Aに際してのデューディリジェンスは大変重要な意味があるのである。

　その一方で，未上場の中小企業のオーナー経営者がお互いの信頼関係のみで取引を行う場合がある。デューディリジェンスなど一切行わず，長年の取引関係などから培われた，オーナー同士の深い信頼関係に基づき，人的なつながりでM&A取引が行われるのである。

　なお，M&Aに携わる人々の間ではデューディリジェンスのことを「DD（ディーディー）／デューディリ」と省略して呼ぶことがある。

2 デューディリジェンスの目的

　「買い手」側はデューディリジェンスを行うことによって，インフォメーションメモランダム（後述）において，洗い出された問題点の確認，またイン

図表4-8　デューディリジェンスの種類

【会計デューディリジェンス】
・財務諸表における数値の確認
・簿外債務の有無の確認

【法務デューディリジェンス】
・事業運営上必要な契約書類の確認
　ex.外国企業との国内ライセンス契約

【税務デューディリジェンス】
・税務的観点からの対象企業に対するアプローチ
・買収実施後の有利な税制

【事業デューディリジェンス】
・対象会社の組織図
・対象会社従業員の年齢構成
・対象会社のビジネスモデル

フォメーションメモランダムには記載されていない情報についての内容の確認を行うのである。さらには，デューディリジェンスによって確認された情報をもとにして，企業価値を弾き出し，M&A後の事業戦略を構築していくのである。

　企業価値を算出することにより，「買い手」として，「売り手」に対して，いくらまでなら買収のために費用を拠出できるのか，など許容範囲の設定を行うこともある。また，一般的には，デューディリジェンスによって集められた情報を基に，「意向表明書（買収金額や買収実現後の従業員の処遇などについて記した書類）」や「入札書」を作成し「売り手」に提出する。意向表明書や入札書には法的拘束力が発生する場合が多く，提出後，「買い手」側が記した買収条件を変更することが許されない場合が多いのである。

3　デューディリジェンスの種類

　デューディリジェンスの範囲は多岐にわたるものである。単純に分類すると下記の通りである。

・会計デューディリジェンス

・法務デューディリジェンス
・税務デューディリジェンス
・事業デューディリジェンス

「売り手」は，M&Aプロセスに入る前に，「セラーズ・デューディリジェンス」を行う場合がある。セラーズ・デューディリジェンスとは，「売り手」が自身の経営・会計・法務・税務・労務などについて，客観的に精査することをいう。「売り手」は，セラーズ・デューディリジェンスの実施によって，M&Aプロセスにおいて，どの時点で，どれだけの情報を「買い手」に示し，「買い手」との交渉の場面において，「売り手」が何について譲歩でき，何について譲歩できないか，などのM&A戦略をたてることができるのである。また，「売り手」が，「買い手」に対し，秘密保持契約締結の後に提示する，「売り手」に関する詳細な情報が記された「インフォメーションメモランダム（Information Memorandum）」の作成に際しても，セラーズ・デューディリジェンスの結果が反映されるのである。

4 実際のデューディリジェンス

一般的なM&Aプロセスにおいて，デューディリジェンスは秘密保持契約を締結後，「売り手」側から提示される「インフォメーションメモランダム」を受け取った時点から始まる。

「インフォメーションメモランダム」において開示されている限定的な情報を基に，「買い手」は「売り手」に対して，追加で必要な資料の開示依頼やインフォメーションメモランダムの内容に関する質問事項などを連絡する。やり取りで開示されない資料に関しては，「売り手」が期間を限定して設置するデータルームでの情報開示となるのである。

データルームとは「売り手」側が設置する「売り手」に関するさまざまな情報を集めた資料室である。「買い手」はデータルームに弁護士，会計士，税理士等からなるデューディリジェンスチームを派遣し「売り手」に関して徹底的に調査を行うのである。「売り手」企業の規模にもよるが，データルームでの

図表4-9　デューディリジェンスプロセスの実際

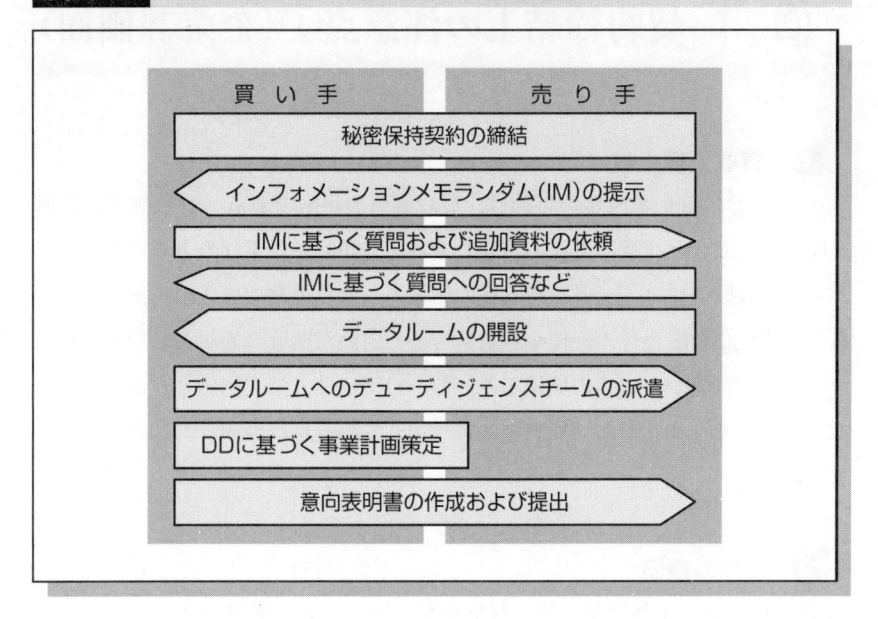

買い手	売り手
秘密保持契約の締結	
← インフォメーションメモランダム(IM)の提示	
IMに基づく質問および追加資料の依頼 →	
← IMに基づく質問への回答など	
← データルームの開設	
データルームへのデューディジェンスチームの派遣	
DDに基づく事業計画策定	
意向表明書の作成および提出 →	

作業を含むデューディリジェンスは数日から数週間，時には数か月に及ぶのである。このため，デューディリジェンスにかかる費用は「買い手」にとっても数百万円から数千万円に及ぶこともしばしばである。また，入札方式において，「買い手」候補が多数の場合には，デューディリジェンスを1次，2次と複数回に分けて行う場合がある。「売り手」はデューディリジェンスによって，経営の根幹に関わる情報を開示しなくてはならないため，「買い手」を選別し，情報を開示するのである。

　最終的にはデューディリジェンスチームから上がってくるレポートをもとに，「売り手」に対して，具体的な買収条件の提示を行っていくのである。

6　契約締結上の注意点①（企業評価面）

1　買収価値とは

　M&Aにおける企業評価の目的は，買収価値の決定である。買収価値は，財産面，利益面など複数の方法で測定できる。しかし，いずれの方法で測定したとしても買収価値は，企業の所有権の価値すなわち企業の株式の価値の合計であり，それは企業全体の価値から負債を差し引いた部分の価値として示される。企業全体の価値から負債の価値を差し引いた価値は，株式価値と呼ばれる価値である。つまり我々がここで測定しようとしている買収価値は，株式価値ということになる。

2　3つの価値

　M&Aにおける企業評価では，株式価値，企業価値，事業価値という3つの価値を使って買収価値を決定する。それぞれがどのようなものであるかを確認しておこう。

①　株式価値

　貸借対照表上の資本合計の価値である。株式市場における時価ベースの株式価値が時価総額である。株式価値は，別途測定した事業価値や企業価値を使って算出することもできる。株式価値は，清算価値もしくは再取得価値と呼ばれることもある。

②　企業価値

　企業全体の価値を示すものであって，貸借対照表上では資産合計の価値である。後述の事業価値に非営業資産を加えて算出し，さらにこの企業価値から負債の価値を控除することによって株式価値を算出する。事業価値から株式価値を算出するための計算過程的な意味合いを持つ値である。

図表 4-10　3つの価値の関係
（事業価値，企業価値から株式価値を求める考え方）

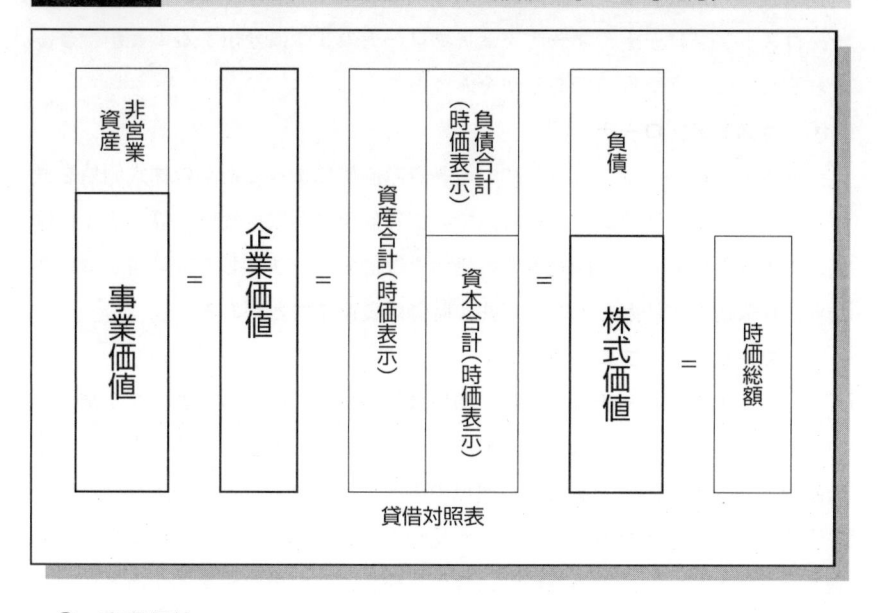

```
┌─────────┐   ┌─────┐   ┌─────────┐   ┌─────┐   ┌─────┐
│ 非営業資産 │   │     │   │         │   │ 負債 │   │     │
├─────────┤ = │企業 │ = │資産合計 │負債合計│ = │     │ = │時価 │
│         │   │価値 │   │(時価表示)│(時価表示)│   │株式 │   │総額 │
│  事業   │   │     │   │         │資本合計│   │価値 │   │     │
│  価値   │   │     │   │         │(時価表示)│   │     │   │     │
└─────────┘   └─────┘   └─────────┘   └─────┘   └─────┘
                              貸借対照表
```

③　事業価値

　企業が生業とする事業において生み出す価値であって，今後企業が事業を継続して営むことで生み出す利益の合計額として定義される値である。後述のインカムアプローチの考え方を利用して株式価値を算出する際の測定指標である。事業価値に非営業資産を加えて企業価値を求め，さらに負債の価値を控除して株式価値を求める。

3　3つの価値の関係

　株式価値，企業価値，事業価値の3つは，図表4-10のような関係にある。事業価値に非営業資産を加えたものが企業価値であり，その企業価値から総負債を控除したものが株式価値である。まず，事業価値を測定し，これに非営業資産を加えて企業価値を求め，そこから負債を控除して株式価値を算出する。

4　買収価値測定の3つのアプローチ

　株式価値，企業価値，事業価値を測定するための手法は，インカムアプローチ，コストアプローチ，マーケットアプローチの3つに分類することができる。それぞれどのようなものであるかをみておこう。

①　コストアプローチ

　コストアプローチは，所有している純資産価値によって企業の株式価値を測定しようとする方法である。現時点での清算価値や再取得価値を算出するには優れた方法といえるが，継続事業の価値を評価する方法としては適当とはいえない。代表的な方法として純資産法，時価純資産法などがある。

②　マーケットアプローチ

　マーケットアプローチは，自社や類似会社の市場での価格によって企業の企業価値を測定し，そこから株式価値を求めようとする方法である。市場参加者の総意というべき価値であるため類似の事例を見つけることができれば有用な方法であるが，適切な事例がなかなか見つからないという点が難点である。代表的な方法としては，市場株価法，株価倍率法，取引事例法などがある。

③　インカムアプローチ

　インカムアプローチは，将来生み出す価値によって企業の事業価値を測定し，そこから株式価値を求めようとする方法である。継続価値が評価する価値の大半を占めるという点で継続企業の価値を最も合理的に示す方法といえる。しかし，非公開企業について正確な値を計算できないことや前提条件によって結果が大きく異なるため，恣意性が高くなるという問題点もある。代表的な方法としてDCF法，収益還元法などがある。

5　代表的な価値測定方法

①　DCF法

　当該会社が今後数年間（一般的には5年を用いる場合が多い）に獲得すると予想されるフリーキャッシュフローの合計を事業価値と考え，これに非営業資産を加算して企業価値を求め，そこから純負債を差し引いて株式価値を求める。

図表 4-11　買収価値の主な測定方法

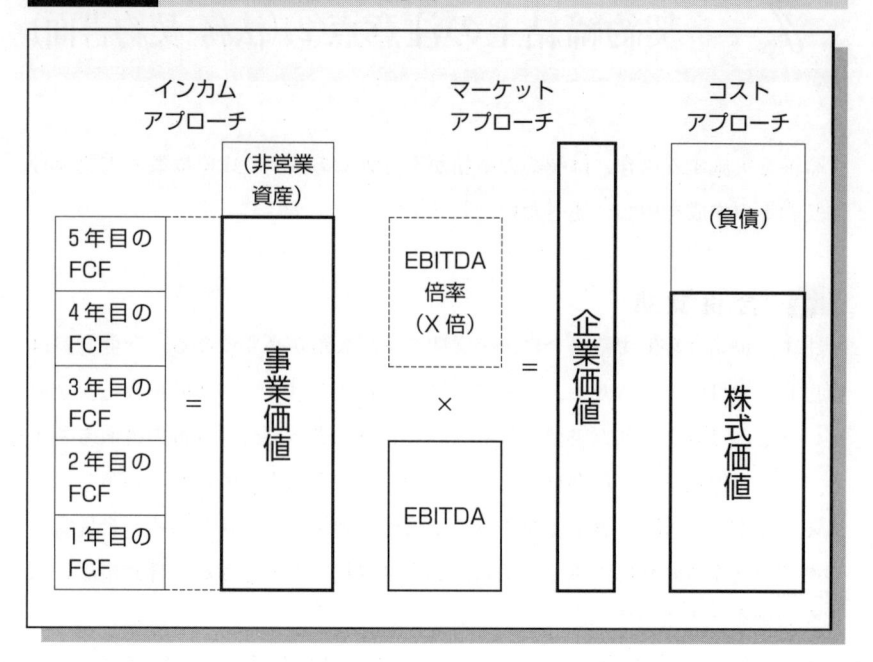

② **EBITDA 倍率法**

株価倍率法の1つである。類似会社の時価総額に負債を加えた企業価値を営業利益と減価償却費の和である EBITDA で割って求めた EBITDA 倍率を使って買収価値を算定する方法である。当該会社の EBITDA に類似会社の EBITDA 倍率をかけ，そこから純負債を控除して株式価値を求める。

③ **純資産法**

当該会社の一定時点における時価評価した総資産から負債を控除して株式価値を求める。

7 契約締結上の注意点②(法務・契約書面)

　合併を実施する場合には契約の締結が不可欠である。ここでは最も重要な合併契約書の作成を中心に述べたい。

1 合併覚書

　まず，企業は合併する場合に，企業間で意思表示が必要になる。合併覚書は意思表示が目的であるため，一般的には法的拘束力はない。法的拘束力がないということは確立された書面形式もない。企業によって合併覚書の書面もさまざまで，合併比率や存続会社すらないものや合併契約書に酷似しているものもある。しかし，近年は合併覚書の書面交換が重要視されてきている。合併覚書の書面が交換されれば，重要な項目である合併比率も公表され，株式市場に大きな影響を与えるためである。

　また，住友信託銀行対UFJホールディング事件を契機に，合併覚書の効力が問題視された。最高裁の決定では「最終的な合意が成立するか否かは，今後の交渉次第であって本件基本合意書（合併覚書）は，その成立についての期待を有するにすぎないものであることが明らかである」とされ，合併覚書には基本的に最終合意についての法的拘束力がないと判断されている。

　しかし，合併覚書の重要性が高まっているので，合併存続会社，合併比率などは明らかにした上で，覚書に拘束力を持たせたいならば，「契約した」とし罰則をつけ，拘束力を持たせたくなければ，「事実確認」とすべきである。

2 合併契約書

　企業が合併する場合には法的拘束力のある合併契約書を作成し，会社法第749条，第751条，第753条，第755条の事項を記載する。具体的には，

　① 定款の変更

図表 4-12　合併に関する会社法の条文（一部）

会社法　第749条　会社が吸収合併をする場合において，吸収合併存続会社が株式会社であるときは，吸収合併契約において，次に掲げる事項を定めなければならない。
　一　吸収合併存続株式会社及び吸収合併消滅会社の商号及び住所
　二　吸収合併存続株式会社が吸収合併に際して吸収合併消滅会社の株主又は吸収合併消滅持分会社の社員に対してその株式又は持分に代わる金銭を交付するときは，当該金銭等についての事項
　三　前号に規定する場合には，吸収合併消滅株式会社の株主又は吸収合併消滅持分会社の社員に対する同号の金銭等の割当てに関する事項
　四　吸収合併存続株式会社が吸収合併に際して当該新株予約権の新株予約権者に対して交付する当該新株予約権に代わる当該吸収合併存続株式会社の新株予約権又は金銭についての事項
　五　前号に規定する場合には，吸収合併消滅株式会社の新株予約権の新株予約権者に対する同号の吸収合併存続株式会社の新株予約権又は金銭の割当てに関する事項
　六　吸収合併がその効力を生ずる日

② 合併比率
③ 配当金および合併交付金
④ 新株予約権
⑤ 効力発生日

がある。また，任意の記載事項ではあるが，⑩善管注意義務，⑪合併条件の変更，⑫合併の解除，⑬財産の引継ぎなどがあり，記載するのが通例である。

① 定款の変更

旧商法では，どの程度までの定款変更を記載しなければならないか不明瞭であった。新会社法では存続会社と消滅会社の商号および住所を定めるだけでよくなった。しかし，通例に習い，発行予定株式の増加や取締役・監査役の員数の増加なども明記した方がよい。

合併後，存続する会社の取締役および監査役で，合併前に就任していた者は，合併契約書に別段の定めがないときは，合併後に最初に到来する定期株主総会で退職する。これは合併後，新しい株主に取締役および監査役の選任を問うた

めである。

② 合併比率

存続会社が消滅会社の株主に対し，割り当てる株式および金銭等を定める。

普通株，優先株，後配株など，株式の種類および種類ごとの数量を明記し，その算定方法も示す。近年，経営支援の第三者割当増資などによって，さまざまな権利の株式が発行された。これを受けて，旧商法より具体的な事項が盛られた。

また，これに伴って存続会社の増加すべき資本の額および準備金を記載する。消滅会社の純資産を計算するに当たっては，継承する財産の価額から，継承する債務の額，合併交付金の額および合併新株の発行に代え移転する株式につき会計帳簿に記載した価額の会計額を控除する。

社債，ストックオプション，新株予約権付社債，その他の財産で割り当てる場合には，内容，数量，金額，算定方法を定める。

合併比率は合併契約書の中で最も重要な事項であり，合併比率の算定に際して90％以上が外部機関に依頼している。記載例として「甲は合併に際して，普通株式〇株発行し，合併期日現在の乙の株式〇株につき，甲の株式〇株の割合をもって割当交付する」というようになる。

③ 配当および合併交付金

消滅会社の株主に金銭等を割り当てる場合にはその事項を定める。消滅会社の株主に株式を割り当てるのが一般的である。しかし，株式や配当に代えて合併交付金を支払うケースがある。このことは合併比率の調整の意味もある。また，合併までに配当が行われる場合には合併契約書に記載する。配当金は合併交付金の性格を持ち，過大化すると，会社の資産が流出してしまう。しかし，役員賞与金は記載を求められない。

④ 新株予約権

消滅会社が新株予約権を発行している場合に，その新株予約権に対して存続会社の新株予約権または金銭の割当てを定める。

消滅会社の新株予約権者に存続会社のストックオプションを割り当てる場合

図表 4–13　合併契約書の例

```
合併契約書（例）
　株式会社 A（以下，甲という。）と株式会社 B（以下，乙という。）とは，合併に
関し，次のとおり契約する

第1条（合併方法）　　　　　　　　　第9条（善管注意義務）
第2条（合併期日）　　　　　　　　　第10条（従業員の引継ぎ）
第3条（合併による定款の変更）　　　第11条（合併に際し就任する取締役）
第4条（合併に際して発行する株式およ　第12条（合併に承認した甲の監査役の
　　　 びその割合）　　　　　　　　　　　　　 任期）
第5条（増加すべき資本金および準備金　第13条（退職慰労金）
　　　 等）
第6条（合併承認総会）　　　　　　　第14条（解散費用）
第7条（合併交付金）　　　　　　　　第15条（合併条件の変更及び合併契約
　　　　　　　　　　　　　　　　　　　　　　 の解除）
第8条（会社財産の引継ぎ）　　　　　第16条（合併契約の効力）
　　　　　　　　　　　　　　　　　　第17条（協議事項）
```

には，内容，数，算定方法を定め，ストックオプションを買い取る場合には，金額と算定方法を示す。

また，消滅会社の新株予約権付社債に対しては，社債の債務を継承すること，社債の種類，金額，算定方法を示す。

近年，経営者および従業員に報酬としてストックオプションを付与する場合やエクイティーファイナンスの普及のもとでCB（転換社債型新株予約権付社債）の発行が多くなったため，このような項目が盛られた。

⑤　効力発生日

吸収合併がその効力を生ずる日を記載する。効力発生日が新株の割当日になり，前日が権利付最終日になる。事実上，効力発生日を基準に財産が移転される。

8 M&A 後の統合問題①（雇用面）

　M&A 後の雇用面の問題として，余剰人員の削減の問題がある。M&A 後の効率的な企業経営や企業競争力をより高めるために，余剰人員の削減措置の必要性が生じることが少なくない。

　しかし，人員削減措置の実施は，企業に雇用される労働者にとって重要な問題であり，企業の慎重かつ適切な対応が要求される。安易な人員削減措置は，雇用不安による労働意欲の低下，解雇をめぐる労使トラブルの発生，優秀な人材の流出などを招くことになる。これらは企業経営に大きな支障をきたし，最終的には M&A の実施そのものの成否に大きな影響を及ぼすことになる。

　以下では，統合後の人員削減措置としての，希望退職の募集，退職勧奨，整理解雇について概要と留意点を考察する。

1 希望退職の募集

　希望退職の募集とは，退職金の割増など通常の退職よりも有利な条件を提示し，希望退職者を募集（雇用契約解約の申込の誘引）することである。これに労働者が応募（雇用契約解約の申込）をし，使用者（会社）の承諾によって，使用者と労働者の雇用契約の合意解約が成立する。

　この場合，希望退職の募集に応募するかどうかは，労働者の自由意思によって判断される（図表 4-14 の上図）。

　希望退職の募集を実施した場合，退職金の割増など通常より有利な条件を提示するため，一時的に費用がかさむことや，募集に対し応募をするかどうかは労働者の自由であるため，削減する人員数の未達成や優秀な人材の流出による労働力の質の低下などが起こり得ることに留意が必要である。また，円滑な希望退職の募集を実施するためには，募集条件等について，労働組合や労働者に対する協議や十分な説明等の手続を経ることも必要である。

図表 4–14　希望退職の募集と退職勧奨

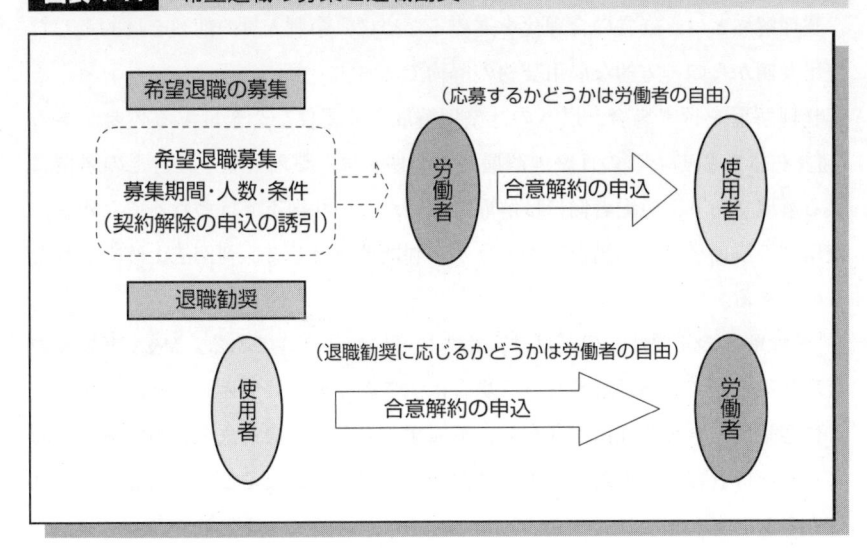

希望退職の募集

希望退職募集
募集期間・人数・条件
（契約解除の申込の誘引）

（応募するかどうかは労働者の自由）

労働者 →合意解約の申込→ 使用者

退職勧奨

（退職勧奨に応じるかどうかは労働者の自由）

使用者 →合意解約の申込→ 労働者

2　退職勧奨

　退職勧奨とは，使用者が特定の労働者に対して，退職するように勧奨（雇用契約解約の申込）をすることである。これに労働者が応じることで，雇用契約の合意解約が成立する。

　退職勧奨に応じるかどうかは，労働者の自由である（図表4-14の下図）。したがって，退職勧奨における留意点は，労働者の自由意思を尊重して行うことである。人員削減をあせるばかり，労働者に退職する意思がないにもかかわらず，退職勧奨を執拗に繰り返す，労働者の名誉や感情を害する言動を行う，強迫するなど，社会通念上の限度を超えた勧奨は違法行為として，損害賠償の対象となる場合がある。また，心裡留保，錯誤，強迫などに基づく意思表示は無効または取消しが可能とされているため，後になって，労働者との間で退職の意思表示の無効・取消しを争うということにもなりかねない。

　退職勧奨を行う際は，業務上の必要性や人員の合理性について，十分な検討と労働組合等との協議が必要である。

3　整理解雇

　整理解雇とは，経営の合理化を進めるために，余剰人員の削減を目的とした使用者側からの一方的な雇用契約の解約である。

　整理解雇を行う場合，以下の「整理解雇の4要件」を充足する必要がある（図表4-15を参照）。この「整理解雇の4要件」は，整理解雇が経営上の事情による解雇であり，労働者側には解雇の原因がない状況下で行われることから，使用者の解雇権濫用に当たるかどうかの判断基準として，判例法上確立されたものである。

　「整理解雇の4要件」の充足は，相当に高いハードルである。M&A実施後の合理化策としての整理解雇を行う場合は，この4要件に照らし，解雇とすることに客観的・合理的理由が存在し，解雇することが社会通念上相当であると認められなければ，整理解雇は解雇権濫用として無効となることに留意しなければならない。

①　人員削減の必要性

　人員削減の必要性とは，経営不振や不採算部門の閉鎖・縮小など，人員削減の実施が，相当に高度な経営上の必要性が存在することである。したがって，企業の財政状況に全く問題がない場合，整理解雇に前後して新規採用を行う場合など明らかに人員削減の必要性と矛盾する場合は否定される。

②　解雇回避努力義務の履行

　解雇回避努力義務の履行では，使用者は整理解雇を行う前に，経費削減，希望退職の募集，配置転換・出向など他部門や関連会社での活用を検討するなど，解雇を回避するための十分な努力を行ったかどうかが求められる。整理解雇は，解雇回避努力を尽くしたにもかかわらず，避けることのできない最後の手段である。

③　被解雇者選定の合理性

　被解雇者選定の合理性とは，客観的に合理的な選定基準により公正に適用することである。選定基準としては，勤務成績，勤続年数，企業に対する貢献度，年齢，家計への影響などあるが，選定の公正さも含めて労使間で協議をし，納得を得ることが必要である。

図表4-15 整理解雇の4要件

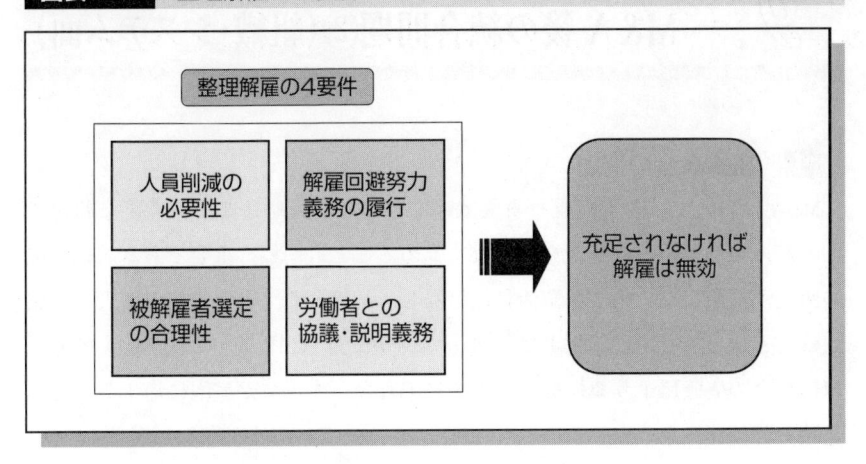

```
整理解雇の4要件
  ┌─────────────┬─────────────┐
  │ 人員削減の   │ 解雇回避努力 │
  │  必要性      │ 義務の履行   │
  ├─────────────┼─────────────┤   ⇒  充足されなければ
  │ 被解雇者選定 │ 労働者との   │      解雇は無効
  │ の合理性     │ 協議・説明義務│
  └─────────────┴─────────────┘
```

④ 労働者との協議・説明義務

　労働者との協議・説明義務では，労働者の納得を得るための十分な協議・説明を行うことが使用者に求められる。協議・説明の内容としては，M&Aの実施の目的と実施の必要性，整理解雇の実施時期，人員削減の規模，選定基準などがある。

　以上，M&A実施後の人員削減措置として，希望退職の募集，退職勧奨，整理解雇について概要と留意点を考察してきた。それぞれ慎重かつ適切に実施するためには，さまざまなプロセスや要件をクリアーしなければならない。

　企業は人によって組織されている。そして，企業価値の創造においても企業で働く労働者が大きな役割を担っている。したがって，慎重さや適切さを欠く安易な人員削減は，企業経営やM&Aの実施そのものに大きな支障をきたすことになる。労働組合や労働者と十分な協議のプロセスを経て，労働者の理解・納得・協力を得ることにより，スムーズなM&Aの実施を行うことができるとともに，慎重かつ適切な人員削減措置を行うことで，M&A実施後の効率的な企業経営や競争力をより高めることが可能となる。

⑨ M&A後の統合問題②（組織・システム面）

1 組織統合の問題

　M&Aにおいて，資本構成や事業戦略などの経営戦略は非常に重要な問題であるが，現場での組織統合を障害なく進めることも同様に重要である。統合後の組織が機能しない限り企業活動は停滞し，結果として企業価値の増大を達成することはできない。経営者は，机上でいかに万全に計算されたM&Aでも，組織統合の失敗により組織機能が不全に陥れば，すべてが気泡に帰することを見積らねばならない。

　では，どのような点に留意すれば，組織統合を円滑に進め，M&Aを成功させることができるのか。本節では，M&A後の組織統合問題を，人事制度統合，システム統合，社風統合という3つの視点から，実例を取り上げながら検証する。

　まず，人事制度の統合について検証を行う。事例として日本航空と日本エアシステムのM&Aを取り上げてみる。日本航空と日本エアシステムは経営統合後の2003年度，約700億円の巨額赤字を計上するに至った。その原因の1つと指摘されているのが，同じ会社でありながら日本航空の従業員と旧日本エアシステムの従業員の給与体系が同一ではないという，歪(いびつ)な人事制度の問題である。この問題は従業員からやる気を奪い，会社全体の閉塞感を生み出し，度重なる社内派閥抗争と，航空トラブルを引き起こしている主要因といわれている。しかしながら，航空事業とは人命に関わるものであり，顧客にとっては非常に迷惑な話しである。企業価値の増大どころか，従来の組織の活力と空の安全までも崩壊させたこのM&Aは，経営者側が人事制度を重要視しなかった結果とはいえ，お粗末な事例といえる。

　一方，組織統合を成功させている企業は，概ね人事制度問題を早期に解決している。明光証券とナショナル証券が経営統合して誕生した明光ナショナル証

図表 4-16　3要素による円滑な組織統合が M&A 成功への鍵

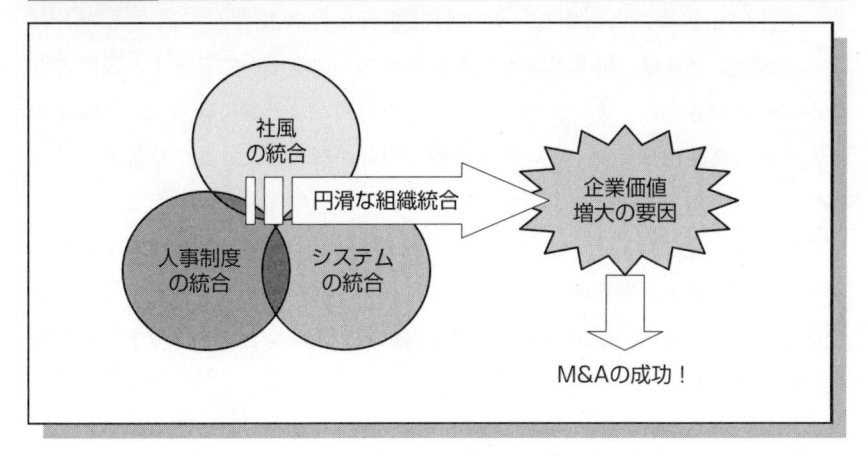

- 社風の統合
- 人事制度の統合
- システムの統合
- 円滑な組織統合 → 企業価値増大の要因 → M&A の成功！

券では，買収されたナショナル証券出身者が不当な人事を受けないことを目的に，新会社として早々に新しい人事制度を構築した。そのため，円滑な組織統合が進められ，結果として，2001年度の経常利益は12億円を計上し，企業価値の増大を達成している。

当然，人事制度のみが組織統合の成否要因にはならないが，事前に熟考された盤石な人事制度が，M&A の成功要因になっていることは明らかである。

2　システム統合の問題

システム統合における事例といえば，みずほフィナンシャルグループのシステムトラブルが記憶に鮮烈である。みずほフィナンシャルグループは，統合直後のシステムトラブルで早々に市場の信用を失った。

失敗の原因の1つに，第一勧業銀行のシステムと富士銀行のシステムをそのまま残した上で，それら個別の情報を単に繋ぎ合わせるという不安定なシステムを構築したことがあげられる。M&A におけるシステム統合では，どちらかのシステムに集約するのが基本であり，双方のシステムを中途半端に残してはならないことは公知の事実である。また，この背景には，第一勧業銀行のシステムと富士銀行のシステム部門同士の内部争いも，問題点として指摘されてい

る。

　一方，三和銀行，東海銀行，東洋信託銀行が経営統合して誕生したUFJホールディングスは，経営統合が発表された後，すみやかにシステム部門の方針が明確に示された。また，基本的に三和銀行のシステムに統一し，そのシステムを共に高度化していくという具体的な方針が取られた。この結果として，UFJホールディングスは，システム統合におけるトラブルがほとんどなかった。

　このように見ていくと，システム統合を成功させるためには，M&A発表後すみやかにシステム統合の方針を打ち出し，その部門責任者を決定することが大切な戦略といえる。システム統合の成否にも，組織統合における事前の人事戦略が大きく影響しているのである。

3　社風統合の問題

　社風とは企業によって千差万別であり，数値化することが困難な指標である。しかしながら，この社風が組織統合に大きく影響し，M&Aの成否に関わることは一般的な感覚として理解できるだろう。

　日本電産グループは，M&A後の組織統合における経営者の指導が徹底しているので，その一例を紹介してみる。日本電産グループは，猛烈に働くことが社風となっている。M&Aで買収した会社の営業に対しては，社長自ら日本電産で行っている月100件の訪問をするよう指示を出すという。一見すると強権的に思えるが，このような独特な社風が，M&A後の円滑な組織統合を支えているのである。

　他方，秩父小野田セメントと日本セメントが経営統合し，太平洋セメントが誕生したが，野武士の秩父小野田セメント，官僚の日本セメントという社風の相違が，組織統合の最大難関であった。しかしながら，この両社は見事に組織統合を成功させ，企業価値の向上を果たすことができた。その成功要因の1つに，経営トップ自らが両社の価値観を認め合うため，社内融和研修会を実施したことがあげられる。

　日本電産のケースは，M&Aによって経営統合された企業側が日本電産の社

図表 4-17　組織統合を成功させるためのポイント

- **人事制度の統合**
  公平な人事制度を，組織統合の初期段階に導入すること。

- **システムの統合**
  双方の会社のシステムを中途半端に活かすのではなく，思い切って一方のシステムに集約すること。

- **社風の統合**
  双方の社風を尊重するための研修会開催，もしくは，一方の社風に合わせる方法などがあるが，いずれの場合も M&A を成功させるために，経営 TOP が強力なリーダーシップを発揮すること。

風にすべてを合わせるという組織統合を行っている。一方，太平洋セメントのケースは，双方の社風を尊重し，融和させていく方法を取っているが，いずれのケースも経営トップが先導して組織統合を進め，組織の統合を従業員に熱く語りかける点では共通している。

　John P. Kotter（1999）は，経営者のリーダーシップを「ビジョンと戦略を作り上げ，社員のやる気を引き出すことでビジョンと戦略を遂行すること」と定義した。まさに，M&A においても経営者が率先し，新たなビジョン，組織統合のための人事制度，システム統合など明確な指針を示し，強力なリーダーシップを発揮することが重要である。

コラム⑤　駆け引きで決する買収交渉

　2005年に世間の注目を集めた「ニッポン放送VSライブドア」などの大型案件のみならず，中小企業同士の小規模なM&Aにおいても，クロージング（M&A案件の成約）までの道のりは想像を絶する厳しさで満ちている。

　多くのM&A案件では，「売り手」，「買い手」双方が会計，税務，法務等の専門家から成るチームを組み，双方にとって最も「都合の良い」条件での成約を目指して不断の努力が続けられる。当然，多くの場合，「売り手」は1円でも高い値で売ることを望み，「買い手」は1円でも安い値で買うことを望む。この一見すると交わりそうにない「買い手」，「売り手」が激しくぶつかりあいながらクロージングに向けて交渉を進めていく。

　近年の企業業績の改善により，多くの企業がM&Aを事業目標達成のための戦術として積極的に活用しはじめている。現在のM&A市場では，「売り手」の数に対して「買い手」が圧倒的に多い状況が続いている。しかも，「いい案件」があればM&Aに向けて動くことも有り得る潜在的な「買い手」はかなりの数にのぼるはずである。この「売り手」優位のM&A市場において，さらに「買い手」側の交渉を厳しくするのが，「売り手」側ファイナンシャルアドバイザーの存在である。彼らは，M&Aの成約による成功報酬を事業の糧にしているM&Aのプロ中のプロである。成約金額に対する成果報酬を受け取ることが多い彼らにとっては，1円でも高い値段で「売り手」企業を売却することが，成功報酬としての自身への報酬につながるのである。

　そのため，少しでも高値で買う可能性のある良い「買い手」を見つけ出し，時には複数の「買い手」を競わせる「入札」を行い，「売り手」に優位な条件を引き出そうとする。「入札」方式のM&A案件は，案件に取り組む「買い手」側にとって，大変厳しいものとなる。自分たち以外の「買い手」が一体誰なのか見当がつかず，時には，存在しない「競合」と競うことすらあるのだ。作業は期限が区切られることもあり，夜通しの作業が強いられる。「売り手」，「買い手」双方の専門家同士が知力と経験と体力を注ぎ込み，案件の成約に向けて走るのである。それにも関らず，成約しない案件が大半である場合が多いのであるが…。

Chapter 5
中小企業の M&A

1　中小企業の M&A の件数

2　中小企業の M&A の目的

3　中小企業の M&A の実態とその手法

4　中小企業の M&A の企業評価

5　中小企業の M&A の今後

コラム⑥　中小企業の M&A の
　　　　　　仲介手数料は高い？

1 中小企業のM&Aの件数

1 中小企業のM&Aは行われているか

　ここ数年，M&Aが注目されており，ニュースや新聞などではM&Aに関する出来事が数多く取り上げられている。M&Aの総数はM&A仲介会社の㈱レコフによれば，2005年では2,725件と過去最高を記録している。これらのM&Aに関しては，一般的に大企業における出来事として理解されるケースが多い。その一方で中小企業のM&Aに関しては，メディアで取り上げられることは少ない。

　それでは，中小企業のレベルではM&Aは行われていないのであろうか。確かに中小企業が行っているM&Aの正確な実数は把握できていない。しかし，中小企業庁が2004年11月に発表した資料によると，中小企業が関係しているM&Aは2,000件近くか，もしくはそれを上回るものと報告されている。また2000年に中小企業総合事業団が行った調査によると，590社中49社，8.35%の中小企業がM&Aを経験したことがあると回答している。また，同調査によればM&Aに関心がある中小企業は50%に上っているが，その一方でM&Aに対して全く関心がないと回答している企業も全体の約4分の1を占めている。

　なお，本書で中小企業基本法において規定された企業を中小企業として扱う。同法では資本金基準と従業員数基準が設けられ，どちらか一方の基準を満たす企業を中小企業としており，本書はそれに準拠した。

2 未上場企業（中小企業）のM&Aの数

　そこで，中小企業ではないが未上場企業が絡んだM&Aの数値を利用してみることにする。未上場企業とは，証券取引所などに上場していない企業のことをいう。まず，M&A全体の件数の推移を見てみると，総数では1997年753件，1998年834件，1999年1,169件，2000年1,635件，2001年1,653件，2002

図表 5-1 未上場企業関連 M&A 件数推移

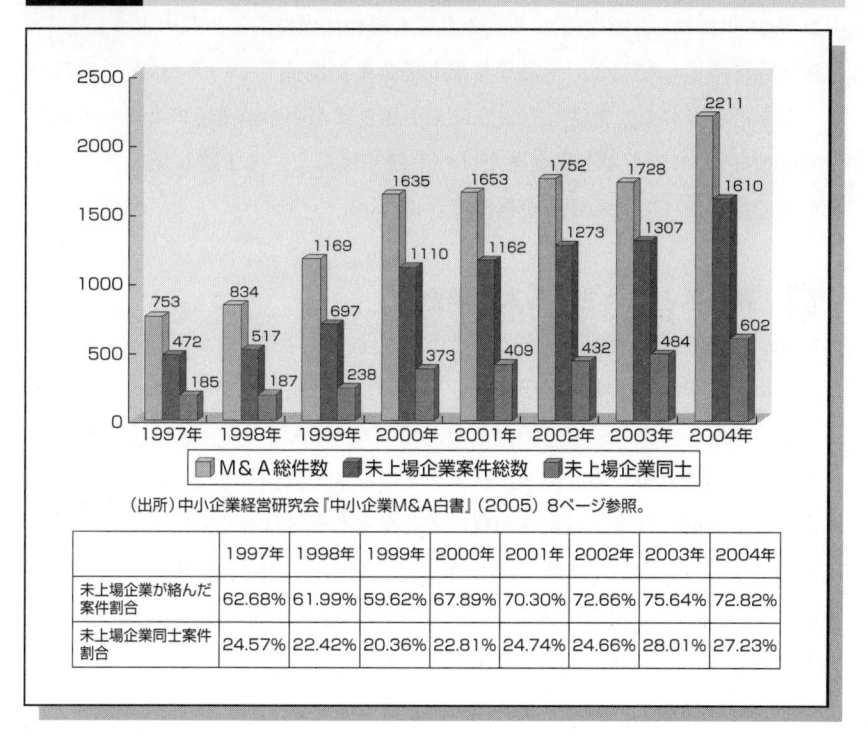

	1997年	1998年	1999年	2000年	2001年	2002年	2003年	2004年
M&A総件数	753	834	1169	1635	1653	1752	1728	2211
未上場企業案件総数	472	517	697	1110	1162	1273	1307	1610
未上場企業同士	185	187	238	373	409	432	484	602

（出所）中小企業経営研究会『中小企業M&A白書』(2005) 8ページ参照。

	1997年	1998年	1999年	2000年	2001年	2002年	2003年	2004年
未上場企業が絡んだ案件割合	62.68%	61.99%	59.62%	67.89%	70.30%	72.66%	75.64%	72.82%
未上場企業同士案件割合	24.57%	22.42%	20.36%	22.81%	24.74%	24.66%	28.01%	27.23%

年1,752件，2003年1,728件，2004年2,211件となっている（図表5-1）。

そのうち，未上場企業が買収側もしくは売却側のどちらかに関わっている案件を見てみると，実数では1997年472件，1998年517件，1999年697件，2000年1,110件，2001年1,162件，2002年1,273件，2003年1,307件，2004年1,610件となっている。未上場企業が絡んだ案件の割合を見てみると，1997年の段階では全体の62.68%であったが，2004年には72.82%を占めるまでに増加している。

次に未上場企業同士のM&Aの件数推移を見ると，1997年185件，1998年187件，1999年238件，2000年373件，2001年409件，2002年432件，2003年484件，2004年602件となり，7年間で3倍以上にまで増加している。また，

未上場企業同士のM&Aの全体に占める割合は1997年には24.57%だったものが2004年には27.23%となり，こちらも増加傾向にある。このようにM&Aの総件数は増加しており，そのうち未上場企業が関係しているM&Aの件数が約7割を占めている。前述したように未上場企業が中小企業そのものを表すものではないが，M&Aが上場企業だけの手法ではなく，未上場企業を含めて中小企業にも広まっていることが推測できよう。

3　売り手となっている未上場企業

では，具体的に未上場企業がどのような企業を相手にM&Aを行っているのだろうか。まず，未上場企業がM&Aを行う際の相手として最も多いのは未上場企業である。つまり，未上場企業の関連したM&Aでは，未上場企業同士で行うケースが最も多いのである。次に未上場企業が買い手となった場合を見てみると，全体的には未上場企業が買い手となるケースは少ない。その中でも東証1部企業などが売り手となる数が多く，全体の4.10%を占めている。次に多いのが外国企業／海外法人で3.25%，JASDAQ上場企業1.23%，マザーズ上場企業0.30%，ヘラクレス上場企業0.29%となっている。

このように見ると，未上場企業が買い手となるケースは，未上場企業同士の場合を除くと，全体の9.17%となる（ここで，JASDAQとは㈱ジャスダック証券取引所が開設している証券市場で，かつては店頭登録市場などといわれていた。またマザーズとは東京証券取引所内に設置された新興企業向けの市場であり，東証1部・2部よりは上場基準が緩く設定されている。ヘラクレスとは㈱大阪証券取引所にある中小・中堅・ベンチャー企業向けの証券市場のことである）。

一方，未上場企業が売り手となるケースを見ていくと，買い手企業が「東証1部企業など」であるケースが最も多く22.02%となり，次に「JASDAQ上場企業」が7.12%，「外国企業／海外法人」が4.35%，「東証マザーズ上場企業」が1.45%，「大証ヘラクレス上場企業」が1.43%となっている。未上場企業同士を除くと，未上場企業が売り手となる割合は36.37%となる。先ほどの未上場企業が買い手となる割合と比較すると，未上場企業が売り手となる割合の

図表 5-2　未上場企業が関連した M&A の相手企業

買い手	売り手	1999年	2000年	2001年	2002年	2003年	2004年	合計	構成比
未上場	東証1部など	29	34	49	93	97	114	416	4.10%
	JASDAQ	7	11	15	13	28	51	125	1.23%
	東証マザーズ	0	0	6	3	7	14	30	0.30%
	大証ヘラクレス	0	1	0	6	11	11	29	0.29%
	外国企業/海外法人	44	73	56	64	42	51	330	3.25%
		238	373	409	432	484	602	2,538	25.01%
東証1部など	未上場	240	382	381	397	389	446	2,235	22.02%
JASDAQ	未上場	68	115	113	140	138	149	723	7.12%
東証マザーズ	未上場	0	7	19	18	20	83	147	1.45%
大証ヘラクレス	未上場	0	3	25	30	41	46	145	1.43%
外国企業/海外法人	未上場	71	111	89	77	50	43	441	4.35%
合　計		697	1,110	1,162	1,273	1,307	1,610	7,159	70.55%
M&A 総件数		1,169	1,635	1,653	1,752	1,728	2,211	10,148	100.00%
未上場企業がからむ割合		59.62%	67.89%	70.30%	72.66%	75.64%	72.82%	70.55%	

出所：㈱ちばぎん総合研究所『中小企業を中心とした M&A の現状と活性化への提言』(2005) 7ページ参照。合計数字を修正してある。

ほうが大きい。

　また，年度別の未上場企業が絡んだ M&A 数の推移を見ていくと，1999年に238件だったものが年々増加し，2004年には602件となり1999年の約2.5倍になっている。このことから，上場企業が未上場企業に着目し，M&A という手法を利用して買収するケースが多いことが伺える。その一方で中小企業が多くを占める未上場企業は，M&A においては売却する側に立っているケースが多い。

　たしかに事業拡大を目指すために買収する側となる中小企業も存在するであろう。しかし，多くの場合，中小企業の経営者は企業を売却するという出口戦略として M&A を利用している。これまで中小企業の経営戦略として注目されてこなかった M&A がより身近なものとなり，出口戦略を目的とした M&A が中小企業では増加していると認識してよいであろう。

2　中小企業のM&Aの目的

1　一般的なM&Aの目的

　一般的になぜM&Aを行うのかという目的は，同業種とのM&Aによる規模の経済性の追求，仕入先および販売先との垂直統合，自社の経営資源を補うため，余っている資金の活用手段，シナジー効果を追求する手段，新分野進出など多角化を目指すものなどがあげられる。

　これまでのM&Aを行う際に背景にあったものは，不振企業の救済型といわれるM&Aであった。経営状況が悪化している企業や倒産しそうな企業を，取引先や関連する会社が救済する手段としてM&Aを利用する場合が多く見られた。しかし，最近のM&Aは旧来とは異なり，戦略的な経営手法としてM&Aを用いるように変貌している。この戦略的とは何を意味するかというと，成長するための手段として，自社の技術力を強化するため，そして新たなビジネスチャンスを獲得するためといった，積極的な目的でM&Aを利用するということである。このような目的でM&Aを行う企業が増加しているのである。

　このようにM&Aの目的や背景が変化してきている要因として，企業が自社の価値向上を迫られていることがあげられる。株主価値経営のもと株式市場からの圧力により企業価値向上を行わねばならず，その向上のための手段としてM&Aが用いられていると理解できる。

2　中小企業のM&Aの目的

　では，中小企業のM&Aの目的は一般的なM&Aの目的と同じなのであろうか。実は中小企業のM&Aには，一般的なM&Aが行われる背景とは大きく異なった点がある。先ほど見た一般的なM&Aの場合，特に買い手側の視点に立った場合の目的であった。しかし，中小企業がM&Aを行う際の目的を考える場合，買い手だけではなく売り手の立場に立った視点も必要であり，それぞ

図表 5-3 中小企業の M&A の目的

（買い手の目的）	（売り手の目的）
技術獲得等による部門強化	後継者不足対策
販売シェアの拡大	不採算事業のリストラ
新分野進出	資金調達
救　　済	グループ傘下に入り生き残り

れ分けて考えなくてはならない。そして，とくに中小企業の場合，売り手の企業が抱えている問題こそが M&A に注目が集まる背景なのである。

　まず買い手の目的を見ると，技術獲得等による部門強化があげられる。これは自社に不足している技術やノウハウを他社が有している場合，その企業を買収することで自社の限定的な経営資源を補うことが可能となる。また，同業種の M&A の場合，販売シェアの拡大を図り売上高の向上を目指すために行われるケースがある。同業種だけではなく他業種の企業による M&A の場合は，新分野進出・新事業開拓を行い事業の拡大を目指すケースもある。そして従前どおりの取引先企業の救済を目的として行われる場合もある。この他には，人材の確保や新顧客の獲得，工場や土地などの資産の取得，信用力の向上などを目的として M&A を行っている。

　一方，売り手の目的を見ると，最も多いのは後継者問題の解消策として M&A が行われていることがあげられる。一般的な M&A の目的と中小企業の M&A の目的の大きな違いは，この「後継者難の対策」として M&A が用いられるということである。中小企業の約 20% にあたる中小企業は「後継者がいない」といわれている。『中小企業白書 2005 年版』によれば全国の中小企業は約 470

万社あり、それに基づいて単純に計算すると、実に90万にのぼる中小企業が後継者不足に直面していることになる。後継者不足によって廃業するよりも企業を売却することで事業そのものは継続し、また従業員の雇用問題も解決できるため、中小企業の経営者はM&Aに注目しているのである。

後継者対策を目的としたM&A以外には、不採算事業を本業から切り離すことを目的としたもの、新たな事業を行うために必要な資金を得るため、もしくは業況が悪い部門への資本注入というためにといった資金調達を目的としたもの、そして、株式を売却することで売却先のグループの傘下に入ることで、その企業の生き残りを図ることを目的としたものなどがあげられる。

3 中小企業のM&Aの売り手のメリット

中小企業がM&Aを行った場合、次のようなメリットが考えられる。この場合も売却側・買収側に分けて考えてみることにする。

売却する側の中小企業のメリットとしては、まず経営者の引退が可能となる。先ほども見たように、中小企業では後継者不足で廃業を余儀なくされているケースが多く存在している。そのような中小企業の経営者にとっては、順調に営んでいる企業を廃業することは本意ではなく、また、経済全体から見てもそれは損失となる。M&Aを利用すれば、こういった企業を廃業ではなく売却することで存続ができ、結果的に後継者問題も解消することが可能となる。

また、M&Aを利用することにより、本業への特化を促進し不採算部門のリストラが可能となる。かつて本業以外に多角化を行って事業を拡大していた企業が、現在はその多角化した部門が芳しくないような状況となり、その事業を売却することで本業に集中・専念する、つまり選択と集中が可能となる。

そして、企業を売却することにより創業者利得を獲得することもできる。創業当時よりも企業価値が高まっている場合には、その上昇した分との差額を手に入れることができ、経営者にとっては大きな収入になるケースもある。

図表 5-4 中小企業の M&A の目的は後継者対策

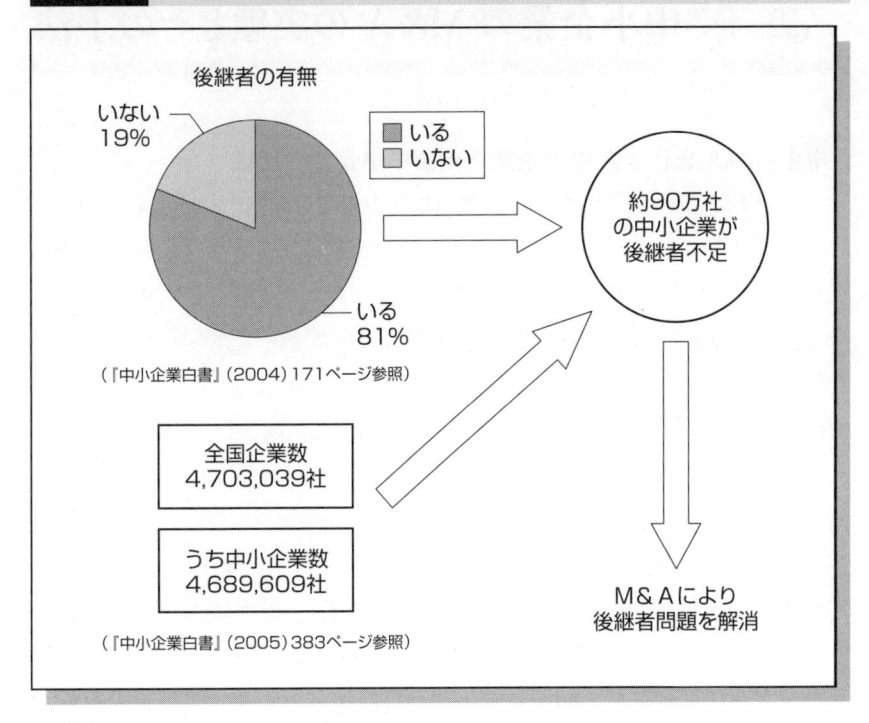

後継者の有無
- いる
- いない

いない 19%
いる 81%

(『中小企業白書』(2004) 171ページ参照)

全国企業数
4,703,039社

うち中小企業数
4,689,609社

(『中小企業白書』(2005) 383ページ参照)

約90万社の中小企業が後継者不足

M&Aにより後継者問題を解消

4　中小企業の M&A の買い手のメリット

　買収する中小企業のメリットとしては，まず時間の節約が可能となる。新分野に進出する場合，新たに事業を起こして，その事業が成長・発展するまでには時間が必要となる。買収することにより，その成長・発展するまでの時間の節約が可能となる。買収する企業は，事業や企業を買うと同時に"時間"も買っているといってよいだろう。

　また，ゼロから新しい事業を行う場合，それなりのリスクを伴うことがある。事業として成り立つかどうか不明確なリスクを冒すよりも，既に立ち上がっている事業を買収することで，ある程度軌道に乗っている事業を手に入れることが可能となり，新規事業を行う際のリスクを少しでも軽減することができるのである。

3 中小企業のM&Aの実態とその手法

1 M&Aを行った中小企業と全国中小企業の比較

　中小企業がM&Aを行う際には，どの程度の規模の企業が行っているのかをここでは見ていくことにする。そこで，中小企業経営研究会『中小企業M&A白書』の中で取り上げられている事例をサンプルとして集計し，M&Aを行った企業の平均値を算出した。またそれと比較するために，全国の中小企業の平均値を算出することにした。全国の中小企業の平均値を算出するために，国民生活金融公庫総合研究所『2005年版中小企業経営状況調査』の数値を利用した。

　M&Aを行った中小企業の平均値は，買収側では資本金3,795.79万円，売上高77.17億円，従業員数169.24人である。また売却側では資本金2,010.70万円，売上高13.43億円，従業員数40.26人である。一方，全国の中小企業の平均値は，2004年度の数値で資本金1,175.70万円，売上高は3.14億円である。

　次に，M&Aを行った中小企業を買収側と売却側とで比較してみると，買収側の企業が資本金で約1.89倍，売上高では約5.75倍，従業員数でも約4.20倍となっており，売却側の企業よりも規模が大きくなっている。これから分かることは，中小企業では買収する企業は比較的規模が大きく，売却する企業は買収側に比べると規模が小さいということである。

　さらにM&Aを行った中小企業と全国の中小企業の平均値を比較してみると，買収した企業では全国平均と比較して資本金で約3.23倍，売上高では約24.58倍となり，売却した企業では資本金で約1.71倍，売上高で約4.28倍となっている。つまり，M&Aを行っている中小企業は，買収する側，売却する側双方とも全国平均よりも資本金・売上高ともに規模が大きいことが分かる。中小企業がM&Aを行う際には，買収側もしくは売却側のどちらにしろ，ある程度成長し，それなりの規模を有していることが必要となってくる。

図表5-5　中小企業でM&Aを行った企業の業種

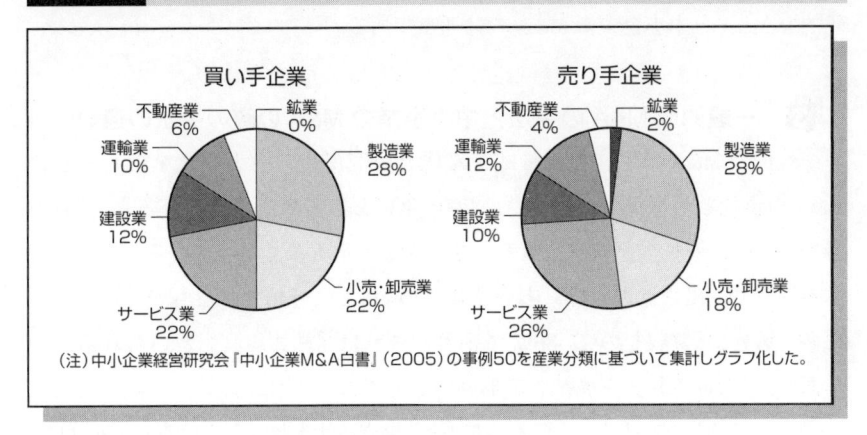

買い手企業
- 不動産業 6%
- 鉱業 0%
- 製造業 28%
- 運輸業 10%
- 建設業 12%
- サービス業 22%
- 小売・卸売業 22%

売り手企業
- 不動産業 4%
- 鉱業 2%
- 製造業 28%
- 運輸業 12%
- 建設業 10%
- サービス業 26%
- 小売・卸売業 18%

（注）中小企業経営研究会『中小企業M&A白書』（2005）の事例50を産業分類に基づいて集計しグラフ化した。

2　M&Aを行った企業の業種

　全体でM&Aを行った企業の業種を前出の『中小企業M&A白書』の2004年の数値で見てみると，買収側ではサービス業が最も多く25.17％，続いて製造業21.59％，小売・卸売業が19.68％，金融業18.19％，運輸業が4.99％となっている。売却側ではサービス業が29.51％，製造業が27.20％，小売・卸売業が20.04％，金融業が5.44％，鉱業が5.08％と続く。このように見ると，M&A全体では買収する企業，売却する企業ともにサービス業が最も多く，続いて製造業が多いことが理解できる。

　一方，前出の『中小企業M&A白書』の事例を集計し，中小企業でM&Aを行った業種を分類してみると，買収した企業では，製造業が28.0％と最も多く，続いて小売・卸売業22.0％，サービス業22.0％，建設業12.0％，運輸業10.0％，不動産業6.0％となっている。また，売却側の業種を見てみると，こちらも製造業が最も多く28.0％，続いてサービス業26.0％，小売・卸売業が18.0％，運輸業12.0％，建設業が10.0％，不動産業4.0％，鉱業が2％となっている。このように見ると，M&A全体では買収側，売却側双方ともサービス業に属する企業が多く行っていたが，中小企業では買収側，売却側双方とも製造業に属する企業がM&Aを行っている点が特徴といえる。また，順位は

異なるが，上位3業種が，製造業，サービス業，小売・卸売業ということが一般的なM&Aと中小企業のM&Aの共通点である。

3　一般的なM&Aの手法と中小企業のM&Aの際の手法の違い

一般的なM&Aの手法を㈱ちばぎん総合研究所の『中小企業を中心としたM&Aの現状と活性化への提言』の2004年における数値で見てみると，「資本参加」と「出資拡大」を合わせると37.77%と最も多くなっている。この「資本参加」や「出資拡大」は，広い意味でのM&Aに分類されるものである。次に多いのが，「買収」の37.36%であり，これは「株式譲渡」といわれるものであり，いわゆる株式を売却する形態のことである。次に「営業譲渡」の21.53%，「合併」の3.35%と続く。「資本参加」と「出資拡大」という広い意味でのM&Aを除いて，「合併」・「営業譲渡」・「株式譲渡」という狭義のM&Aでその推移を見ていくと，「株式譲渡」が最も多く，しかも年々増加傾向にある。しかし，「合併」や「営業譲渡」は減少傾向にあり，とくに「合併」に関しては2004年には3.35%にまで落ち込んでいる。なお，各形態の詳細については別途，第2章を参照していただきたい。

次に，中小企業のM&Aの際に用いられる手法を狭義のM&Aの手法で見ていくことにする。中小企業の場合，M&Aの際に用いる手法は限定されているといってよい。例えば，中小企業の株式は上場企業とは異なり，市場において流通していないので，市場で株式を購入することやTOBを行うことなどは不可能である。また，合併や会社分割なども許認可の申請など手続が煩雑になるため用いられることが少ない。よって，中小企業のM&Aで多く用いられる方法は「株式譲渡」と「営業譲渡」に絞られる。

ここでは，前出の『中小企業M&A白書』と大阪商工会議所で行われた事例を合算しサンプルとして具体的な数値を見てみよう。サンプルを集計した結果，中小企業のM&Aの手法で最も多いのは「株式譲渡」で71.88%となる。続いては「営業譲渡」の14.06%となり，「合併」は3.13%に過ぎず，会社分割もほとんどない。このように見ると，中小企業のM&Aの際に用いられる手法は

図表 5-6　M&A の種類と中小企業が利用する手法

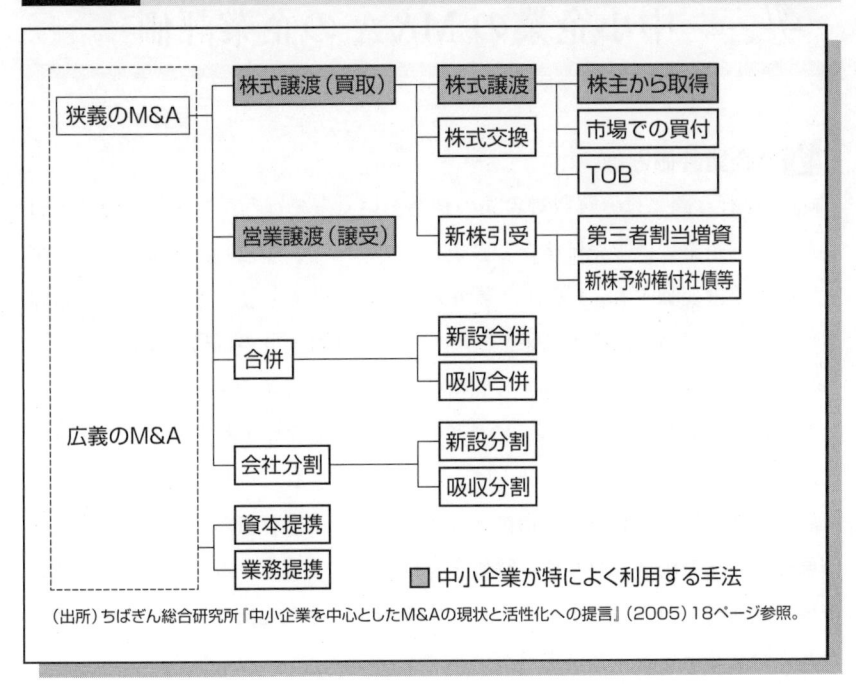

```
                ┌─ 株式譲渡（買取）─┬─ 株式譲渡 ─┬─ 株主から取得
狭義のM&A ──────┤                    │            ├─ 市場での買付
                │                    │            └─ TOB
                │                    └─ 株式交換
                │
                └─ 営業譲渡（譲受）─── 新株引受 ─┬─ 第三者割当増資
                                                  └─ 新株予約権付社債等

広義のM&A ──────┬─ 合併 ─────────┬─ 新設合併
                │                 └─ 吸収合併
                │
                ├─ 会社分割 ─────┬─ 新設分割
                │                 └─ 吸収分割
                │
                ├─ 資本提携
                └─ 業務提携
```

■ 中小企業が特によく利用する手法

(出所) ちばぎん総合研究所『中小企業を中心としたM&Aの現状と活性化への提言』(2005) 18ページ参照。

ほとんどが「株式譲渡」によるものである。

　中小企業はそもそも規模が小さいため資本金が少なく，また株主が経営者に限定されているケースが多いため，買収側は株主（経営者）から株式を直接購入することになる。企業の株式を購入することにより，買収する企業はそのまま子会社化を実現できるし，売却する側は会社自身が存続するために，従業員の雇用を確保することも可能となる。この点が「株式譲渡」が多い理由と考えられる。また，「営業譲渡」が相対的に少ないのは，規模の面から考えた場合，中小企業では，そもそも譲渡可能な事業を複数所有しているケースが少ないと考えられる。よって，中小企業の中でも複数事業を有していて，不採算事業のリストラを視野に入れる場合は，営業譲渡を利用することが考えられる。

4 中小企業のM&Aの企業評価

1 企業評価とは

　M&Aを行う際には，買収対象先の企業をいくらで買うかを試算しなくてはならない。企業には販売価格など設定されておらず，また時期や地域によってもその価格は変動する。100社企業があればその企業を取り巻く環境や状況はすべて異なっており，その結果，すべて違った100通りの価格が設定されることになり，どれ1つ取っても同じ価格にはならないはずである。このように企業がどのくらいの価値を持っているか，"値段"を計算する作業のことを「企業評価（Valuation）」という。例えば，市場に上場されている企業の場合，その株価が企業の価値を算出する指標と考えて，株価に発行済みの株式数を掛ければ単純に現在の価格，いわゆる時価を算出することができる。しかし，株式が市場で流通していない中小企業を買収する場合，その企業にどのくらいの価値があるかを算出することは重要なテーマとなる。

2 一般的な企業評価の方法

　企業の価値を評価するにはいくつかの方法がある。大きく分けると，企業の純資産価値を基準に計算する方法（コストアプローチ），企業が将来得られるであろう収益を予測し計算する方法（インカムアプローチ），株式市場において取引されている企業の株価を参考にして計算する方法（マーケットアプローチ）の3つに分類することができる。

　コストアプローチには，簿価純資産価値方式や時価純資産価値方式，清算価値方式などがある。インカムアプローチには，収益還元方式，配当還元方式，DCF方式（Discounted Cash-flow Method），超過収益還元方式，APV方式（Adjusted Present Value Method）などがある。マーケットアプローチには，類似業種比準方式や類似会社比準方式などがある。このうち一般的なM&Aの際に用いられ

図表 5-7　中小企業の企業評価の算出方法

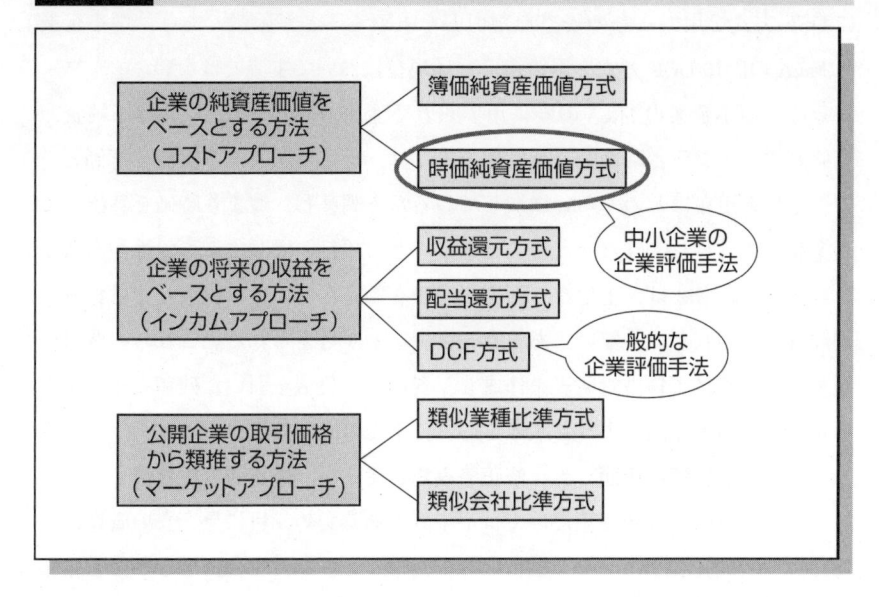

- 企業の純資産価値をベースとする方法（コストアプローチ）
  - 簿価純資産価値方式
  - 時価純資産価値方式 ←（中小企業の企業評価手法）
- 企業の将来の収益をベースとする方法（インカムアプローチ）
  - 収益還元方式
  - 配当還元方式
  - DCF方式 ←（一般的な企業評価手法）
- 公開企業の取引価格から類推する方法（マーケットアプローチ）
  - 類似業種比準方式
  - 類似会社比準方式

る企業評価の手法は DCF 方式である。DCF 方式とは，買収しようとする企業の価値を，その企業が将来得られるであろうフリーキャッシュフローを算出し，さらにそのキャッシュフローを現在価値に計算しなおす，つまり割引くという方式であり，どの数値で割引くかというと，加重平均資本コスト（WACC：Weighted Average Cost of Capital）で割引くことが一般的である。加重平均資本コストとは資金調達の際のコストであり，株式を発行して資金調達する時の必要なコスト，借り入れを行って資金調達をする時のコスト，この2つのコストの加重平均の値である。

3　中小企業の企業評価

しかし，中小企業の場合，DCF 方式を利用しようとしても長期間にわたっての将来の事業計画や利益計画を立案している企業が少なく，そもそも将来のキャッシュフローの予測をすることが困難な場合が多い。また，株主と経営者が同じであるというケースが中小企業の場合には多いため，株主から期待され

る収益，いわゆる株主資本コストがゼロに近いケースも考えられる。このようにDCF方式を用いる際の妥当な割引率を求めることが困難であり，中小企業のM&Aの際にDCF方式を用いることは現在において主流ではない。

　そこで中小企業のM&Aの際に用いられる企業評価の手法は，「時価純資産価値方式」となる。時価純資産価値方式とは，貸借対照表上の数値を簿価として，それを現在はどのくらい増減しているかを調整し，つまり時価を算出して企業価値を計算しようというものである。どの項目が増減する可能性があるかといえば，たとえば，土地など固定資産や有価証券等の含み益もしくは含み損，棚卸資産，回収ができないであろう売掛金などが考えられる。これらの費目の調整を行って修正貸借対照表を作成し，資産から負債を引いた残額をその企業の現在の価値と認識しようとするもので，下記の式で算出する。

　　　　時価純資産価額　＝　修正済み総資産　－　修正済み総負債

　さらに，時価純資産価額だけでは不十分であるため，目に見えない資産，たとえば「暖簾（のれん）」や「技術・ノウハウ」といったもの，すなわち営業権をこれに加味して算出する。営業権をどのように評価するかというと，「年買法（ねんがいほう）」を主に用いる。年買法は下記のような計算式を用いる。

　　　　営業権　＝　評価企業の税引き後利益　×　3〜5

　この公式では，税引き後利益を用いているが，営業利益や経常利益を用いる場合もある。また，「3〜5」を掛けるが，これはその評価される企業が属する業界や業況によって変わってくる。利益が継続的に得られると予想される安定業種の場合は5となり，競争や変化の激しい業種であれば3を掛ける。以上の計算式をまとめると，中小企業の企業評価の際に用いられる公式は下記のようになる。

　　　　企業価値　＝　時価純資産価額　＋　営業権

　しかし，この数値や評価そのものが主観的な要素を含んでおり，評価する企業，つまり買収する企業によってその値が大きく変化する可能性がある。また，この企業評価がM&Aにおいては，買い手と売り手の意見が大きく異なる場合があり，双方のギャップを生じさせる問題ともなっている。

図表 5-8 X社の貸借対照表を修正したもの

資　産（千円）				負　債（千円）			
	簿　価	修正額	時　価		簿　価	修正額	時　価
現金・預金	61,000	0	61,000	支払手形	20,000	−1,000	19,000
売掛金	59,000	−1,000	58,000	買掛金	22,000	2,000	24,000
棚卸資産	45,000	−1,000	44,000	借入金	180,000	−2,000	178,000
受取手形	14,000	−1,000	13,000	その他負債	29,000	−1,000	28,000
土地・建物	110,000	50,000	160,000				
機　械	30,000	−1,000	29,000				
その他資産	23,000	0	23,000				
資産　計	342,000	46,000	388,000	負債　計	251,000	−2,000	249,000

（注）大阪商工会議所『中堅・中小企業のためのM&Aハンドブック』(2004) 49 ページ参照。
　　　数値は全国平均をもとに独自に算出。

4　中小企業の企業評価の具体例

　では，架空の企業X社を使って簡単な企業の評価の具体例を見ていくことにする。競争が激しい業界で製造業X社は$α$年3月期で資本金7,000万円，資産が3億4,200万円，負債が2億5,100万円，税引き後利益は1,000万円であった。この企業を$α$年12月における時価を算出するために，簿価を修正しなくてはならない。資産の項目では，売掛金，棚卸資産，受取手形，機械はそれぞれ100万円減額させ，土地・建物は5,000万円増額させ，資産の時価は3億8,800万円となった。一方，負債の項目では，支払手形，その他負債を100万円減額，借入金も返済が進み200万円減額させ，買掛金は200万円増加していたので修正し，負債の合計は2億4,900万円となった。時価純資産は「資産3億8,800万円−負債2億4,900万円＝1億3,900万円」となった。ここに営業権を加味すると，このX社が属するのは競争が激しい業界ということなので，「税引き後利益1,000万円×3＝3,000万円」になる。最終的にX社の企業価値は，「時価純資産価額1億3,900万円＋営業権3,000万円」で，1億6,900万円となる。

5 中小企業のM&Aの今後

1 M&Aの相手企業の探索と仲介機関

　中小企業がM&Aを行おうとしても，まずどのような企業がどこに存在しているかが不明である。中には取引先をM&Aの対象とする場合もあるだろう。しかし，そのようなケースでは対象が限定されてしまう可能性がある。では，M&Aの相手先の企業をどのように探したらよいのであろうか。

　一般的には公的機関，M&Aコンサルタント会社，金融機関などを利用することが考えられる。例えば，公的機関では商工会議所があげられる。商工会議所が主催するM&A市場はいくつか設立されており，代表的なところでは，大阪商工会議所が中堅・中小企業のM&Aを支援するために1997年に「企業名匿名方式による非公開企業のM&A市場」を設立している。

　また，東京商工会議所も「東商M&Aサポートシステム」を設立し，関東近県の商工会議所も参加し相談窓口としてそのネットワークを形成している。しかし，これら商工会議所が主催するM&Aの市場においては，商工会議所はあくまでも窓口として機能しているだけである。実際のM&Aの実務的な業務やアドバイスはM&Aコンサルタント会社や金融機関，証券会社などが行うことになり，商工会議所はそのような機関を紹介する役割を担っているに過ぎない。

　このような仲介機関を利用してM&Aの相手先を見つけることは，知名度が高くない中小企業にとっては有効な手法の1つである。しかし，このような仲介機関を利用する場合には高額の手数料が必要となる点を注意しなくてはならない。商工会議所のようなM&A市場においても，買収側，売却側双方とも着手金を支払う必要があり，M&Aが成約した場合には，売却側だけではなく，買収側も成約報酬として追加の手数料を支払わなくてはならない。この手数料が高額になっているという点は経営を圧迫する可能性もあり，中小企業におけるM&Aの課題といえる（仲介手数料については174ページのコラム⑥を参照）。

図表5-9　M&A導入による中小企業経営への影響

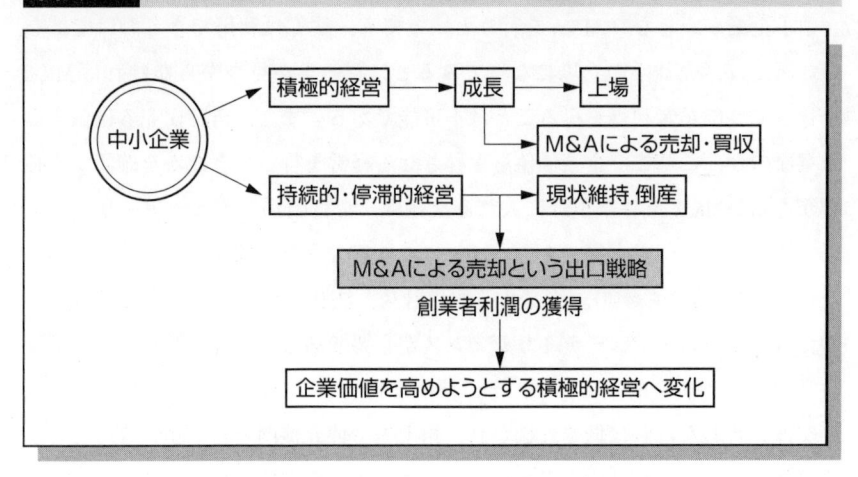

```
                    ┌─→ 積極的経営 ─→ 成長 ─→ 上場
                    │                    │
  ○                 │                    └─→ M&Aによる売却・買収
 中小企業 ──────────┤
  ○                 │
                    └─→ 持続的・停滞的経営 ─→ 現状維持,倒産
                                         │
                                         ↓
                              ┌─────────────────────────┐
                              │ M&Aによる売却という出口戦略 │
                              └─────────────────────────┘
                                  創業者利潤の獲得
                                         ↓
                              企業価値を高めようとする積極的経営へ変化
```

2　M&Aによる売却か，清算か

　これまで，中小企業はM&Aという選択肢がなかった場合にはどのようにしていたのであろうか。かつては，後継者がいなくて経営者が高齢の場合には廃業，清算という選択を余儀なくされていた。しかし，M&Aという手法を用いることによって，廃業を避けて売却することにより創業者利得を獲得することもできるのである。もちろん，売却せずに廃業することも可能である。

　では，売却するほうが有利なのか，廃業し清算するほうが有利なのか，企業の経営者の立場になって考えることにする。ここでは大まかに見ていくが，まず企業を売却した場合であるが，売却する側は基本的には株式譲渡に際して，キャピタルゲイン課税の支払が必要となる。一方，廃業し清算する場合には，法人税，事業税，清算所得に対しての住民税，さらに所得税，配当所得に対しての住民税が差し引かれることになる。これらを単純に比較すると，廃業して清算するよりもM&Aにより売却するほうが，創業者利得として手取り額で2倍以上多く受け取ることが可能となる。しかし，先ほど述べたように仲介機関などを利用した場合には，その支払手数料を考慮して考えなければならない。

❸　M&Aを利用できるようになるために

　中小企業がいきなりM&Aを行うといっても，すぐに利用できるわけではない。例えば，売り手の立場になってみると，買い手が見つからなければM&Aを行って，創業者利得を得ることは不可能である。また，自社が売るに値する企業なのか，これまで企業価値を上昇させる経営を行ってきたかを確認する必要がある。M&Aを将来視野に入れるならば，常日頃からデューディリジェンスを意識し，いつでも経営をオープンにできるような準備を行っていなければならない（第4章を参照）。売却する側は財務，法務，事業，環境など多方面にわたるセラーズ・デューディリジェンスが必要である。売却を希望する企業は自社の企業価値を的確に行い，その結果を利用して買収先や仲介機関とM&Aの交渉を行わなければ低く評価され，相手先や仲介機関の言い値になってしまう可能性もある。自社の企業価値を把握することが重要なのである。

　また，買い手の場合には，闇雲に企業買収を行ったとしても，買収資金の調達による財務内容の悪化を招いたり，購入した企業が期待するほどの事業内容ではなく収益を生まない可能性もある。自社にとっては何が必要なのか，明確な経営ビジョンを立てた上でのM&Aを行うことが必要とされる。企業評価の項目でも触れたが，技術等の評価は客観的な価格を設定することが困難であり，買い手と売り手との評価にギャップが生じやすい。1999年の中小企業総合事業団のアンケート調査によれば，たとえ売買が成立したとしても，買収した企業の中にはM&A後のアンケートに対して，「予想よりも効果が少ない」，「むしろデメリットのほうが大きい」と回答する企業が存在する。すべての中小企業にとってM&Aが有効な経営手法というわけではないし，M&Aを行ったからメリットがあるとは必ずしもいえないと認識することが必要である。M&Aはあくまでも一手段と考え，まずは，いかに自社の企業価値を高めるかを検討し，積極的な経営を行うことを第一の目標とすべきである。

❹　中小企業のM&Aのこれから

　中小企業にM&Aが今以上に利用されるためには改善すべき点がある。まず

図表5-10　中小企業のM&Aのこれから

```
中小企業のM&Aのこれから

●内的要因〜中小企業経営者の意識改善の必要性

●市場の充実〜買い手と売り手のマッチング機能強化
（金融機関,専門機関,公的機関などM&Aを仲介する機関は増加）
```

⬇

```
内的な要因と環境要因の改善が必要
中小企業経営にとってモティベーションが高まり有効な出口戦略
```

は，先ほど述べたように中小企業経営者の意識改革である。周到な準備が必要であり，売り手の場合には「買いたい」とい企業が現れるほど魅力的な企業でなければならない。また，買う側も買収するための資金計画を立てたり，買収後の事業計画を緻密に立てる必要がある。さらに中小企業の特徴として，経営者が企業に不動産などを担保提供しているケースが多い。経営者の所有する土地に会社が存在しているケースはよく見られる。

このような場合，企業を売却する際に担保として提供としている不動産関係の処理を，中小企業のM&Aにおいては注意しなくてはならない。現在，M&Aの仲介業者数は増加しているが，それらのマッチング機能を十分に発揮できているとはいえない。このような仲介機能が現状よりも充実しその役割を発揮することも，中小企業のM&Aが増加する鍵となる。中小企業の出口戦略としてM&Aが有効に活用されるかどうか，内的側面・外的側面の双方から改善しなければならない。

コラム⑥　中小企業の M&A の仲介手数料は高い？

　中小企業が M&A を行う際，相手先の企業を探すために仲介機関を利用することがある。仲介機関は数多く存在しており，金融機関など M&A コンサルタントビジネスに参入する企業は増加している。では，中小企業がこの仲介機関を使った場合にはどのくらいの費用，いわゆる仲介手数料が必要になるのであろうか。売却する側の企業の立場に立って，今回は大阪商工会議所を窓口として利用した例を使って見ていくことにしよう。

　まず，商工会議所に相談をするまでは無料であるが，商工会議所からアドバイザーとして紹介される仲介機関と契約を結んだ段階で着手金が必要となる。この段階で着手金として 525,000 円を支払い，M&A が成約しなくてもこの費用は返却されないが，もし成約した場合は後に算出する成約報酬（手数料）から差し引かれる。

　次に買収してくれる企業が決定し，企業評価も終わり売買が成立した場合は，レーマン方式という計算法を用いてその売買する金額を成約金額として手数料を算出する。その比率は成約金額が 2 億円以下の部分に対して 8.4%，2 億円超 5 億円以下の部分に対しては 6.3%，5 億円超 10 億円以下の部分に対しては 4.2%，10 億円超の部分に対しは 2.1% で算出し合算する。例えば，8 億円で売買が成立した場合，

　　　（2 億×8.4%＋(5 億−2 億)×6.3%＋(8 億−5 億)×4.2−50 万円）
　　　×1.05＝5,019 万円

を商工会議所ではなく金融機関など仲介機関に支払うことになる。また，最低手数料も設定されており，どんなに成約金額が低くても 1,050 万円は支払わなければならない。

　東京商工会議所の主催する M&A マーケットも成約報酬に対する手数料の区分が違うだけで，同じような計算方法を用いて算出する。上記のように M&A を行い 8 億円で企業を売却できたとしても，経営者は売却額の約 6% を手数料として支払わなければならない。この金額が高いか安いかは別として，金融機関などが M&A ビジネスに積極的に参入する理由を垣間見られるのではないだろうか。

Chapter 6
M&A 時代とこれからの企業人

1　M&A 時代の投資家

2　M&A 時代の経営者

3　M&A 時代の従業員

4　M&A 時代の系列・グループ企業

5　M&A 時代の金融機関

6　M&A 時代の大学生

1 M&A 時代の投資家

1 新しい投資家・株主の出現

　投資部門別株式保有比率の推移を見ると，東京証券取引所で上場する企業の発行済株式の約 25% は外国人機関投資家が恒常的に保有しており，投資信託，年金信託などの邦人機関投資家の保有率も同じく約 25% になる（図表 6-1 を参照）。東京証券取引所では機関投資家が約 50% の株式を保有していることになる。さらに証券市場で日々売買される株式の約 50% は外国人投資家であり，彼ら外国人の売買が株価形成に直接影響することを考えれば，いかにこの新しい投資家・株主が日本企業の経営と密接な関係にあることが理解できる。情報通信手段の飛躍的な発展は何億ドルという資金を，瞬時に国をまたいで投資と撤退が可能な環境を出現させた。

　情報通信手段の発展はインターネットを通じた株式売買という新たなサービスを創出し，銀行預金の低金利が爆発的な個人投資家を作り出した。とくにこの 1, 2 年は株式売買手数料の低下や定額化により日々何度も売買を繰り返し，売買差益の獲得を目的とするデイ・トレーダーと呼ばれる個人投資家が大幅に増加し，その売買高は個人投資家の約 80% といわれる。その他に，自分が好みとする企業を対象に長期的な視点から株式投資をする資産株主，さらには企業年金基金改革とともに，いわゆる日本版 401 K といわれる確定拠出年金による投資信託を通じた個人投資家も増加している。かつてメイン銀行を中核とする金融機関，グループ関連企業，保険商品の購入との引き換えによる各種保険会社による相互保有された株式は，バブル経済の崩壊による不良債権処理の過程において市場で売却された。それら売却株式の受け皿となったのが主に海外機関投資家である。金融機関の不良債権処理後は，上述した多様な個人投資家の出現により日本企業の株式構造は固定から流動へと大きく変化した。とくに外国人機関投資家，邦人機関投資家は投資による配当と株価上昇益による運用

図表6-1　投資部門別株式保有比率の推移

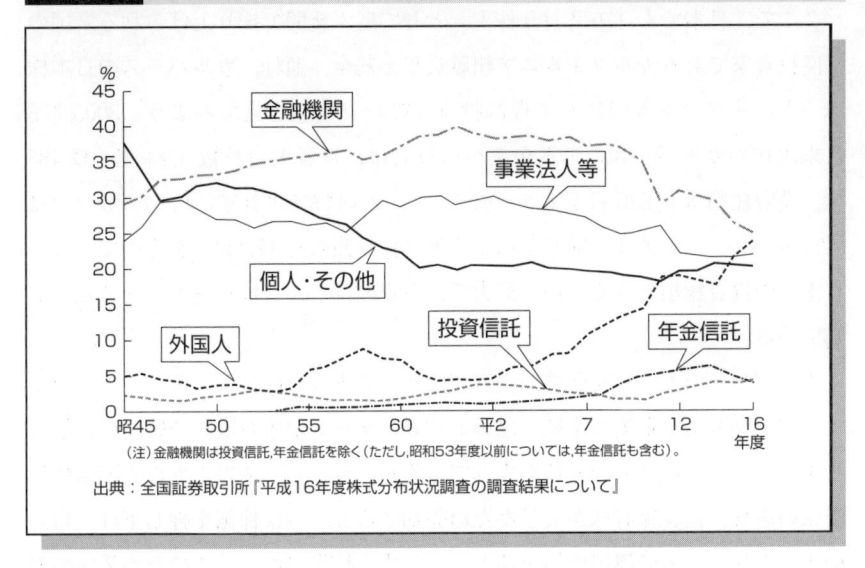

(注) 金融機関は投資信託、年金信託を除く (ただし、昭和53年度以前については、年金信託も含む)。
出典: 全国証券取引所『平成16年度株式分布状況調査の調査結果について』

利益の確保を目的とした純粋投資家（経営権獲得やビジネス関係強化が投資目的ではない）が市場の主役となった。ここで，東京証券市場の約50％を占める機関投資家の特性について，さらに詳しく見てみよう。

2　すべての機関投資家は少数株主

　機関投資家の投資方法には株価の乱高下を避け，長期利益の確保を目的とするインデックス投資とアクティブ投資の2つの方法で構成される。日本なら日経225社，トピックス・インデックスに指定された会社に投資し，いわば東京証券市場全体の成長に期待する方法で，これをインデックス投資と呼ぶ。一方，特定企業や産業の成長に期待して投資するのがアクティブ投資で，それらを併用して運用している。このため，機関投資家の投資先会社にはインデックスとアクティブの2つの保有形態による投資先会社もあるが，1社当たりの持ち株総比率は1％以下である。このため，国内外の機関投資家が長期的利益の確保を目指し情報ネットワークを確立し，少数株主の総和をもって投資先経営者に

経営の効率化を求める動きが始まっている。

ここで，日本でも「モノ言う株主」として度々新聞で採り上げられる米国の機関投資家であるカルフォルニア州職員年金基金，通称，カルパースの日本株ポートフォリオを参照にして機関投資家の投資実態を見てみよう。2005年3月末現在のカルパースの日本企業への投資は，投資先会社数（銘柄数）は488社，投資総額は6,826百万ドル（内インデックスは5,843百万ドル，アクティブは983百万ドル）および，同基金による海外投資額の約17.28%を占めている。日本への投資総額でみると過去最大で，投資のほとんどはインデックス運用されている。

カルパースのような長期機関投資家にとって重要なのはインデックス投資で，インデックス指定企業の業績が悪いと投資リターンが落ちる。一般的には投資リターンが悪ければその銘柄を売却できるが，カルパースのような大型機関投資家の場合，投資保有株が大量なため売却するとさらに株価を押し下げ，自身のポートフォリオの運用成績を落としてしまう結果になる。このため業績の悪い会社には株式を売却する代わりに，何とか業績を上げて欲しいという要求を投資先会社へ申し入れることになる。それが『モノ言う株主：リレーションシップ・インベストメント』といわれる所以である。

3　Shareholder から Shareowner へ

企業業績は良い時もあれば悪い時もある。また，医薬品開発のように長期の事業開発には多額の資金が必要となり，その結果は数年後に出てくる。投資先企業の業績が悪いか良いかの判断は半年，1年では決められない。カルパースが米国企業の業績評価をする際に用いる方法は，過去5年間の業績を同業他社と比較して著しく低い株価・業績の会社，さらにはS&P 500インデックスでの株価推移と比較して評価を決定し，企業の経営者に業績改善要求を行っている。近年，年金基金は自らを『Shareowner：シェアーオーナー』と表現する。

英語で株主はShareholderと表現されるが，長期保有を前提とする年金基金は株価を投資判断にする短期の投資家と一線を画している。さらに投資先会社

図表6-2　CalPERS 日本への投資実績

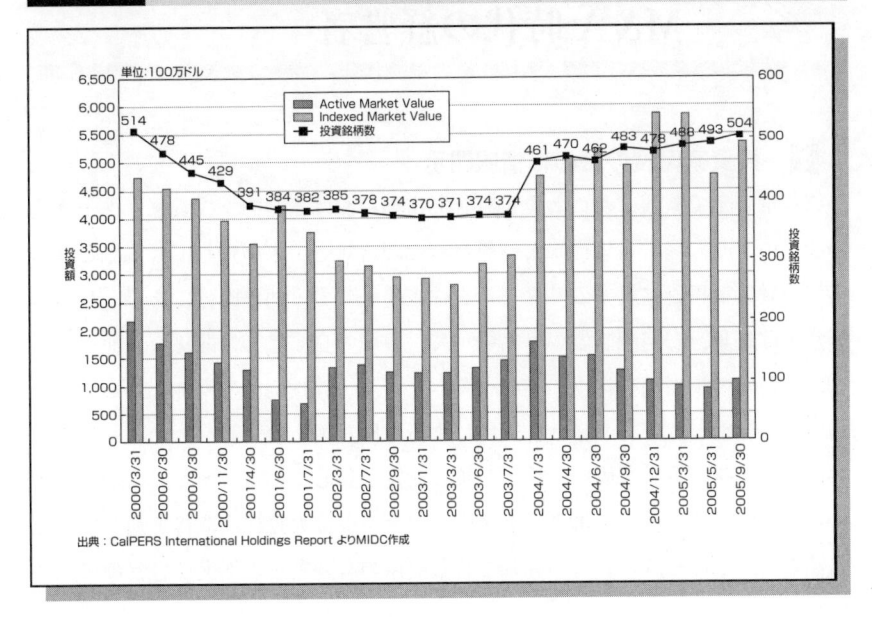

出典：CalPERS International Holdings Report よりMIDC作成

の長期株主としての株主責任も発生するという認識に立っている。

4　長期保有株主とコーポレート・ガバナンス

　1年を超えて株式を保有することを前提に投資をするインデックス機関投資家にとって，予想し難い投資リスクは経営者による誤った経営判断である。日本でも多発する企業不祥事・犯罪は近時でも自動車会社のリコール隠し，公文書虚偽記載，談合，違法M&A・インサイダー取引など枚挙にいとまがない。これら企業犯罪は大別して2種類あり，最高経営責任者である社長自身や取締役が黙認している場合と，現場側責任者による行為である。犯罪行為が露見すると間違いなく株価は下落し，最悪の場合は会社の清算までにおよぶ。

　このような意思決定環境を未然に防ぐために，長期機関投資家は，投資先企業にコーポレート・ガバナンスの策定（経営意思決定の透明性と説明責任を明確にする施策）と公表，定期的見直しを経営者に求めている。

2　M&A時代の経営者

1　投資家保護のための情報開示

　第6章の1で概観したごとく東京証券市場における劇的な投資家・株主構造の変化により，経営者は従来とは異なった経営対応を求められている。とりあえずの対応は投資に対するリターンを株主優先にする利益配分である。日本の経営者は長年，安定配当という名の下に，業績の良し悪しに関係なく額面に比した一定率の配当額を株主に支払ってきたが，純粋投資家の増加とともに，業績の推移に沿った配当や自社株買いによる株価対策を講ずるなど，より投資家へのリターンに重きを置いた株主政策に軸足を移している。とくにこの一両年においてプライベート・エクイティー・ファンドは大量株式取得を通じて，配当額の引き上げや遊休資産の売却を含む資産の有効利用の促進を経営陣に求めている。

　また，会社法，証券取引法，東京証券取引所規程など，経営体制や財務情報をタイムリーかつ詳細に報告させる制度・規則強化も進めており，市場で大きな力を持つ内外の機関投資家はその動きを歓迎している。

2　被買収企業の特徴と買収企業の失敗要因

　株式投資はリスク投資である。機関投資家は投資先会社の倒産リスクと同時に投資額に見合う最低リターンを想定する。株式投資の最低リターンの目安は投資家が属する国家の国債実質利回り，あるいは長期金利の約3倍が目安となる。仮に米国の長期金利が約4%とするとリスク投資である株式投資では少なくとも12%から16%のリターンが期待される。また，国家をまたぐ投資の場合には為替リスクも介在することを考えると，リターン率は当然，上がることになる。

　前述したごとく上場企業株式の約25%は外国人株主が恒常的に保有してお

図表 6-3　コーポレートコミュニーケーションの俯瞰図

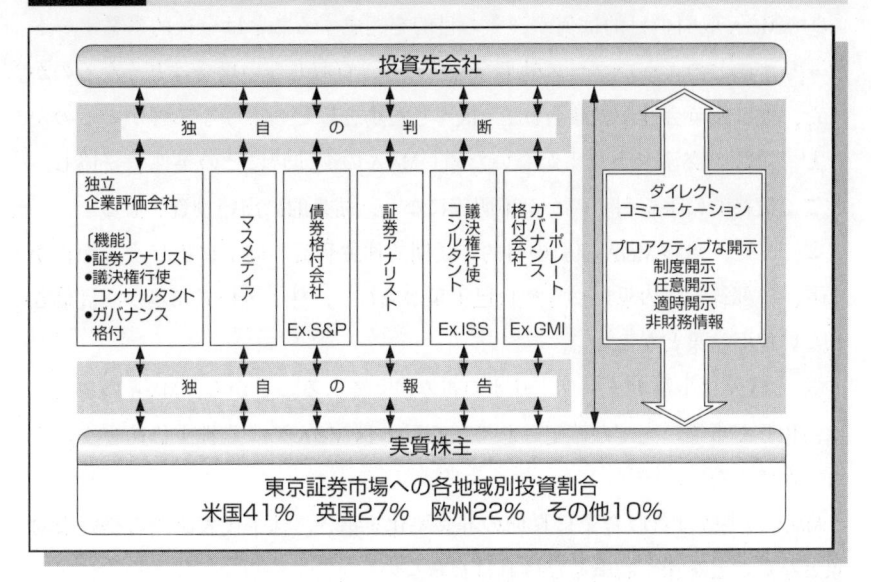

```
                          投資先会社
          ┌─────────────────────────────────┐
          │         独　自　の　判　断        │
          └─────────────────────────────────┘

┌─────────┬───────┬─────────┬─────────┬─────────┬─────────┐  ┌─────────────────┐
│独立     │       │         │         │議決権   │コーポ   │  │ダイレクト       │
│企業評価 │マス   │債券格付 │証券     │行使     │レート   │  │コミュニケーション│
│会社     │メディア│会社     │アナリスト│コンサル │ガバナンス│  │                 │
│〔機能〕 │       │         │         │タント   │格付会社 │  │プロアクティブな開示│
│●証券   │       │         │         │         │         │  │　制度開示       │
│　アナリスト│       │         │         │         │         │  │　任意開示       │
│●議決権 │       │         │         │         │         │  │　適時開示       │
│　行使   │       │         │         │         │         │  │　非財務情報     │
│　コンサル│       │         │         │         │         │  │                 │
│　タント │       │         │         │         │         │  │                 │
│●ガバナンス│       │         │         │         │         │  │                 │
│　格付   │       │Ex.S&P   │         │Ex.ISS   │Ex.GMI   │  │                 │
└─────────┴───────┴─────────┴─────────┴─────────┴─────────┘  └─────────────────┘

          ┌─────────────────────────────────┐
          │         独　自　の　報　告        │
          └─────────────────────────────────┘
                          実質株主
              東京証券市場への各地域別投資割合
           米国41％　英国27％　欧州22％　その他10％
```

り，投資リターンの向上を目的に外国人株主から事業再構築を求める動きや，より高い経営効率を求めて議決権行使を通じて経営陣の刷新要求が起こる可能性もある。すなわち，投資効率が高いと判断されれば敵対的買収であろうとも，容易に買付側に持株を売却する。ましてや PBR（株価純資産倍率）が1以下の企業はビジネスモデルが崩壊しているか，あるいは経営資産の運用が稚拙であると株主・投資家に判断され，株主・投資家の信頼を勝ち取ることは難しい。数期にわたり PBR が低い企業は戦略的買収者はもとより，グリーン・メーラーの格好な買収先企業となる。

　さらに重要なことは，いったん公開買付や買収提案が起こった際，経営者側が株主に提案する事業計画よりも買収候補者側が提案する事業計画のほうが短期に株価を上げ，かつ長期的にも株主価値を上げる可能性が高いと株主が判断すれば，株式を 50％ 超まで買わずに株主総会での議決権行使による賛否で当該会社を支配することが可能となる。とくに大量に株式を保有する複数の機関投資家による議決権行使の賛否は集計で大きな影響力を持つことになる。

一方，買収を仕掛ける企業が犯す間違いの共通点は，

① M&A 取引の目的は何か，その目的を達成することは全社的事業ポートフォリオにどのようなプラス効果をもたらし，買収しない場合はどうなるのか。また，仮に競争会社が当該会社を M&A した場合はどのような影響がでるのかなど，複数の交渉シナリオがないため，M&A の交渉時にどの条件で妥協し，どこで最終的に手を引くのかが不明確になり，結果的に高い投資となる。

② また，当該 M&A 取引の目的が長期的株主利益の向上に寄与するか否かより，一部経営陣の思いつきや自己実現が先行し，株主・株式市場から評価されない取引結果となる。

③ M&A は事業ポートフォリオの組み換えであることから，M&A の前後には劣化した事業の売却が確定されていなければ M&A による株主価値を上げることができない。

M&A の失敗は買収企業に長期の経営悪化を招き，株主代表訴訟の格好の対象となることを深く認識しなければならない。

3 外国人機関投資家と議決権行使

株主総会の動向に大きな影響力を持ち始めた外国人投資家・株主による議決権行使の作業フローを説明する。上場会社は事務手続（株主名簿の管理，配当金の支払，名義書換など）を一括して管理する信託銀行を指定している。この信託銀行から株主総会日の 14 日前に総会案内一式（招集通知書，議決権行使書）が株主名簿に沿って発送され，発送後 2，3 日には日本国内株主の手元に届く。外国人株主（非居住者株主）への総会案内は，

① 信託銀行より外国人株主の名義人（株主名簿記載人）であるローカル・カストディアン（日本国内での有価証券保管業務や配当管理を行う）に郵送。

② その後，グローバル・カストディアン（各国での有価証券管理，配当受取りを行う）へ招集通知書に記載された総会議案の翻訳文のみインターネットや銀行間取引に使われる通信網で通知。

③ さらに株式の運用を任されている投資委託会社の資金運用担当者へとわ

図表6-4　外国人株主の議決権行使フロー

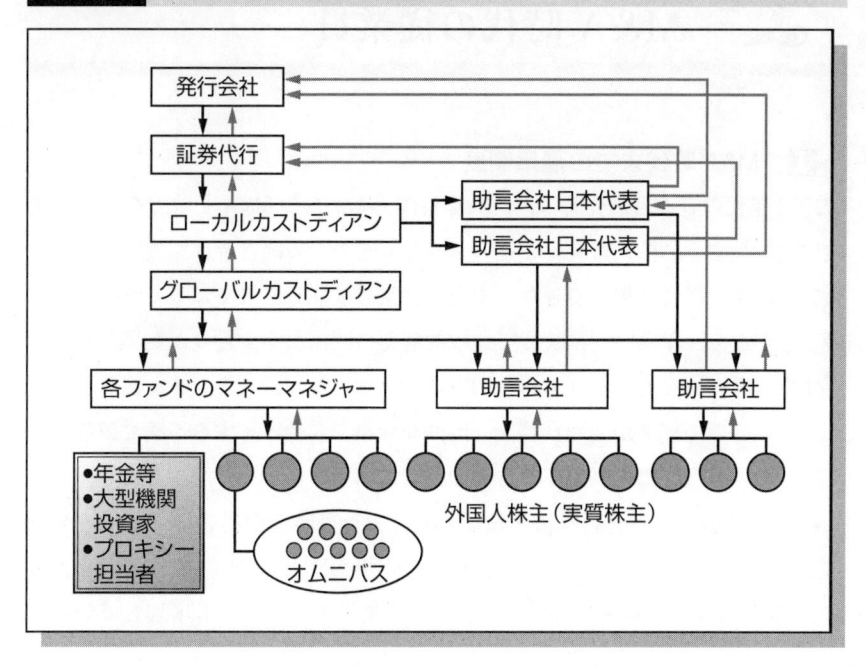

```
発行会社
  ↓
証券代行
  ↓
ローカルカストディアン → 助言会社日本代表
  ↓                    助言会社日本代表
グローバルカストディアン
  ↓
各ファンドのマネーマネージャー    助言会社    助言会社
・年金等
・大型機関投資家
・プロキシー担当者

         外国人株主（実質株主）
         オムニバス
```

たる。仮にこの運用担当者が資金の出し手である実質株主（財団や年金基金などの機関投資家）から事前に決められた条件で議決権の行使を委託されていれば，この運用担当者が議決権を行使することになる。

④　しかし，運用担当者の多くが各国語や法律に明るいとは限らない。そこで実質株主や投資委託会社は議決権行使の助言会社と契約し，議案の翻訳や法律面でのアドバイスを受け議決権行使を行う。このような作業に概ね約7日から9日を要する。

⑤　日本に大型投資をする米国機関投資家の多くは自基金内に議決権行使を担当する部署があり，翻訳された議案を基金独自のコーポレート・ガバナンスに即して回答を出し⑤，④，③，②，①の経路で発行会社へと議決権を行使する。

これら全てを14日間以内で行わなければならない。

3　M&A 時代の従業員

1　M&A 時代までの雇用制度

　1970 年代の資本自由化時に，巨大な外国資本からの M&A を防ぐために，企業は銀行を中心に株式持合いを進展させた。そのため経営者は比較的，株価に影響されず，経営に集中できた。また，従業員は終身雇用によって転職を考えることがなく，年功序列によって比較的能力に関係なく，賃金が上昇した。

　また，専門的な能力よりも総合的な能力を求められ，さまざまな部署を経験した。このため部署が変われば，一時的な仕事や会社に対する不満も鎮静化していった。高度経済成長の下で，この制度は構築されていった。しかし，バブル経済が崩壊し，デフレ経済が進展した。銀行は時価会計の導入や BIS 規制によって株式持合いを維持できず，株式を市場へ放出していった。これとともに企業再生による M&A が頻繁に起こり，従業員のリストラも増加していった。

2　買収に対する抵抗感

　M&A が増加する下で，従業員は M&A に対してどのようなイメージを持っているのか？　三菱総合研究所の調査「M&A に関するビジネスパーソン」（複数回答）を見ると，「経営方針などが変わって仕事がやりにくそう」が 58.4%で，「給与など待遇が悪くなりそう」が 43.0% である。従業員は経営方針の変更に対する抵抗感を強く持ち，反対に M&A を好機と捉えて，スキルアップに利用できるとは思っていない。

　これは，まだジェネラリスト（総合的な職能を持つ従業員）が多く，スペシャリスト（専門的な職能を持つ従業員）が少ないため，容易に待遇が変更されてしまうことに起因している。また，ジェネラリストであっても，総合的な経験はその企業で通用するものであり，他企業にはあまり順応してこなかった。また，資格制度や技術の基準化の遅れもこれを助長した。このため転職が困難であっ

図表6-5　M&Aの成功度合いに対する従業員の評価

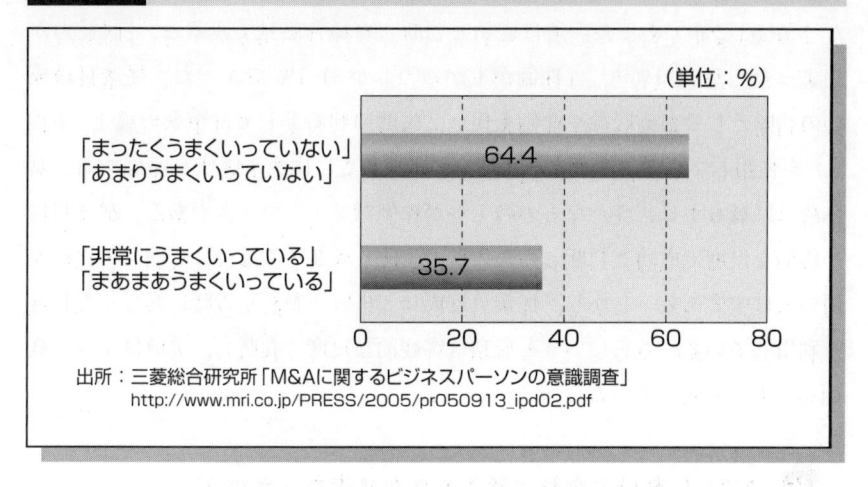

（単位：%）

- 「まったくうまくいっていない」「あまりうまくいっていない」　64.4
- 「非常にうまくいっている」「まあまあうまくいっている」　35.7

出所：三菱総合研究所「M&Aに関するビジネスパーソンの意識調査」
http://www.mri.co.jp/PRESS/2005/pr050913_ipd02.pdf

た。たとえM&Aで従業員の待遇が悪化しても，欧米と比較すると転職が頻繁ではなかった。だから従業員はM&Aに抵抗的なイメージを持つのである。

3　M&Aに対する従業員の評価

　従業員はM&Aに対するイメージを否定的な抵抗感として持っているが，実際のM&Aをどのように評価しているのか？　従業員のM&Aに対する評価について見ると，「非常にうまくいっている」「まあうまくいっている」の合計が35.7%で，「あまりうまくいっていない」「まったくうまくいっていない」の合計が64.4%であった。

　つまり，3分の2近くの従業員がM&Aを高く評価していない。米国の銀行上位250行についての統計によると，M&Aを実施した銀行の4分の3で，M&A後の2年間における株価パフォーマンスが業界平均に比べて20%以上も下回っていた。さらに5年後には，株価パフォーマンスの差は30%以上にまで広がっていた。このようにM&Aのほとんどが成功といえないことを企業内部にいる従業員も直感的に感じ取っていたといえる。

　次に，失敗と判断した理由について見ると，「会社が1つにまとまっている

ように見えない」が81.7％で，「従業員の不満が高まっている（退職者が増えた）」が53.2％であった。逆に成功と判断した場合を見てみると，「収益力が高まった」が72.1％で，「株価が上がった」が31.1％であった。従業員は成功の判断として企業収益や株価を使い，失敗の判断としては企業の風土（雰囲気）を使用している。一般的にM&Aを評価するには企業価値を評価する。具体的には最もポピュラーなものの1つが株価パフォーマンスである。従業員は一般的な尺度で成功と判断したならば，失敗を判断する場合にも同一の尺度を用いるはずである。しかし，従業員は成功と失敗を判断する時に異なった尺度を利用している。さらにいうと成功は客観的な尺度で判断し，失敗はより主観的な尺度で判断している。

4　M&Aにおいて会社に残るべきか？去るべきか？

　従業員はM&Aの前後にその企業に残るか，それとも企業を去るか（リストラの結果として解雇されることも含めて）の意思決定をしなければならないだろう。転職の準備としては，

① ジェネラリストを捨て，スペシャリストになる
② 資格を取り，大学などの社会人教育を受ける
③ 同業種の従業員などと交流を図る

などがあげられる。

　従業員が企業を去ることを決断する指標について探ってみると，まず，「経営陣の旧会社意識が強く，自分の保身しか考えていない」が47.8％である。従業員にはリストラを強いる一方で，経営者は莫大なボーナスを受け取る場合もある。こうした場合には，従業員は企業から富が剥奪されたと考えるだろう。

　次に「合併時に十分な検討をしていない」が44.0％である。M&Aよりも他の戦略がよかったのではないか，別の企業とのM&Aの方がよかったのではないか，M&A計画が堅実なプランで進められたのかなど疑念を抱かせるようなM&Aには従業員は企業に発展を見出せず，キャリアを積むことができないと感じるだろう。

図表 6-6　M&A の失敗理由

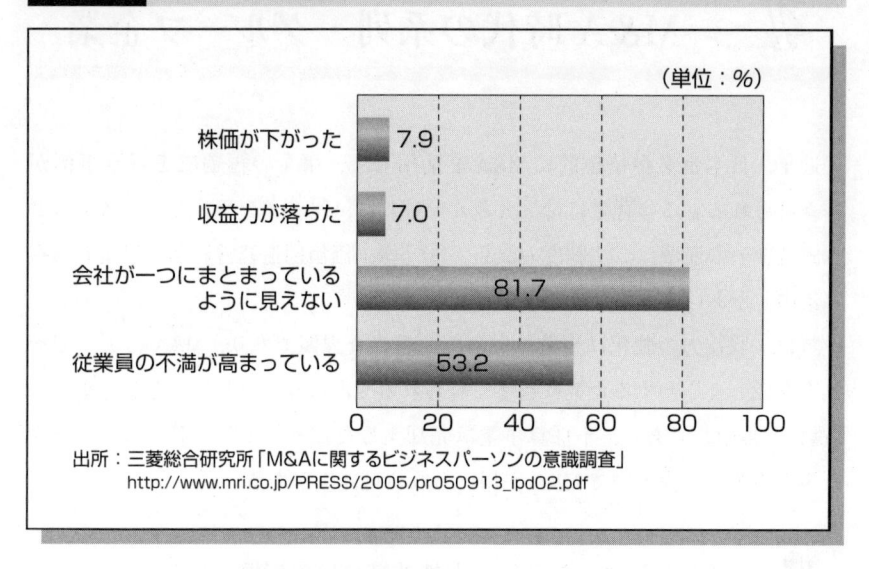

(単位：%)

- 株価が下がった：7.9
- 収益力が落ちた：7.0
- 会社が一つにまとまっているように見えない：81.7
- 従業員の不満が高まっている：53.2

出所：三菱総合研究所「M&Aに関するビジネスパーソンの意識調査」
http://www.mri.co.jp/PRESS/2005/pr050913_ipd02.pdf

　第3に「経営陣のメッセージがきちんと伝わっていない」が37.2%である。M&A の成功あるいは失敗にかかわらず，上述のように従業員の58.4%が抵抗感を持っているのであるから，個人レベルのコミュニケーションを取る必要がある。経営者は M&A 後の企業ビジョン，各従業員の位置付け，雇用条件などキャリアアップを果たせることを提示しなければならない。仮にこれを怠れば，優秀な人材が引き抜かれるなどして，堅実な M&A プログラムも達成できなくなる。

　以上のように，M&A の大部分が失敗する下で，常に従業員は転職の準備をし，M&A が実施されるのであれば，成功あるいは失敗の指標を判断し，企業に残留あるいは転職する意思決定を行わなければならない。

　また，成功した M&A の従業員は，企業の戦略に賛同できるか，スキルアップができているか，適正な年収が支払われているかなど常にチェックする必要がある。

4　M&A時代の系列・グループ企業

　近年，日本企業が積極的にM&Aを活用して，事業の再編成を行う事例が多々見られる。この背景には，大きく分ければ，①メインバンク・システムと株式持合いの崩壊，②法制度の改正，③「株主価値創造経営」と「事業の選択と集中」があげられるであろう。

　特に，収益力の強化は企業にとっての重要な課題であり，M&Aによってそれを達成しようとする企業は数多く見られるであろう。それはまさしく事業の「選択と集中」であり，不採算事業は売却するなどといった，ドラスティックな事業再編の手段としてM&Aが用いられる可能性がある。

1　メインバンク・システムと株式持合いの崩壊

　まず，戦後の日本企業の経営財務の特徴とされてきたメインバンク・システムと株式持合いが，1990年代に入り急速に衰退していったことがあげられる。日本の企業は系列・グループ化を推し進めてきたが，その中心は大手銀行を核とした企業集団（三菱・住友・三井など）であった。銀行が事業会社に資金を供給し，かつ株主として株式を保有する。戦後作り上げられたこのシステムは，日本企業の高度成長を支える仕組みとして順機能してきたと考えられる。

　ところが，1990年代に入りバブル経済が崩壊すると，従来強みとされてきたこうした仕組みに綻びが見え始める。銀行は不良債権問題に，企業は収益力の低下という現実に直面していく中で，次第にメインバンク・システムと株式持合いは崩れ始めていった。また，事業会社でも系列を解体するものも現われた。これに代わり外国人投資家が台頭し，こうしたシステムは過去のものであると考えられるようになっている。

図表6-7 会計制度の変更とグループ戦略　～連結経営とM&A～

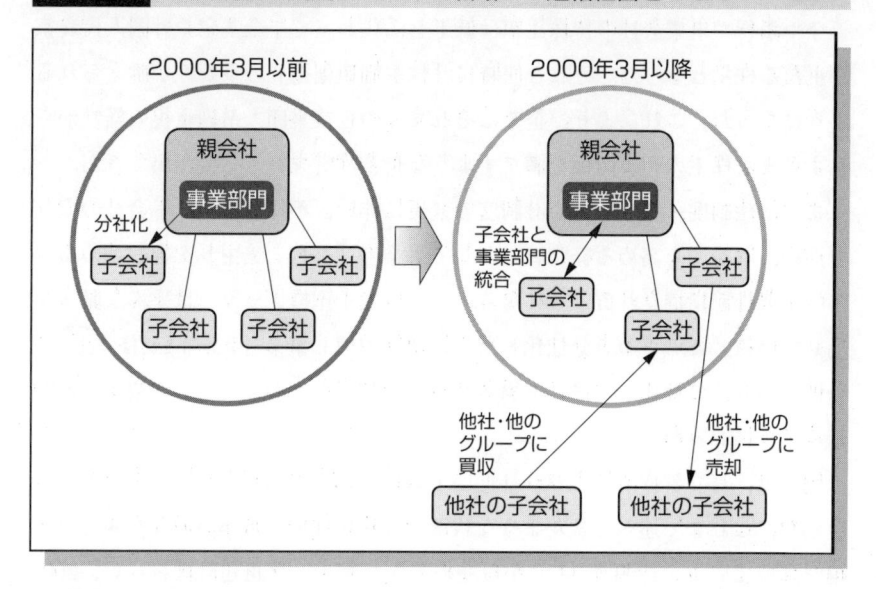

[図：2000年3月以前と2000年3月以降のグループ構造の比較。2000年3月以前は親会社（事業部門）と複数の子会社（分社化）。2000年3月以降は子会社と事業部門の統合、他社・他のグループに買収された他社の子会社、他社・他のグループに売却された他社の子会社が示されている。]

2　法制度の改正

　このような動向とともに，M&Aを促進するさまざまな法制度の改正が進められた。
　まず，会計制度では2000年3月期以降，単独決算重視から連結決算重視へと移行した。それまでは親会社の決算が重要視されてきたが，子会社を含むグループ全体の決算が重要視されるようになった。子会社も株式保有比率が50％超であるということだけでなく，役員が親会社から派遣されているなどといった支配力基準が適用されるようになった。これにより，資本関係は薄いが，役員が派遣されている業績不振の子会社も連結対象とされるようになり，連結外しが困難になったといわれる。この結果，グループ全体の収益性を考える「連結経営」の重要性が高まった。
　次に，法制度では1997年に独占禁止法の改正により純粋持株会社の設立が解禁され，さらに1999年には株式交換・株式移転制度，そして2001年には会社分割制度が導入された。
　これらの法制度の改正によって，柔軟で機動的な組織再編が可能になった。

3 株主価値創造経営の重視

　今や銀行や事業会社の持株比率は低下し、代わって年金基金や外国人投資家が主たる株主となった。それと同時に「株主価値創造」の重要性が訴えられるようになった。これにより、企業はそれまでの企業集団、系列重視の経営から、さまざまな株主の利害関係を満たすような企業経営を行う必要が出てきた。

　また、法制度、とりわけ会計制度の変更に伴い、不採算事業、子会社の売却を進め、収益力を高める経営戦略として事業の「選択と集中」を推し進めることの重要性が指摘されるようになる。とくに大手電機メーカーは盛んな動きを見せている。ある事業を分社化した後に他社の同じ事業（事業部または分社）と合併したり、分社化した後に上場させる、売却するといったことが数多く行われるようになった。

　例えば、日立製作所は1,000社近い子会社を抱えた大企業集団であった。ところが、これまで述べてきたような状況の変化に伴い、近年急激なグループ再編を進めている。1999年11月から進めてきたグループ再建計画に従い、2002年には今後3年間で子会社・関連会社を300社程度減らすことを発表している。1999年以降ではすでに100件以上の提携、合弁、M&Aを進めている。2002年には日産の系列部品会社であったユニシアジェックスを株式交換によって完全子会社化を実施したが、2004年10月にはその他の関連子会社と共に日立製作所の同部門と合併した。

　これには、日立グループの幅広い技術を活かすことができる事業として、近年位置付けられている自動車関連事業を強化する狙いがあるという。このようにして日立製作所は注力事業の成長、新事業の創造、グループ全体のシナジーの創造を目指して中期経営計画を策定し、収益力の向上、ひいては株主価値創造を図る経営を目指しており、その具体的な手段としてM&Aを用いている。

4 M&A時代の系列・グループ企業

　従来の日本企業は、株式持合いによってグループ間で株式を保有し合い、安定的な関係を維持するともに、親会社、子会社のそれぞれが収益拡大のための

図表 6-8　系列・グループ企業を取り巻く環境の変化

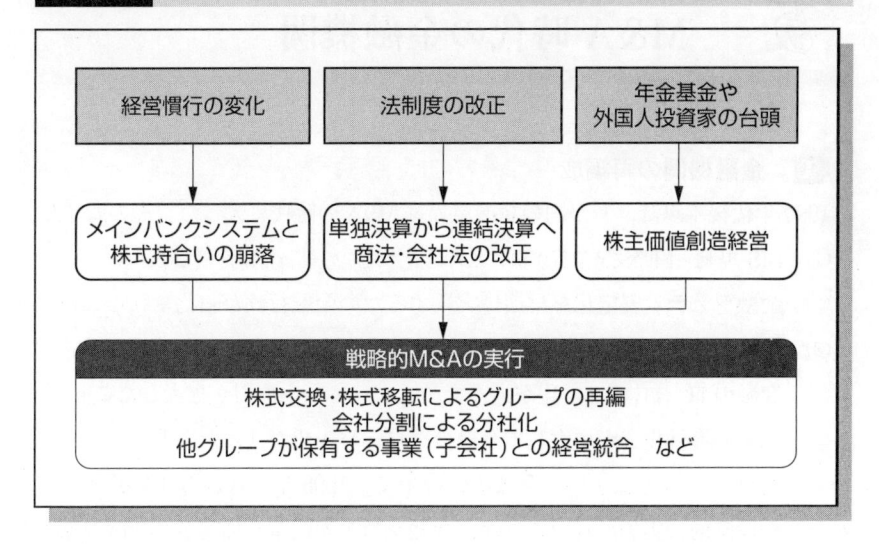

```
┌─────────────────┐  ┌─────────────────┐  ┌─────────────────┐
│  経営慣行の変化  │  │   法制度の改正   │  │    年金基金や    │
│                 │  │                 │  │  外国人投資家の台頭│
└────────┬────────┘  └────────┬────────┘  └────────┬────────┘
         │                    │                    │
┌────────▼────────┐  ┌────────▼────────┐  ┌────────▼────────┐
│ メインバンクシステムと│  │単独決算から連結決算へ│  │                 │
│  株式持合いの崩落  │  │  商法・会社法の改正  │  │  株主価値創造経営 │
└─────────────────┘  └─────────────────┘  └─────────────────┘
```

戦略的M&Aの実行
株式交換・株式移転によるグループの再編
会社分割による分社化
他グループが保有する事業（子会社）との経営統合　など

経営戦略を構築することで十分だとされてきた。それが，近年ではグループ全体の価値創造が最大の経営目標となっている。よって，親会社は自社のマネジメントだけでなく，グループ全体のマネジメントを考えなければならない。セブン＆アイホールディングスのように持株会社の下に経営統合を図るのか，松下電器産業や日立製作所のように分社化によって生まれた子会社の独立採算制を維持しながら，親会社がグループ全体のリーダーシップを取るのか，そのあり方は多様である。

以上のような近年の系列・グループ企業を取り巻く環境の変化によって，親会社の経営者にはグループ全体の最適化を図るための戦略的 M&A が求められるようになっている。合併や経営統合によるだけでなく，時として事業売却も求められる。そのため，傘下の系列・グループ企業は，親会社がグループ全体の経営資源を今後どのように展開していくかを注視しながら，自社がグループ全体の価値の向上にどのように貢献できるかを考える必要があろう。

5　M&A 時代の金融機関

1　金融機関の再編成

1990年代後半以降，わが国の金融業界はM&Aの時代に入った。その背景は，
① BIS規制（国際決済銀行が決めた自己資本比率の統一基準）の導入。
② 金融システム安定化を早期に実現するため金融行政が強化されたこと。
③ 株価低迷が続いて株式持合いの崩壊が進んだこと。
④ 金融のIT（情報技術）化が進んでインターネット取引が拡大したこと。
⑤ 企業の海外投資が増大して金融のグローバル化が進んだこと。
などがあげられる。こうした環境変化の中で，1998年4月から「金融ビッグバン」が段階的に実施されたことが，金融システム改革を加速させ金融業界の再編成を促した。

金融機関のM&Aは，1998年3月に金融持株会社の設立が解禁されてから急速に具体化した。大手銀行は不良債権処理を進めている最中にライバル銀行あるいは伝統的企業集団の枠を超えた合併・統合を進めてきた。その経営戦略は，金融持株会社の傘下に銀行，証券，信託などを組み入れ，金融総合サービス業へ転換することであった（図表6-9を参照）。

金融機関の合併・統合は，大手銀行が三大メガバンク（金融グループ）体制にまで再編成を進めた。具体的には，2002年12月に「三井住友フィナンシャルグループ」が設立され，翌年3月には「みずほフィナンシャルグループ」が設立された。また，2001年4月に設立された「三菱東京フィナンシャル・グループ」が，2005年10月に「UFJホールディング」を実質的に吸収合併して「三菱UFJフィナンシャル・グループ」を組成した。

一方，地域金融機関については，金融当局が主導して「金融再生プログラム」（2002年10月）および「金融改革プログラム」（2004年12月）に基づいて救済目的の合併・統合を進めてきた。その主な事例は，2003年9月に公的資金

図表 6-9　金融機関の再編成

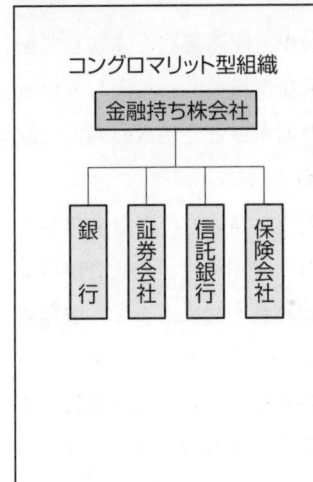

コングロマリット型組織

```
      金融持ち株会社
    ┌────┬────┬────┐
   銀行  証券  信託  保険
        会社  銀行  会社
```

最近の主な地方銀行の再編
（——は注入せず。☆は完済、★は一部返済）

時期	再編後	再編前	公的資金の注入額
2003年4月	関東つくば銀行	関東 / つくば	合併時に60億円
9月	ほくほくフィナンシャルグループ	北海道 / 北陸	450億円 / ★950億円
2004年10月	西日本シティ銀行	西日本 / 福岡シティ	—— / 700億円
2005年10月	きらやかホールディングス	山形しあわせ / 殖産	—— / ——
2006年2月	紀陽ホールディングス	紀陽 / 和歌山	—— / ☆120億円
10月	山口フィナンシャルグループ	山口 / もみじ	—— / ☆200億円

（資料）日本経済新聞（2006.4.29）

の注入を前提として北陸銀行と北海道銀行が持株会社「ほくほくフィナンシャルグループ」を設立、翌年10月には福岡シティ銀行に公的資金700億円を注入して西日本銀行に吸収合併させたケースである（図表6-9を参照）。このほかにも信用金庫・信用組合の合併・買収が、資産規模の拡大による不良債権処理と財務内容の改善を図るために進められている。

2　三大メガバンクの M&A 戦略

　2000年以降、一般企業のM&Aの件数は年間1,500件を超え、さらに増加傾向を続けている。その背景には、金融緩和の状態が続いていることや企業活動がグローバル化していることなどがあげられる。一般的に企業がM&Aを行う目的は、規模や市場シェア拡大、調達・製造・販売の一貫体制の確立やその効率化、相手企業とのシナジー効果、新規事業への参入などである。
　三大メガバンクは合併・統合してから主要業務をリテール業務、ホールセール業務、投資銀行業務、保険業務、情報生産・提供業務の5分野を主柱とした

組織再編成を実施してコングロマリット化を進めている。このうち投資銀行部門が，証券業務，デリバティブ業務，年金資産の運用・管理業務およびM&A業務などを担当している。この部門のM&A担当者が，関連部門と連携して企業のM&Aに関する情報の生産・提供および仲介業務を積極的に拡大している。それはM&Aの仲介業務が，証券引受業務，融資の拡大などで法人顧客との取引保持，拡大，開発のための有効な手段だからである。

　三大メガバンクのM&A担当部門は，全支店に対してM&Aの企業情報をインターネットで登録するように依頼している。売り手企業には，経営者が高齢で後継者のいない中小企業，業績は低迷しているが技術力のある企業，製品開発力はあるが販売力が弱い企業，経営者が引退したいと考えている企業などが登録されている。一方，買い手企業は，企業規模を拡大したい企業，新規事業分野に進出したい企業，業務・資本提携したい企業などが登録されている。そして両者のマッチングが可能である案件については，支店管理者がM&Aを計画している大企業取引先または業績拡大を目指す中堅・中小企業取引先へM&A情報を提供している。

3　企業再生とM&A向け融資の増大

　2005年の三大金融グループによる企業買収向け融資額が，過去最高の1兆4,000億円となった。その要因は不良債権処理に目途をつけた大手銀行が，国内でまとめたMBO（経営陣による企業買収）やLBO（買収先の資産やキャッシュフローを担保にした借金による買収）向けの資金を積極的に供給し，買収の大型化を後押ししたからである。最も融資額が多かったのは，みずほ銀行・みずほコーポレート銀行の6,900億円である。これは，リクルートコスモスの経営陣がファンドのユニゾン・キャピタルと組んで独立した案件や大手企業が非中核事業を分離した案件などで主幹事を務めた成果である。

　また地域金融機関も，「リレーションシップバンキングの機能強化計画」に基づいて企業再生を担当する専門部署を設置し，融資先の事業再生を支援している。融資先のM&Aや経営再建の支援に成功すれば不良債権比率を引き下げ

図表6-10 長野県内金融機関の企業再生担当部署

	部署名	人数
八十二銀	企業コンサルティング室	13
長野県信連	審査部　法人相談室	10
長野銀	審査部　経営支援担当	9
長野県信組	審査二部	6
長野信金	審査部　経営支援グループ	4
飯田信金	融資部　企業支援室	4
松本信金	融資部　企業支援チーム	4
諏訪信金	融資部　企業支援担当	3
上田信金	企業支援室	2
アルプス中央信金	審査部　経営改善支援室	2

（資料）日本経済新聞（2004.9.1）

ることができ，優良貸出先の確保につながるからである。例えば，長野県では県内の金融機関と行政が出資して「ずくだせ信州元気ファンド」を設立した。このファンドは，県内の企業再生を目的としているので出資者を県内に限定し，県外資本への売却も制限している。大手ファンドが及ばない小規模な案件を中心に取り扱う地域主導の再生ファンドである。金融機関や長野県中小企業支援協議会もこのファンドを活用している（図表6-10を参照）。

このようにわが国の金融機関は，合併・統合して，財務体質を改善できたことからMBOやLBO向け融資に積極的に取り組めるようになった。今後は，通常の企業間M&Aのほかに企業再生や事業継承型のM&Aにも積極的に取り組み，産業構造改革や地域経済の活性化を進めることが必要である。

6　M&A 時代の大学生

1　M&A 時代以前の就職意識

　M&A 時代の大学生を「就職・キャリア形成」という視点から見てみよう。

　M&A 時代以前の大学生は，一般的に言うと，将来性のある好業績の大企業への就職を考えて活動してきたといえる。それは，換言すれば，有名大学に入学して上位の成績を獲得し，優良企業に内定を貰い卒業することであったと思われる。したがって優良企業に内定を貰うために大学受験戦争に勝ち抜くことが，いい就職をすることの前提であったと考えられるわけである。

　ところが，将来性ある好業績であったはずの大企業が，今日では必ずしもそうではないという現象が起きている。それは三井や富士などの有力都市銀行の合併やかつての超優良総合化学品メーカー・鐘紡の没落に見ることができるように，優良企業もひとつ躓（つまず）けばどうなるかわからないのである。こうした状態では，大学生諸君は，将来性ある好業績の大企業というかつての印象を疑って見てみなければならないということになる。そしてさらに，こうした企業依存の就職・職業意識を見つめ直してみなければならないということになる。

2　将来性ある好業績の大企業と企業評価

　かつては盤石に見えた将来性ある好業績の大企業が，なぜ駄目になるのであろうか。それは企業評価の内容が大きく変化したからである。

　従来は，株主として取引先として銀行や商社・メーカーがこれらの大企業を資産や売上高の規模，そしてシェアなどで良し悪しを評価していたが，今日ではそれらに変わり英米の機関投資家などが，利益率や資本の収益性などで企業を評価・チェックしているのである。したがってどんなに資産や売上高が大きくても，その資産の収益性や利益率が高くなければ評価は悪くなってしまうし，売上高が大きくてもコストがかかっていてはいい評価はされない。シェアもい

図表 6-11

```
       M大学  就職・キャリア形成支援  プログラム
       （M Employment Career Support Program, MECS）
┌─────────────────────────────────────────────┐
│   キャリア講座－あなたの将来設計－（1・2年生，2単位）        │
├─────────────────────────────────────────────┤
│ ・課題    目的をもって学習しよう                          │
│ ・内容    メーカー，商社，銀行・保険，マスコミなどの第一線で活躍 │
│           している人はどのような学生時代をすごしていたか      │
│ ・ポイント 自己実現しようとするものは何か                  │
└─────────────────────────────────────────────┘
┌─────────────────────────────────────────────┐
│        インターンシップ入門 （2・3年生，2単位）             │
├─────────────────────────────────────────────┤
│ ・課題    目標が達成できるかどうか検証する                 │
│ ・内容    研修テーマの設定，研修計画の立案，研修内容，研修評価 │
│ ・ポイント 自分の計画は実現できるか                       │
└─────────────────────────────────────────────┘
         〈インターンシップ，2・3・4年生〉
┌─────────────────────────────────────────────┐
│        キャリア・アップ講座（3・4年生，2単位）              │
├─────────────────────────────────────────────┤
│ ・課題    業界，職種の今日的課題を認識する                │
│ ・内容    就職予定の業界，職種における予備知識や身につけるべきこ │
│           とを学ぶ                                       │
│ ・ポイント 業種の動向，職種の今日的特性を知る              │
└─────────────────────────────────────────────┘
       〈MECS プログラム修了証の授与，4年生〉
```

くら高くても安売りで維持しているのでは意味がない。

このような状況では，学生諸君も既存の価値基準で企業の評価を全面的かつ絶対的に信用するわけにはいかない。対象になる企業の評価は部分的かつ相対的なものとして，自ら自身の技能や能力，そして意識を確固たるものにしなくてはならないのである。他者よりも自分自身に磨きをかけねばならないというわけである。

3 新たな企業評価と大学生の就職意識

資産や資本の収益性・利益率で企業が評価される時代になると，機関投資家

から見た投資価値向上という観点から企業の結合と解体が想定され，企業のM&Aは恒常的に展開されるようになる。常時M&Aが行われると，学生の就職意識は対象の企業を目標とするのではなく，自らがどのようなプロフェッショナル意識を形成していくかということに関心が移行していく。なぜなら目的としていた将来性ある好業績の大企業はニッポン放送のように買収の対象になっているかもしれないし，阪神のように売却の対象になっているかもしれないからである。

したがって最近では学生の就職を面倒見てきた大学の就職課もキャリア形成支援課に看板を変えている。就職斡旋業務からキャリア教育に重点を移行しているのである。1年生ではキャリアデザインで将来の職業設計をする，2・3年生ではインターンシップで企業研修に参加する，3・4年生ではスキルアップで専門技術を磨くというものである。これらのキャリアを形成するプログラムはどこの大学でも学生諸君に強く支持されているのである。

したがってM&A時代の大学生を「就職・キャリア形成支援」の視点で見るならば，それ以前の企業依存の職業意識から職業人としてのキャリア育成に明確に転換したといえる。

4 若者雇用，進む流動化

今日のM&A時代においては，企業は恒常的に企業価値，株主価値を高めるために行動している。こうした動きに象徴的な動きは，1995年に示された日経連の『新時代の日本的経営』であった。ここでは，厳しい経済・経営環境を受けて「終身雇用は基幹社員のみ，残りは有期雇用」という方針が打ち出されたことである。また，派遣法など労働法制が改正され，1999年においては派遣労働が9ヵ月間13業務から原則自由になった。さらに2004年には，有期雇用の期限の制限が1年から3年に延ばされ，製造業への派遣も解禁された。

こうした固定費の変動費化，正社員の非正社員化，基幹社員の非基幹社員化は，いわゆる若者の雇用が流動化していることを意味している。これは，若者の従業員がますます企業に対して帰属意識を低下させていることを意味してい

図表 6-12 固定費の変動費化が，雇用の流動化を促す

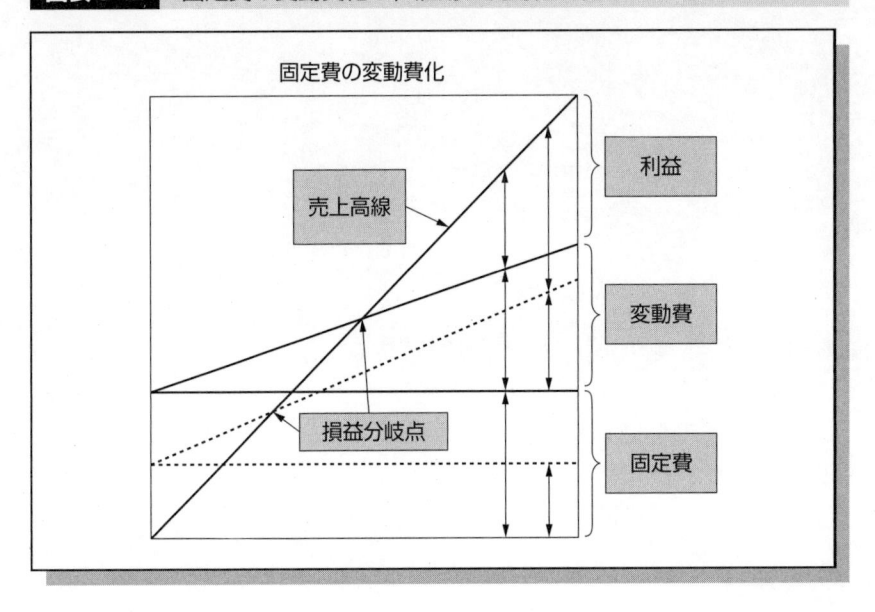

[固定費の変動費化を示す損益分岐点グラフ：売上高線、変動費、固定費、利益、損益分岐点]

るし，M&Aによって企業が流動化すればますます雇用の流動化も促進されることを意味している。

図表6-12は，なぜ企業が非正規社員化，非基幹社員化を推し進めているかを，損益分岐点の図によって説明したものである。正社員・基幹社員の人件費である固定費を大幅に削減し，非正社員化，非基幹社員化をしていけば，若干変動費は上昇するが，損益分岐点を大幅に下げることができる。損益分岐点を下げることができるということは，売上高が低下しても利益を確保できることを意味しており，不況・景気後退に対する抵抗力を高めることになる。したがって，企業は固定費の変動費化の政策を促進するのである。

したがって，大学生としては，企業価値，株主価値への貢献度を高めるために，キャリアデザイン，インターンシップ，そしてスキルアップなどのキャリア形成を積み上げていかねばならないのである。

巻末資料

取引金額トップ 10 位の買収案件一覧

（2000～2005 年）

取引金額トップ10位の買収案件一覧（2000～2002年）

2000年

順位	買収者	買収対象企業	取引形態	金額	発表日	国籍上の関係
1	アイエムティ二千企画	J-フォン	子会社の買収	7000億円	3月30日	IN-IN
2	NTTコミュニケーションズ	ベリオ	買収（TOB）	6000億円	7月1日	IN-OUT
3	日興プリンシパル・インベストメンツ	パウエル・ダフリン	買収	785億円	11月4日	IN-OUT
4	豊田自動織機製作所	BTインダストリーズ	買収（TOB）	662億円	6月26日	IN-OUT
5	野村インターナショナル	ハイダー	買収	660億円	4月19日	IN-OUT
6	三和銀行	泉州銀行	買収（第三者割当増資）	650億円	9月28日	IN-IN
7	ゴールドマン・サックスグループ	ダイエー	事業部門の買収	650億円	3月30日	OUT-IN
8	マイクロン・テクノロジー	KMTセミコンダクター	子会社の買収	630億円	10月18日	OUT-IN
9	富士ゼロックス	ゼロックス	事業部門の買収	615億円	12月15日	IN-OUT
10	大日本インキ化学工業	コーツ	子会社の買収	544億円	1月12日	IN-OUT

2001年

順位	買収者	買収対象企業	取引形態	金額	発表日	国籍上の関係
1	アメリカン・インターナショナル・グループ	千代田生命保険	事業部門の買収	3200億円	2月23日	OUT-IN
2	ボーダフォン	日本テレコム	買収（TOB）	3120億円	9月21日	OUT-IN
3	日本信販の全額出資子会社	日本信販	事業部門の買収	3000億円	1月29日	IN-IN
4	古河電気工業	ルーセント・テクノロジーズ	事業部門の買収	2574億円	11月16日	IN-OUT
5	東京リース	川鉄リース	子会社の買収	2100億円	5月24日	IN-IN
6	アイフル	ライフ	買収	1800億円	3月22日	IN-IN
7	富士写真フイルム	富士ゼロックス	買収（TOB）	1600億円	3月6日	IN-IN
8	ロシュ	中外製薬	買収（TOB・第三者割当増資）	1550億円	12月11日	OUT-IN
9	日伯紙パルプ資源開発	セニブラ	子会社の買収	810億円	7月7日	IN-OUT
10	コナミ	ピープル（PEOPLE）	子会社の買収	759億円	1月29日	IN-IN

2002年

順位	買収者	買収対象企業	取引形態	金額	発表日	国籍上の関係
1	日立製作所	IBM（アイ・ビー・エム）	事業部門の買収	2500億円	6月4日	IN-OUT
2	ロシュ・ファームホールディング・ビー・ヴィ	中外製薬	買収（TOB・第三者割当増資）	1446億円	9月12日	OUT-IN
3	花王	ジョン・フリーダ	買収	540億円	8月2日	IN-OUT
4	東京電力, 東京ガス	フィリップス・ペトロリアム・ティモール・シー	子会社の買収	400億円	3月13日	IN-OUT
5	大和証券グループ本社	エヌ・アイ・エフ・ベンチャーズ	買収	276億円	7月30日	IN-IN
6	シュネデール・エレクトリック	デジタル	買収（TOB）	251億円	9月8日	OUT-IN
7	コクド	川奈ホテル	事業部門の買収	220億円	6月4日	IN-IN
8	西友	東京シティファイナンス	買収（第三者割当増資）	204億円	7月27日	IN-IN
9	松下電工	フォスロ・エレクトロ	子会社の買収	203億円	6月21日	IN-OUT
10	大日本印刷	アドバンスト・カラーテック	買収	200億円	8月1日	IN-IN

（出典）データベース『Japan Corporate Watcher』よりMIDC作成。
（注）データは発表ベースの収録であり，実際の取引が発表金額でクローズしているとは限らない。
合併は除外している。
国籍上の関係のうち，IN-INは日本国籍の企業による日本企業（部門）の買収，IN-OUTは日本国籍の企業による外国籍企業（部門）の買収，OUT-INは外国籍企業による日本企業（部門）の買収を意味する。

取引金額トップ10位の買収案件一覧（2003〜2005年）

2003年

順位	買収者	買収対象企業	取引形態	金額	発表日	国籍上の関係
1	リップルウッド・ホールディングス	日本テレコム	子会社の買収	2613億円	8月22日	OUT-IN
2	三菱化学	三菱ウェルファーマ	買収（TOB）	535億円	12月18日	IN-IN
3	野村ホールディングス，東京海上火災保険，ワンビシアーカイブズ経営陣	ワンビシアーカイブズ，ワンビシ産業	買収（MBO）	500億円	3月19日	IN-IN
4	NPFティーツー・インベストメント	東芝タンガロイ	買収（TOB）	390億円	11月11日	IN-IN
5	関西銀行	関西さわやか銀行	買収	384億円	6月4日	IN-IN
6	テスコ・ピーエルシー	シートゥーネットワーク	買収（TOB）	328億円	6月11日	OUT-IN
7	楽天	マイトリップ・ネット	子会社の買収	323億円	9月5日	IN-IN
8	楽天	DLJディレクトSFG証券	買収	300億円	11月11日	IN-IN
9	信越化学工業	クラリアント	事業部門の買収	300億円	11月4日	IN-IN
10	クラブツーリズム	近畿日本ツーリスト	事業部門の買収	250億円	11月26日	IN-IN

2004年

順位	買収者	買収対象企業	取引形態	金額	発表日	国籍上の関係
1	ソニー，米国企業4社	メトロ・ゴールドウィン・メイヤー	買収	5420億円	9月24日	IN-OUT
2	カネボウブティック	カネボウ	事業部門の買収	3800億円	3月11日	IN-IN
3	住友信託銀行	UFJ信託銀行	事業部門の買収	3000億円	7月9日	IN-IN
4	カーライル・グループ	DDIポケット	子会社の買収	1467億円	6月22日	OUT-IN
5	松下電器産業	松下電工	買収（TOB）	1462億円	3月27日	IN-IN
6	ソフトバンク	日本テレコム	子会社の買収	1433億円	7月30日	IN-IN
7	日興プリンシパル・インベストメンツ	ベルシステム24	買収	1042億円	7月21日	IN-IN
8	みずほ証券	みずほインターナショナル，米国みずほ証券，スイスみずほ銀行	買収	900億円	3月10日	IN-OUT
9	東京電力	パワードコム	買収	884億円	7月24日	IN-IN
10	NEC	NECソフト（エヌイーシーソフト）	買収（TOB）	835億円	12月3日	IN-IN

2005年

順位	買収者	買収対象企業	取引形態	金額	発表日	国籍上の関係
1	花王	カネボウ化粧品	子会社の買収	4100億円	12月17日	IN-IN
2	ハーバーホールディングスアルファ	ワールド	買収（MBO・TOB）	2081億円	9月5日	IN-IN
3	セブン&アイ・ホールディングス	ミレニアムリテイリング	子会社の買収	1311億円	12月26日	IN-IN
4	住友信託銀行	ファーストクレジット	子会社の買収	1300億円	10月14日	IN-IN
5	セブン—イレブン・ジャパン	IYG・Holding・Company	子会社の買収	1250億円	2月23日	IN-OUT
6	住友商事	TBCコーポレーション	買収	1200億円	9月20日	IN-OUT
7	ウォルマートストアーズ	西友	買収	1150億円	11月3日	IN-IN
8	ジェミニBB	BBモデムレンタル	子会社の買収	850億円	12月2日	IN-IN
9	東芝テック	東芝アメリカビジネスソリューション	子会社の買収	793億円	4月29日	IN-OUT
10	フジテレビジョン	ニッポン放送	買収（TOB）	734億円	1月18日	IN-IN

(出典) データベース『Japan Corporate Watcher』よりMIDC作成．
(注) データは発表ベースの収録であり，実際の取引が発表金額でクローズしているとは限らない．
合併は除外している．
国籍上の関係のうち，In-Inは日本国籍の企業による日本企業（部門）の買収，In-Outは日本国籍の企業による外国籍企業（部門）の買収，Out-Inは外国籍企業による日本企業（部門）の買収を意味する．

INDEX

◀用語索引▶

〔あ〕

相対取引 ·················· 50
相手企業との交渉 ·········· 124
相手企業の選定 ············ 120
IBO ······················ 32
アクティブ投資 ············ 177
安定株主 ·················· 80
安定株主工作 ·············· 90
安定株主比率 ·············· 92
安定配当 ················· 180

〔い〕

EBITDA ·················· 139
EBITDA倍率法 ············ 139
意向表明書 ··············· 133
移転財産の対価 ············ 66
委任状争奪戦（プロクシコンテスト）······ 83
インカムアプローチ ······· 166
インサイダー規制 ·········· 51
インセンティブ・システム ·· 34
インターンシップ ········· 198
インデックス ············· 25
インデックス投資 ········· 177
インフォメーションメモランダム ········ 132

〔う〕

受皿会社 ·················· 34

〔え〕

営業キャッシュの増大 ······ 13
営業権 ··················· 168

営業譲渡 ············ 31, 64, 164
営業譲渡型 ················ 34
APV方式 ················· 166
エイボン・レター ········· 110
エクイティ・ラチェット ···· 34
エクイティファイナンス ···· 92
エグジット ················ 37
M&A ······················ 2
M&Aアドバイザー ········ 122
M&A仲介機関 ············· 4
M&Aに対する評価基準 ···· 17
M&Aによる株式売却 ······· 37
M&Aプレーヤー ·········· 120
MM理論 ··················· 96
MBI ······················ 32
MBO ················· 34, 194
ERISA法 ················ 110
LBO ····················· 194

〔お〕

黄金株 ··················· 104
大型合併時代 ··············· 6
親会社に対する議決権消滅 ···· 114

〔か〕

会計デューディリジェンス ··· 133
外国企業の株式 ············ 76
外国人機関投資家 ········· 176
外国人投資家 ············· 188
解雇権濫用 ··············· 146
会社更生法 ················ 30
会社分割 ············ 64, 68, 74
会社分割制度 ············ 8, 189
買付価格 ·················· 52

205

買付株数 …………………………… 52
買付予定株数 ………………………… 52
価格優先・時間優先の原則 ………… 50
加重平均資本コスト ……………… 167
過剰債務状態 ………………………… 31
過剰資本 ………………………… 10, 12
課税繰延 ……………………………… 76
合併 …………………………… 40, 72, 164
合併覚書 …………………………… 140
合併契約書 ………………………… 140
合併契約の締結 …………………… 41
合併決議 …………………………… 41
合併交付金 ………………………… 141
合併効力 …………………………… 40
合併差損 …………………………… 43
合併対価の柔軟化 ………………… 76
合併比率 ……………………… 140, 142
株式移転 ……………………… 60, 72
株式移転方式 ……………………… 69
株式価値 …………………………… 136
株式公開 …………………………… 37
株式公開買付 ……………………… 10
株式交換 ……………………… 60, 72, 73, 76
株式交換・株式移転制度 ………… 189
株式時価総額 ……………………… 81
株式譲渡 …………………………… 164
株式譲渡益課税 …………………… 96
株式譲渡型 ………………………… 34
株式譲渡契約書 …………………… 126
株式投資の最低リターン ………… 180
株の買戻し ………………………… 37
株式買収請求 ……………………… 66
株式持合い ……………………… 80, 90, 184
株式持合いの崩壊 ………………… 188
株主意思の原則 …………………… 108
株主価値 ………………………… 10, 12
株主価値創造経営 ………………… 188
株主価値の向上 …………………… 4

株主還元 …………………………… 96
株主共同の利益 …………………… 106
株主交代型 ………………………… 73
株主重視の時代 …………………… 17
株主総会の特別決議 ………… 57, 65
株主代表訴訟 ………… 99, 132, 182
株主統合型 ………………………… 72
株主との交渉 ……………………… 54
株主の統合 ………………………… 72
株主平等の原則 …………………… 104
株主割当 …………………………… 56
カルパース ………………………… 178
川下成長事業への業種転換 ……… 20
簡易組織再編 ……………………… 40
完全子会社 ………………………… 42
完全子会社化 ……………………… 60
関連多角化型 M&A ……………… 28

〔き〕

基幹社員の非基幹社員化 ………… 199
機関投資家 ………… 4, 13, 50, 104, 110
企業依存の就職・職業意識 ……… 196
企業価値 ……………………… 106, 136
企業規模拡大のための M&A …… 14
企業結合 …………………………… 45
企業結合会計基準 ………………… 43
企業再構築 ………………………… 8
企業再構築合併 …………………… 12
企業再生型 ………………………… 36
企業再生型 M&A ………………… 30
企業集団 …………………………… 188
企業統合型の M&A 手法 ………… 72
企業買収向け融資額 ……………… 194
企業ビジョン ……………………… 187
企業評価 …………………………… 166
企業分割型 ………………………… 74
企業名匿名方式による非公開企業の
　M&A 市場 ……………………… 170

議決権行使 …………………………… 181
議決権行使ガイドライン …………… 111
議決権行使基準日の変更 …………… 103
期差任期制（スタッガードボード）…… 103
技術獲得 ……………………………… 159
希望退職の募集 ……………………… 144
規模の経済 …………………………… 14
基本合意書 …………………………… 128
キャッシュフロー …………………… 120
キャリアアップ ……………………… 187
キャリア教育 ………………………… 198
キャリアデザイン …………………… 198
旧会社意識 …………………………… 186
吸収合併 ……………………… 41, 76
吸収分割 ……………………… 68, 76
休眠会社 ……………………………… 31
給与体系 ……………………………… 148
強圧的二段階買収 …………………… 107
強制公開買付制度 …………………… 55
競売買 ………………………………… 50
競争回避 ……………………………… 15
共同持株会社 ………………………… 60
業務デューディリジェンス ………… 134
規律付けコスト ……………………… 21
金融改革プログラム ………………… 192
金融再生プログラム ………………… 192
金融商品取引法 ……………… 50, 55
金融総合サービス業 ………………… 192
金融ビッグバン ……………………… 192

〔く〕

クラウンジュエル …………………… 98
クラウンジュエル・ロックアップ …… 100
グリーン・メーラー ……………… 79, 181
グループ再編 ………………………… 45
グループ連結経営 …………………… 62
クレイトン法 ………………………… 16
グローバル・カストディアン ……… 182

〔け〕

経営資源 ……………………… 5, 19, 28
経営支配の確保 ……………………… 58
経営者の意識改革 …………………… 173
経営者の引退 ………………………… 160
経営者の過度な楽観 ………………… 17
経営者の幻想 ………………………… 17
経営陣のネットワーク ……………… 121
経営統合 ……………………… 44, 60, 72
経済産業省・法務省 ………………… 106
継続企業の価値 ……………………… 138
決議 …………………………………… 99
減資 …………………………………… 31
現物出資 ……………………………… 68
権利義務等の承継 …………………… 40

〔こ〕

公開買付 ……………………… 49, 50, 52, 86
後継者問題 …………………………… 159
交渉シナリオ ………………………… 182
厚生年金基金連合会 ………………… 109
高度経済成長 ………………………… 184
高度経済成長・拡大経営の時代 …… 17
公募 …………………………………… 56
公募時価発行増資 …………………… 92
効力発生日 …………………………… 141
ゴーイング・プライベート型 ……… 36
コーポレート・ガバナンス ………… 179
ゴーン改革 …………………………… 10
国際化に向けた M&A ………………… 6
国債実質利回り ……………………… 180
国策のための M&A …………………… 6
コストアプローチ ……………… 138, 166
国境を越えた企業間競争 …………… 11
固定費の変動費化 …………………… 199
個別交渉 ……………………………… 54
コミットメントライン ……………… 88

用語索引　207

雇用解雇努力義務 …………………… 146
雇用契約 ……………………………… 144
雇用条件 ……………………………… 187
コングロマリット …………………… 74
コングロマリット化 ………………… 194
コングロマリット・ディスカウント
　　………………………………… 70, 74
コングロマリット型 M&A …………… 28
コングロマリット合併 …………… 4, 12

〔さ〕

債権者保護手続 …………… 41, 62, 67
再取得価値 …………………………… 138
再生ファンド ………………………… 30
財閥 …………………………………… 6
財閥解体 ……………………………… 91
サイレント・パートナー …………… 4
サプライチェーン統合型の M&A …… 18
三角合併 ………………………… 42, 76
産業活力再生特別措置法 ……… 30, 76
産業活力再生特別措置法利用方式 … 87
三共製薬 ……………………………… 15
サンセット条項 ………………… 84, 112
三大メガバンク ………………… 14, 192

〔し〕

シェアーオーナー …………………… 178
ジェネラリスト ……………………… 184
時価会計の導入 ……………………… 184
時価純資産価値方式 ………………… 166
時価純資産法 ………………………… 138
時間の節約 …………………………… 160
時間を買う …………………………… 4
事業価値 ……………………………… 136
事業強化型 M&A ……………………… 22
事業再構築 …………………………… 10
事業承継型 ……………………… 36, 88
事業譲受 ……………………………… 64

事業譲渡 ……………………………… 74
事業の利益追求 ……………………… 2
事業部門の売却 ……………………… 8
事業部門の売買 ……………………… 64
事業ポートフォリオ ………………… 182
事業持株会社 ………………………… 44
シグナリング効果 …………………… 96
自社株取得 …………………………… 97
市場外買付 …………………………… 73
市場支配力の集中 …………………… 17
市場内買付 ……………………… 48, 73
システム統合 ………………………… 149
事前開示原則 ………………………… 107
事前警告型毒薬条項 ………………… 85
実質株主 ……………………………… 183
実施手順 ……………………………… 118
シナジー効果 ………………………… 38
支配権 ………………………………… 56
資本参加 ……………………………… 164
資本自由化 …………………………… 92
資本充実の原則 ……………………… 43
シャーマン法 ………………………… 16
社内派閥抗争 ………………………… 148
社内融和研究会 ……………………… 150
社風統合 ……………………………… 150
収益還元法 …………………………… 138
収益還元方式 ………………………… 166
就職・キャリア形成 ………………… 196
終身雇用 ……………………………… 184
修正貸借対照表 ……………………… 168
授権資本枠拡大 ……………………… 102
受託者責任 …………………………… 110
出資拡大 ……………………………… 164
主要目的ルール ……………………… 58
種類株 ………………………………… 104
純資産価値 …………………………… 138
純資産法 ……………………………… 138
純粋持株会社 …………… 44, 60, 189

純粋投資家 …………………………… 177
商工会議所 …………………………… 170
上場廃止 …………………………… 36, 87
少数株主の排除 ……………………… 86
焦土作戦 ……………………………… 98
譲渡制限 ………………………… 48, 104
譲渡損益に対する課税繰延 ………… 66
商標権 ………………………………… 65
情報システムの統合 ………………… 14
消滅会社 ……………………………… 141
剰余金の配当 ………………………… 68
将来キャッシュ・フロー …………… 31
所有と経営の分離 …………………… 3
白木屋の株買占め事件 ……………… 6
人員削減 ……………………………… 14
人員削減の必要性 …………………… 146
新株引受 ……………………………… 73
新株予約権 ……………………… 82, 93, 141
新株予約権の発行差止め …………… 114
人材の確保 …………………………… 23
人事制度の統合 ……………………… 148
新設合併 ……………………………… 41
新設分割 ……………………………… 68
信託型毒薬条項（SPC 型）………… 85
信託型毒薬条項（直接型）………… 85
人的分割 …………………………… 68, 74

〔す〕

垂直的合併 ………………………… 3, 12
垂直統合型 M&A …………………… 18
水平的 M&A ………………………… 14
水平的合併 ………………………… 2, 12
スキルアップ ………………………… 198
スタンダード・オイル ……………… 2
ストック・オプション ……………… 34
ストラテジック・バイヤー ………… 38
スペシャリスト ……………………… 184

〔せ〕

性悪説 ………………………………… 6
清算価値 ……………………………… 138
清算価値方式 ………………………… 166
清算手続 ………………………… 40, 67
生産方式 ……………………………… 88
正社員の非正社員化 ………………… 198
税務デューディリジェンス ………… 134
成約報酬 ……………………………… 174
整理解雇 ……………………………… 146
整理解雇の 4 要件 …………………… 146
セラーズ・デューディリジェンス
　　　　　　　　　　………… 134, 172
設備投資計画 ………………………… 5
善管注意義務 …………………… 132, 141
善管注意義務違反 …………………… 99
全体交渉 ……………………………… 54
全体最適効果 ………………………… 18
選択と集中 ……………… 8, 10, 44, 160, 188
戦略的非公開化型 …………………… 88

〔そ〕

創業者利得 ………………………… 160, 171
総合化 ………………………………… 29
組織再編 ……………………………… 40
組織統合 ……………………………… 148
ソフト・コンテンツ ………………… 23
ソフト・コンテンツの獲得 ………… 25
損益分岐点 …………………………… 199
損害賠償 ……………………………… 145
存続会社 ……………………………… 141

〔た〕

ターム・ローン ……………………… 88
ターンアラウンド・マネジャー …… 32
第三者割当 …………………………… 56
第三者割当増資 …………………… 31, 142

用語索引　　209

第三者割当増資型 …………………… 34
退職金の割増 ………………………… 144
退職推奨 ……………………………… 144
TIDE 条項 ……………………………… 84
第二次バイアウト …………………… 37
ダイベストメント型 …………… 36,88
大量保有報告書 ……………………… 48
多角化型 M&A ………………………… 26
立会取引 ……………………………… 50
脱コングロマリット化 ……………… 74
短期売買差益返還義務 ……………… 51

〔ち〕

着手金 ………………………………… 174
チュアブル条項 ……………………… 84
仲介手数料 ………………… 2, 170, 174
忠実屋・いなげや事件 ……………… 58
中小企業の M&A ……………………… 154
中小企業の M&A の目的 ……………… 158
超過収益還元方式 …………………… 166
重複店舗の閉鎖 ……………………… 14

〔て〕

TOB ……………………… 52, 86, 94, 114, 116
DCF 法 ………………………………… 138
DCF 方式 ……………………………… 166
定款の変更 …………………………… 140
データルーム ………………………… 134
敵対的買収 ……………………… 5, 8, 78
敵対的買収の意義 …………………… 78
敵対的買収防衛型 …………………… 88
出口戦略 ……………………………… 157
デッドハンド条項 …………………… 84
デフレ経済 …………………………… 184
デューディリジェンス ………… 132, 172
転職 …………………………………… 186

〔と〕

登記 …………………………………… 41
投資価値の向上 ……………………… 12
投資ファンド ………………………… 30
東商 M&A サポートシステム ……… 170
投資利益追求 ………………………… 3
投資リターン …………………… 4, 38
登録免許税 …………………………… 32
独占禁止法 …………………………… 44
独占交渉権 …………………………… 124
独占的交渉権 ………………………… 129
毒薬条項（ポイズン・ピル） ……… 82
独立採算 ……………………………… 44
独立採算制 …………………………… 70
独立社外取締役 ……………………… 84
ToSTNet-1 …………………………… 50
ToSTNet-2 …………………………… 50
特化戦略 ……………………………… 10
取締役会決議 …………………… 40, 99
取締役の定数削減 …………………… 102
取引先の確保 ………………………… 20

〔な〕

内部組織 ……………………………… 72
内部留保 ……………………………… 95
長野県中小企業支援協議会 ……… 195

〔に〕

日本の経営風土 ……………………… 8
日本版ポイズン・ピル ……………… 85
入札書 ………………………………… 133

〔ね〕

年買法 ………………………………… 168
年功序列 ……………………………… 184

〔の〕

ノウハウ・技術の獲得 …………… 24
乗っ取り ………………………… 79
のれん …………………………… 43

〔は〕

バイアウト・ファンド ………… 30, 34, 86
廃業 ……………………………… 171
買収 ……………………………… 164
買収価値 ………………………… 136
買収金額の交渉 ………………… 126
買収コスト ……………………… 10
買収後の事業計画 ……………… 173
買収ファンド …………………… 8, 13
買収防衛策 ……………………… 58
買収防衛指針 …………………… 106
配当課税 ………………………… 96
配当還元方式 …………………… 166
配当政策 ………………………… 94
端株処理方式 …………………… 88
ハゲタカ・ファンド …………… 38
パックマンディフェンス ……… 105
発動条件 ………………………… 82
バブル経済 ……………………… 184
反対株主の買取請求 …………… 41
反トラスト法 …………………… 16

〔ひ〕

PBR ……………………… 181, 80, 94
非営業資産 ……………………… 136
被解雇者選定の合理性 ………… 146
非公開化 ………………………… 86
BIS規制 ………………………… 184, 192
必要性・相当性の原則 ………… 108
1株当たりの純資産額 ………… 81
秘密保持契約 ………………… 129, 134
100％親子会社 ………………… 42

〔ふ〕

フィナンシャル・バイヤー …… 38
複数議決権株式 ………………… 104
不公正な新株発行 ……………… 58
不採算事業 ……………………… 44
不採算部門のリストラ ………… 160
物的分割 ……………………… 68, 74
浮動株主 ………………………… 80
部分最適 ………………………… 18
ブランドの獲得 ………………… 24
フリーキャッシュ ……………… 13
フリーキャッシュフロー …… 138, 167
ブリッジ・ローン ……………… 87
不良債権処理 …………………… 192
不良債権の処理 ………………… 14
プロフェッショナル意識 ……… 198

〔へ〕

ベルシステム24事件 …………… 59
変更報告書 ……………………… 50

〔ほ〕

包括承継 …………………… 42, 65, 66
邦銀の再編過程 ………………… 14
法人格の合一 …………………… 72
邦人機関投資家 ………………… 176
法制度の改正 …………………… 188
法的拘束力 …………………… 129, 140
法的整理 ………………………… 30
法務デューディリジェンス …… 133
簿外債務 ……………………… 42, 64
簿価純資産価値方式 …………… 166
母体企業 ………………………… 74
ホワイトスクワイヤー ………… 90
ホワイトナイト ………………… 90

〔ま〕

マーケットアプローチ 138, 166

〔み〕

民事再生法 30

〔む〕

無関連多角化型 M&A 28

〔め〕

メインバンク・システム 188

〔も〕

持株会社 44
モノ言う株主 178

〔ゆ〕

有機的一体 65
友好的買収 78
有利発行 57

〔よ〕

余剰人員の削減 144

〔ら〕

ライツプラン 82, 112

〔り〕

リーダーシップ 151
利益責任 69
立体的合併 12
略式組織再編 40
リレーションシップ・インベストメント
　.................................. 178
リレーションシップバンキング 194

〔る〕

類似会社比準方式 166
類似業種比準方式 166

〔れ〕

レーマン方式 174
連結経営 189
連結決算重視 189
連結財務諸表 45, 92

〔ろ〕

労働者との協議・説明義務 147
労働者の自由契約 144
ローカル・カストディアン 182
ロングリスト・ショートリスト 121

〔わ〕

割引率 168

企業索引

〔あ〕

アールの介護 …………………… 28
AOKI ……………………………… 8, 13
青山倶楽部 ……………………… 29
アサヒセキュリティ …………… 36
あすか製薬 ……………………… 15
アステラス製薬 ………………… 15
アメリカン・キャン …………… 2
アルセロール ………………… 11, 93

〔い〕

イーアクセス …………………… 85
イーストマン・コダック ……… 2
イード …………………………… 36
イオン …………………………… 91
石川島播磨 ……………………… 7
伊藤忠商事 ……………………… 92
イトーヨーカ堂 ……………… 46, 62
インデックス …………………… 25

〔う〕

ウェスチングハウス …………… 2
ウッドワン ……………………… 85

〔え〕

エイトコンサルタント ……… 78, 91, 116
エスビーアイ・キャピタル …… 36
エヌ・アイ・エフ SMBC ベンチャーズ
 ………………………………… 36, 89
NIF ベンチャーズ ……………… 94
NTT ドコモ ……………………… 24
NTT 西日本 ……………………… 29
MGM ……………………………… 25

〔お〕

王子製紙 ………………………… 5
OTS ……………………………… 23
オリジン東秀 ………………… 11, 91
オリックス ……………………… 29
オンワード樫山 ………………… 92

〔か〕

カーネギー ……………………… 16
ガイダント ……………………… 11
学習研究社 ……………………… 25
鐘紡 …………………………… 20, 196
カネボウ ……………………… 24, 64
カネボウブティック …………… 64
川崎重工 ………………………… 7
川崎製鉄 ………………………… 46
関東不動産 ……………………… 91

〔く〕

グーグル ………………………… 105
熊谷組 …………………………… 8
グレラン製薬 …………………… 15

〔こ〕

小糸製作所 ……………………… 80
神戸製鉄所 ……………………… 93
コナカ …………………………… 9
コナミ …………………………… 28

〔さ〕

サミー …………………………… 46
三共製薬 ………………………… 15
サントリー ……………………… 70
三和銀行 ………………………… 150

〔し〕

GE ………………………………… 2

GABA ·· 36
JFEホールディングス ························· 46
シティーバンク ································· 10
ジャパン・ストラテジック・ファンド ······· 94
白木屋 ·· 6
新日鉄 ·· 7
新日本製鉄 ······································· 93
新三菱重工 ··· 7
信和 ··· 36

〔す〕

スタンダード・オイル ························· 2
スティール・パートナーズ ············· 81,94
住友金属工業 ······························· 29,93
住友信託銀行 ···························· 130,140
住友製薬 ··· 15

〔せ〕

西濃運輸 ··· 85
西武百貨店 ······································ 63
セガ ··· 46
セガサミーホールディングス ············· 46
セブン&アイホールディングス
 ·· 46,62,191
セブンイレブン・ジャパン ············ 46,63
ゼロ ··· 36

〔そ〕

そごう ··· 63
ソトー ······································· 81,94
ソニー ·································· 25,62,92
ソフトバンク ··································· 29
ソフトバンクBB ······························· 59
ソフトバンクインベストメント ········· 114

〔た〕

ダーウィン ······································· 36
第一勧業銀行 ······························ 69,149

第一三共 ··· 15
第一製薬 ····································· 15,70
ダイエー ····································· 29,36
ダイドー ··· 92
大日本住友製薬 ······························· 15
大日本製薬 ······································ 15
太平洋セメント ······························ 150
タカラ ··· 25

〔ち〕

秩父小野田セメント ······················· 150
中外製薬 ··· 24

〔て〕

TBS ··· 80,90
帝国臓器製薬 ··································· 15
デニーズ・ジャパン ··················· 46,63
デュポン ··· 2

〔と〕

東海銀行 ······································ 150
東急建設 ··· 8
東京エレクトロン ··························· 102
東京生命保険 ··································· 29
東芝 ·· 7,85
東ハト ······································· 33,36
東邦レーヨン ··································· 20
東洋信託銀行 ································ 150
東洋紡績 ··· 20
トーカロ ··· 36
凸版印刷 ··· 92
トヨタ ··· 92
トヨタ自動車工業 ··························· 19
トヨタ自動車販売 ··························· 19
ドン・キホーテ ·························· 11,91

〔な〕

ナショナル・スチール ······················ 16

ナショナル・ヘルス・ラボラトリーズ……… 100
ナショナル証券…………………………… 148

〔に〕

西日本銀行………………………………… 193
日活………………………………………… 25
日興プリンシパル・インベストメント
　………………………………………… 59
日産………………………………… 7, 10, 29
日産アルティア…………………………… 36
日産自動車………………………………… 36
日産とプリンス…………………………… 7
ニッポン放送………… 49, 53, 78, 95, 98, 114
日本エアシステム………………………… 148
日本技術開発……………………… 78, 90, 116
日本鋼管（NKK）………………………… 46
日本興業銀行……………………………… 69
日本航空…………………………………… 148
日本高純度科学…………………………… 36
日本政策投資銀行………………………… 30
日本製紙…………………………………… 5
日本生命保険……………………………… 29
日本セメント……………………………… 150
日本造船…………………………………… 7
日本電産グループ………………………… 150

〔の〕

ノースロップ・グラマン………………… 16
ノジマ……………………………………… 23

〔は〕

ハザマ……………………………………… 8
阪急電鉄…………………………………… 29
バンテック………………………………… 36
パントリーブライト……………………… 100

〔ひ〕

ピープル…………………………………… 29

ビジョン・ケア…………………………… 100
日立製作所………………………… 7, 92, 190

〔ふ〕

ファナック………………………………… 102
ブーンカンパニー………………………… 80
フェデラル・スチール…………………… 16
フェニックス・キャピタル……………… 30
フェニックス電機………………………… 33
フォーストマン・リトル………………… 100
福岡シティ銀行…………………………… 193
福助………………………………………… 32, 36
富士銀行…………………………………… 69, 149
藤沢薬品工業……………………………… 15
富士重工業………………………………… 24
富士製鉄…………………………………… 7
フジテレビ…………… 49, 53, 78, 92, 95, 114
富士電機…………………………………… 7
フタタ……………………………………… 8, 9, 13
プリンス…………………………………… 7
ブルドックソース………………………… 92

〔へ〕

ペンタックス……………………………… 85

〔ほ〕

北越製紙…………………………………… 5
ほくほくフィナンシャルグループ……… 193
北陸銀行…………………………………… 193
ボストン・サイエンティフィック……… 11
北海道銀行………………………………… 193
ポッカコーポレーション………………… 89
ポニーキャニオン………………………… 98
ポルトガル・テレコム…………………… 11

〔ま〕

マイカル…………………………………… 29
マックスバリュ東海……………………… 33

企業索引　　215

松下電器産業 ……………………… 62, 85, 191
松下電工 ……………………………………… 62
マツヤデンキ ……………………………… 32, 36

〔み〕

みずほキャピタルパートナーズ ………… 36
みずほ銀行 ………………………………… 194
みずほコーポレート銀行 ………………… 194
みずほフィナンシャルグループ …… 149, 192
みずほホールディングス …………………… 69
ミタル ………………………………………… 11
ミタル・スチール …………………………… 93
三井住友カード ……………………………… 24
三井住友フィナンシャルグループ ……… 192
三菱UFJフィナンシャル・グループ
　　　………………………………… 14, 192
三菱重工 ……………………………………… 7
三菱重工業 ………………………………… 7, 92
三菱商事 …………………………………… 5, 92
三菱造船 ……………………………………… 7
三菱地所 ……………………………………… 6
三菱電機 ……………………………………… 7
三菱東京UFJ銀行 ………………………… 13
三菱東京フィナンシャル・グループ
　　　……………………………… 14, 130, 192
ミナミ ………………………………………… 33
ミレニアム・ホールディングス …………… 63

〔む〕

村上ファンド ………………………………… 11

〔め〕

明光証券 …………………………………… 148
明光ナショナル証券 ……………………… 148

〔や〕

八幡製鉄 ……………………………………… 7
山之内製薬 …………………………………… 15

〔ゆ〕

USX …………………………………………… 2
USスチール ………………………………… 16
UFJ信託銀行 ……………………………… 130
UFJホールディング ……………… 140, 150, 192
USEN ……………………………………… 115
ユシロ化学工業 …………………………… 81, 94
ユニシアジェックス ……………………… 190
ユニゾン・キャピタル …………………… 32, 194
夢真ホールディングス …………… 78, 90, 116

〔よ〕

陽和不動産 ………………………………… 6, 91
横河電機 …………………………………… 102

〔ら〕

ライオン ……………………………………… 24
ライブドア ……… 49, 53, 78, 92, 95, 98, 114
楽天 ………………………………………… 29, 80
ラス・コーポレーション ………………… 36

〔り〕

リクルートコスモス ……………………… 194

〔れ〕

レブロン …………………………………… 100

〔ろ〕

ロッキード・マーチン ……………………… 16

〔わ〕

ワールド …………………………………… 36, 89
ワタミフードサービス ……………………… 28

編著者紹介

坂本　恒夫（さかもと　つねお）

　　経営学博士
　　明治大学経営学部教授，一部教務部長
　　1947年京都府生まれ。
　　1979年明治大学大学院経営学研究科博士後期課程修了。1984・85年　オーストラリア，ニュー・サウス・ウエールズ大学客員研究員，97から99年　イギリス，レディング大学客員研究員。
　　現在，日本経営財務研究学会会長，日本経営分析学会副会長，日本財務管理学会理事，証券経済学会理事，＜中小企業・ベンチャー＞ビジネス・コンソーシアム副会長。

　　単著：『企業集団財務論』泉文堂，1990年。
　　　　　『企業集団経営論』同文舘，1993年。
　　　　　『戦後経営財務史―成長財務の軌跡』T&Sビジネス研究所，2000年。
　　編著：『企業集団研究の方法』文眞堂，1996年。
　　　　　『企業集団支配とコーポレート・ガバナンス』文眞堂，1998年。
　　　　　『企業集団と企業間結合の国際比較』文眞堂，2000年。
　　　　　『中小企業の再生ビジネス戦略』税務経理協会，2001年。
　　　　　『ベンチャービジネスの創り方・運び方』税務経理協会，2001年。
　　　　　『現代コーポレートファイナンス論』税務経理協会，2002年，など。

文堂　弘之（ぶんどう　ひろゆき）

　　経営学博士
　　常磐大学　人間科学部　助教授
　　1970年　東京都生まれ。
　　2001年　明治大学大学院経営学研究科博士後期課程修了。常磐大学専任講師を経て，2005年より現職。
　　日本経営財務研究学会，日本財務管理学会，証券経済学会，日本経営学会，日本経営教育学会会員。
　　2000年度RECOF賞（佳作）受賞。

　　著書：『企業集団支配とコーポレート・ガバナンス』文眞堂，1998年（共著，第8章）。
　　　　　『会社財務制度の史的展開』税務経理協会，1998年（共著，第8章）。
　　　　　『企業集団と企業間結合の国際比較』文眞堂，2000年（共著，第8章）。
　　　　　『M&A 21世紀　第1巻　企業評価の理論と技法』中央経済社，2001年（共著，第2章）。
　　　　　『現代コーポレートファイナンス論』税務経理協会，2002年（共著，第4章）。
　　　　　など
　　論文：「我が国のTOBと買い付け価格　―買収プレミアムと所有構造―」『年報　財務管理研究』第16号，2005年12月。
　　　　　「支配株式取引における売却機会均等理論の再検討」『人間科学』第23巻第2号，2006年3月，など。

平成18年11月15日　初版第1刷発行			**図解 M&A のすべて**	

編著者との契約により検印省略

編 著 者	坂　本　恒　夫
	文　堂　弘　之
発 行 者	大　坪　嘉　春
製 版 所	美研プリンティング株式会社
印 刷 所	税経印刷株式会社
製 本 所	株式会社三森製本所

発行所　東京都新宿区下落合2丁目5番13号　株式会社　**税務経理協会**

郵便番号 161-0033　振替 00190-2-187408　電話 (03) 3953-3301（編集部）
　　　　　　　　　　FAX (03) 3565-5391　　　　(03) 3953-3325（営業部）

URL　http://www.zeikei.co.jp/

乱丁・落丁の場合はお取替えいたします。

ⓒ 坂本恒夫・文堂弘之 2006　　　　　　　Printed in Japan

本書の内容の一部又は全部を無断で複写複製（コピー）することは、法律で認められた場合を除き、著者及び出版社の権利侵害となりますので、コピーの必要がある場合は、予め当社あてに許諾を求めて下さい。

ISBN4-419-04800-X　C2034